RICHARD
BRUNNENGRÄBER

DEUTSCHLAND – DAS ANDERE GEOGRAPHIE BUCH

MEYSTER

Notwendige Ergänzungen
zum Thema Umweltzerstörung

Schutzumschlag: Claus Seitz
Satz: FotoSatz Pfeifer, Germering
Druck und Bindung: Franz Spiegel Buch GmbH, Ulm
ISBN 3-8131-8122-7
Printed in Germany

BRUNNENGRÄBER · DEUTSCHLAND – DAS ANDERE GEOGRAPHIEBUCH

INHALT

Vorwort

»Wer durch sein Wissen die Natur in den Abgrund der Vernichtung stürzt, hat auch an sich selbst die Auflösung der Natur zu erfahren«, hat Friedrich Nietzsche einmal gesagt. Aber gibt es denn überhaupt noch Natur? Ist nicht das, was der Mensch seit Jahrhunderten durch kulturelles Schaffen produziert, nur noch ein Überbleibsel – allenfalls eine Kulturlandschaft?

Das »andere Geographiebuch« will jene Mechanismen offenlegen, deren sich der Mensch bedient, Mechanismen, die in jüngster Zeit immer deutlicher und zerstörerischer geworden sind. Es wird weiterhin ökologische Zusammenhänge aufzeigen und versuchen, Ökologie als ein Zusammenspiel von Faktoren der gesamten belebten und unbelebten Umwelt verständlich zu machen. Nicholas Luard hat das ökologische System treffend mit einem Reißverschluß verglichen: Wird ein einziger Zahn zerstört, dann wird nach und nach auch das gesamte System nicht mehr funktionieren. Seit Jahrhunderten schon hat der Mensch, zunächst kaum merklich, dann immer sichtbarer, das ökologische Zahnsystem angegriffen: in jüngster Zeit mit einer derartigen Vehemenz und Brutalität, daß vielerorts das ökologische Gleichgewicht bereits zerstört oder in größter Gefahr ist.

Ökologische Zusammenhänge und die Zerstörung der Natur durch den Menschen lassen sich nur begreifen, wenn sie in ihrer historischen, in ihrer zeitlichen Dimension gesehen werden. Viereinhalb Milliarden Jahre alt ist die Erde, entstanden, als sich aus einer gewaltigen Gaswolke unter dem Einfluß der Schwerkraft Sonne und Planeten gebildet haben. Dies weiß man erst seit einigen Jahrzehnten, aber seit es Menschen gibt, ist über die Entstehung dieser Erde nachgedacht worden. Für Platon, den großen griechischen Philosophen im vierten vorchristlichen Jahrhundert, war der »Kosmos« das Werk eines idealen Baumeisters, eines Gottes, der die Welt als das Beste und Schönste aller Dinge geschaffen hat. Das All war eine vollkommene Kugel, in deren Mitte die Erde ruhte, um die sich wiederum der Fixsternhimmel, die Sphären der Planeten, der Sonne und des Mondes drehten. Und es ist erst gut 300 Jahre her, daß der englische Erzbischof James Ussher die Schöpfung der Welt auf den Vormittag des 23. Oktobers im Jahr 4004 v. Chr. datierte.

Will man nun die Entstehungsgeschichte der Erde überschaubar machen – all jene geologischen und morphologischen Vorgänge der Gebirgsbildung und Verwitterung, des Vulkanismus und der Meeresüberflutung, der Eiswanderung und sogar der Verschiebung der Kontinente –, dann ist es zweckmäßig, all dies beispielhaft in den Ablauf eines einzigen Tages, auf 24 Stunden zusammenzudrängen:

0 Uhr. Die Erde ist weißglühend. Trillionen Tonnen Sauerstoff, Silizium, Eisen, Nickel, Aluminium, Magnesium und andere Elemente haben sich gegenseitig angezogen und zu einer glutflüssigen Kugel zusammenge-

tan. Sehr langsam glüht der Feuerball ab.
8 Uhr 39. Eine erste Krustenbildung setzt ein. Bereits abgekühlte Schollen brechen wieder ab, werden von glühendem Gesteinsbrei überlagert.
12 Uhr. Es ist Mittag. Die Krustenbildung ist abgeschlossen. Eine dichte und schwere Atmosphäre umgibt den frisch erstarrten Planeten Erde.
14 Uhr 29. Mit dem allmählichen Erkalten kondensiert Wasserdampf. Erste große Urozeane entstehen. Es vollzieht sich die Trennung von Festland und Wasser.
18 Uhr 32. Einfache Tiere und Pflanzen besiedeln das Wasser. Algen, Würmer und Einzeller entfalten sich. Es ist kühl und feucht.
21 Uhr 49. Fast vier Milliarden Jahre sind vergangen. Erst jetzt, mit dem Beginn des Erdaltertums vor 600 Millionen Jahren, läßt sich die Entfaltung der Tiere und Pflanzen deutlich verfolgen. Das Klima wird wärmer. Erster Reichtum in der Tierwelt tritt auf. Die sogenannten Wirbellosen entwickeln sich rasch – von Einzellern, Geißeltierchen, Kammerlingen oder Wimpertierchen bis zu Schnecken, Muscheln und Kopffüßern. Im Silur und Unterdevon, so nennen die Erdwissenschaftler die Zeit vor gut 400 Millionen Jahren, lernen die ersten primitiven Kieferfische schwimmen. Es ist warm. Der Strand der Meere wird von Landtieren, Skorpionen und Tausendfüßlern besiedelt. Farnpflanzen beginnen zu wachsen. Fast der gesamte mitteleuropäische Raum ist ein riesiges Meer.
22 Uhr 42. Das Erdmittelalter beginnt. Reptilien herrschen vor, Vögel und Säugetiere erscheinen.
23 Uhr 40. Die Erdneuzeit bricht an. Vom Pariser Becken bis Südafrika breitet sich eine große tropische Zone aus. Allmählich aber setzt eine Klimaverschlechterung ein, die Niederscläge nehmen zu. Eis stößt in mehreren Perioden von Nordeuropa nach Süden vor. Tier- und Pflanzenwelt werden in ihrem Reichtum eingeschränkt.
23 Stunden, 59 Minuten und 42 Sekunden sind vergangen. Achtzehn Sekunden vor dem Ende unseres angenommenen Tages erscheint der Mensch. Und kaum mehr als eine halbe Sekunde bleibt für die 1982 Jahre unserer Zeitrechnung.

*

Und was hat der Mensch in diesem Bruchteil von einer halben Sekunde angerichtet? Davon wird in diesem »anderen Geographiebuch« die Rede sein.
Die Erinnerung an ein »normales Geographiebuch«, so wie es die Mehrzahl der Leser aus der Schulzeit kennt, soll zunächst erhalten bleiben. So wird in diesem Buch nach der üblichen Gliederung vorgegangen – Küste, Norddeutsches Tiefland, Mittelgebirge und Alpen.
Dabei ist in einem ökologisch ausgerichteten Geographiebuch eine solch strenge Gliederung nicht immer durchzuhalten, denn ökologische Probleme halten sich nicht an Gliederungen, sie sind häufig raumübergreifend. Die Verschmutzung des in den Alpen entspringenden Rheins beginnt bereits in der Schweiz, ehe der Fluß die Mittelgebirge und das Tiefland durchfließt und in die Nordsee mündet. Ebensowenig machen ökologische Probleme vor Ländergrenzen halt: Die Versalzung der Werra hat ihre Ursachen auch in der unbekümmerten Einleitung von Abwässern durch Chemiebetriebe in der DDR, und die Kernkraftgegner in der Bundesrepublik sollten bei ihren Protesten nicht vergessen, daß die im Vergleich zu westdeutschen Standards unzureichenden Sicherheitsauslegungen von Kernkraftwerken in der DDR eigentlich ebenso viel Sorge bereiten müßten.
Manch ein Leser mag einen »Umweltfall«, der sich vor seiner Haustür abspielt, vermissen, doch Vollständigkeit kann nicht Zweck dieses Buches sein. Ein, in diesem Buch behandeltes, Problem steht immer für viele andere – die Planung für den Flughafen im Erdinger Moos etwa stellvertretend für die Erweiterung des Frankfurter Flughafens, die Problematik der Luftverschmutzung in Berlin auch für Essen oder Frankfurt.

Küste

Die Küste ist ein Grenzbereich zwischen Land und Meer, eine im Laufe der Zeit stark veränderte Region, die in den letzten ein bis zwei Millionen Jahren immer wieder beansprucht wurde – ganz besonders durch die Eiszeiten. In den dazwischenliegenden Warmzeiten nämlich drang das Wasser tief ins Landesinnere vor. Und dann, als es wieder kälter und das Wasser als Eis gebunden wurde, zog sich das Meer zwangsläufig zurück. Heute haben wir ein ähnliches Phänomen, wenn auch aus ganz anderen Ursachen: Ebbe und Flut. Was bei Ebbe zwischen der Küste und den vorgelagerten Inseln und Inselgruppen trockenliegt – das ist das Watt, zum Festland hin durch Deiche begrenzt, die eine Zone junger, fruchtbarer Anlandungen schützen, die Marschen.

Aber Küste ist nicht gleich Küste: Da ist im Westen die Nordsee, im Osten die Ostsee – getrennt durch Schleswig-Holstein, das sich zwischen die beiden Wasser schiebt.

Die Ostseeküste der Bundesrepublik läßt sich in zwei Abschnitte unterteilen. Von Flensburg bis Kiel in die Region der Förden und weiter östlich in die Region der Buchten. Buchten- und Fördenküste haben eines gemeinsam – sie sind durch das Eis vorgeprägt und ehemalige Zungenbecken der Weichselvereisung. Diese Weichselvereisung ist eine Kaltzeit – der Fachmann spricht von einem Glazial –, die vor gut 10.000 Jahren das gesamte nördliche Europa heimgesucht hatte. Es war die letzte einer ganzen Reihe von Eiszeiten.

Die Nordseeküste dagegen gliedern mehrere Buchten und trichterförmige Flußmündungen, denen die Ost- und Nordfriesischen Inseln vorgelagert sind. Mit wenigen Ausnahmen – dazu gehören Sylt, Amrum, Föhr und Helgoland – bestehen diese Inseln aus einem Gestein, das erst nach den Eiszeiten dort abgelagert wurde. Und größtenteils entspricht dies genau dem Material, das sich an der äußeren Nordseeküste wiederfinden läßt – die Verwandtschaft von Küste und Inseln ist also nicht zu leugnen.

*

Die Verwandtschaft kommt nicht von ungefähr. Um dies und die gesamte Entwicklung von Land und Meer verstehen zu können, muß man ein wenig in die Erdgeschichte einsteigen: Die Festlandmasse Europas besteht aus unterschiedlich alten Teilen, die sich nacheinander in mehreren Faltungsperioden einem Urkern angegliedert haben. Die Erde hat demnach im Laufe von Jahrmillionen immer wieder ihr Gesicht verändert, die Verteilung von Wasser und Gestein, von Meer und Festland war einem stetigen Wechsel unterworfen. So ist das heute noch.

Das Erdbild vergangener Zeiten anschaulich wiedererstehen zu lassen, ist Aufgabe der Paläogeographie. Aus zahlreichen Einzelbeobachtungen wird ein Bild wie ein Mosaik

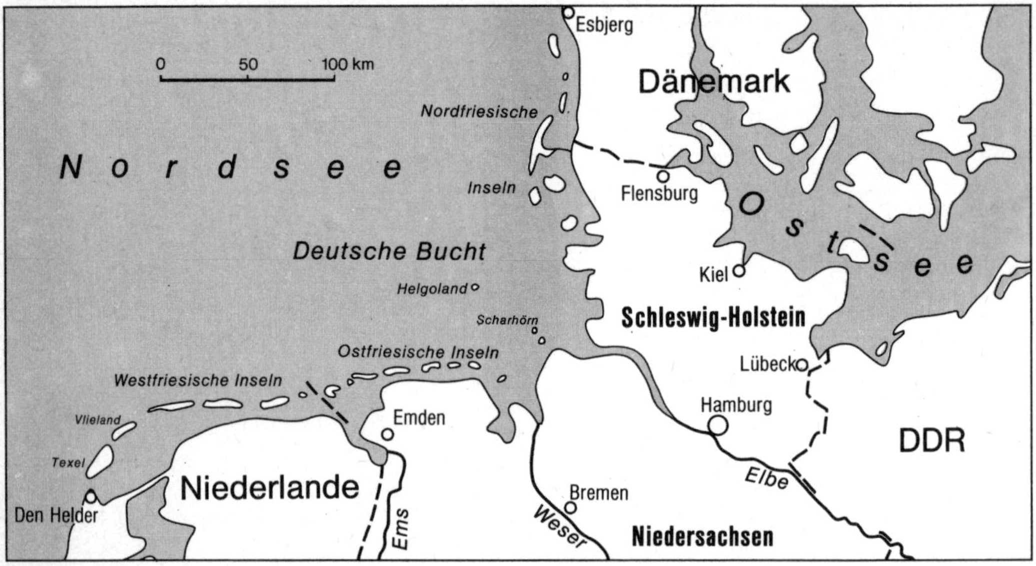

Wie ein Keil schiebt sich Schleswig-Holstein zwischen Nord- und Ostsee und trennt die beiden Wasser, deren Entstehungsgeschichte und heutigen Eigenschaften ganz verschieden sind.

zusammengesetzt. Das ist oft sehr schwierig. Denn in der Regel kann der Paläogeograph, der »Geograph der Vorzeit«, seine Schlußfolgerungen nur auf ein paar wenige Gesteine stützen. Die meisten Gesteine nämlich sind nicht mehr erhalten, weil sie im ständigen Stoffkreislauf längst zerstört und zum Neuaufbau verwendet wurden. Oder sie liegen unerreichbar am Ozeanboden, bisweilen auch unter solch mächtigen Deckschichten, daß sie selbst durch Tiefstbohrungen nicht angetastet werden können.

Der Ablauf der geotektonischen Entwicklung Europas – Geotektonik ist die Lehre vom Werden und Aufbau einer Landmasse – läßt sich mit den sogenannten »magmatotektonischen Zyklen« beschreiben. Es gibt bei der Entstehung eines Kontinents vier solcher Zyklen, wobei jeweils ganz bestimmte tektonische und magmatisch-vulkanische Vorgänge zusammengespielt haben. Die geotektonische Entwicklung Europas ist ausgegangen von einem Urkern, der heute mit den westlichen Regionen der Sowjetunion und Teilen Skandinaviens gleichgesetzt werden kann. Wissenschaftler nennen jenes Ur-Europa auch »Fennosarmatia«. Vor einigen hundert Millionen Jahren war diese Landmasse endgültig »fertiggestellt«, hatte sich konsolidiert – das erste Stück des späteren Europa war fertig.

Vor vierhundert bis fünfhundert Millionen Jahren, im Silur und Ordovizium, kam es zur nächsten großen Gebirgsbildung, der »Kaledonischen Ära«. Als Geosynklinale, das heißt als Geburtsmeer für das spätere Land, diente ein riesiges Becken, das sich von den Britischen Inseln über Norwegen, Mittel- und Nord-Schweden, Nord-Finnland, die Bären-Insel bis nach West-Spitzbergen verfolgen läßt. In der Geosynklinale wurde der Gesteinsschutt von »Fennosarmatia« abge-

lagert, gepreßt, gefaltet und schließlich als Gebirge emporgehoben und an den alten Kern »angeschweißt«. Das zweite Stück Europa – die Britischen Inseln und Norwegen – war geboren.
Die dritte Gebirgsbildungsphase begann vor rund 400 Millionen Jahren und dauerte etwa 120 Millionen Jahre an. Man nennt sie die »Variszische Ära«. Sie umfaßte große Teile Mitteleuropas – Deutschland, Frankreich, Spanien – und gliederte sich von Süden her an die Gebirge der »Kaledonischen Ära« an.
Die vorläufig letzte Gebirgsbildungsphase, die »Alpidische Ära« war eine recht komplizierte Angelegenheit, da sich mitten im Entstehungsprozeß wieder ein Rückschritt in eine Geosynklinalphase einstellte. Durch diese »Regeneration« entstand die erneuerte »Alpidische Tethys-Geosynklinale«, das Muttermeer der jungen alpidischen Hochgebirge: der Alpen, Karpathen, Pyrenäen oder des Apennin, um nur einige Teile der großen alpidischen Gebirge zu nennen.

*

Doch zurück zur deutschen Küste, zur Nord- und Ostsee. Küste – definiert nach einem geographischen Lexikon: *»Dreidimensionaler Kampfraum der drei großen Sphären der Erdhülle, der Lithosphäre, Hydrosphäre und Atmosphäre. Alle drei beeinflussen sich gegenseitig mit den ihnen eigenen Kräften. Da die Medien der Atmosphäre und Hydrosphäre in sich sehr viel beweglicher sind als die Bestandteile der Lithosphäre, findet die Auseinandersetzung ihren markantesten Ausdruck in den Formen der Lithosphäre an der Küste.«* Das heißt: Im »Kampfraum« treffen Gestein, Wasser und Luft aufeinander, schlagen sich miteinander herum – und die meisten Kampfspuren bekommt das Gestein ab, weil es nicht »weglaufen« kann. Die verschiedensten Kampfesspuren ergeben dann schließlich die unterschiedlichsten Küstenformen, das zeigt auch gerade ein Vergleich von Nord- und Ostseeküste.

Im Laufe der Jahrmillionen hat die Nordsee wiederholt ihre Gestalt geändert. Nachdem sich zunächst das Kaledonische Gebirge im Norden und die Variskische Landmasse im Süden gebildet hatten, breitete sich ein flaches Meer im Gebiet des heutigen Norddeutschen Tieflandes und der Nordsee aus. Zeitweise hatte dieses Flachmeer sogar über das heutige Schleswig-Holstein hinweg Verbindung zur Ostsee. Das Zentrum des Flachmeeres verschob sich aber allmählich nach Norden hin, und vor etwa 150 Millionen Jahren lag es im Bereich der heutigen Nordsee. Später senkte sich dann der nördliche Teil der See, und eine Verbindung zum Atlantischen Ozean war hergestellt. Aber gleichzeitig mit dem Absinken im Norden wurde der südliche Teil wieder über den Meeresspiegel hinausgehoben, was zur Folge hatte, daß während der Eiszeiten große Teile der Nordsee trocken lagen.
In der Zeit nach dem großen Eis war der Nordrand der heutigen Doggerbank die Südküste der damaligen Nordsee. Es ist erst 8000 Jahre her, daß sich der südliche Nordseeteil wieder aus dem Wasser heraushob. Nun verlagerte sich die Küste weiter südwärts, die Doggerbank sank allmählich ab, Dünenketten wurden vor der Küste angeweht und schließlich in Inseln zerteilt. Watt und Marsch bildeten sich heraus, wurden vom Menschen in Besitz genommen und seit etwa 900 Jahren durch den Bau von Deichen gegen Überflutung geschützt.
Die dem Festland vorgelagerte Inselkette, vom Wind als Düne angeweht, umfaßt heute sieben deutsche »Ostfriesische Inseln«: Borkum, Juist, Norderney, Baltrum, Langeoog, Spiekeroog und Wangerooge. Nördlich der Elbmündung trifft man auf eine Inselkette, die nicht aus Dünen, sondern aus abgerissenem Festlandgestein aufgebaut ist: Amrum, Föhr, Sylt, Pellworm, Nordstrand und die Halligen. Um die beiden Kleinsten nicht zu vergessen: Scharhörn und Neuwerk westlich der Elbmündung, die bei Sturmflut des öfteren überschwemmt sind. Zuletzt sei noch die Insel Helgoland genannt, aus Buntsandstein

Wattlandschaft vor der Eidermündung: Liegt das Watt bei Ebbe trocken, kommen Vögel zu Tausenden und scharenweise, um sich an einem »reichgedeckten Tisch« zu bedienen. (Photo: Ruminski)

aufgebaut und weit vorgeschoben in die Deutsche Bucht.

Vor gut 4000 Jahren hatte die Nordsee die Geestränder erreicht und Marschen aufgebaut. Tausend Jahre später wiederum war der Angriff der See auf die Küste nur noch gering – die Friesen kamen, fanden günstige Siedlungsverhältnisse vor und ließen sich nieder. Denn zuvor war an der Westseite des heutigen Wattenmeeres aus Sedimentationsmaterial ein »Schutzwall« aufgebaut worden – die Marsch konnte von den Wellen des Meeres nicht mehr angegriffen werden. Aber dieser Schutzwall war weniger widerstandsfähig als man dachte, die Siedlungsgebiete wurden wieder vom Meer bedroht, die Nutzflächen waren in Gefahr. Und so sahen sich die Siedler gezwungen, die Behausungen auf künstlich aufgetragene »Wurten« zu verlegen und begannen, kleinere Landflächen mit Schutzwällen aus Erde zu errichten, zunächst in kleinerem Umfang, dann aber zunehmend auch in Nachbarschaftshilfe – die ersten größeren Deiche entstanden.

Ganz schlimm war das Wüten der Nordsee zwischen dem 12. und 14. Jahrhundert. In mehreren großen Einbrüchen wurden Siedlungs- und Naturland überschwemmt, und es dauerte lange, bis sich der Mensch wieder in Richtung See vorgearbeitet hatte. Es war ein ewiger Kampf mit Wasser und Wind, ein Hin und Her zwischen Zerstörung und Wiederaufbau. Aber in früher Zeit nahmen die Bewohner des Küstenlandes Überschwemmungen, den Verlust ihres Bodens als natürlichen und deshalb unabwendbaren Schicksalsschlag in Kauf. Heute ist dies anders. Fischerei, Landwirtschaft, Industrie und Tou-

Salzwiesenbereich im Vordeichsland bei St. Peter-Ording in Schleswig-Holstein. Salzwiesen, für den Naturhaushalt an der Küste äußerst wichtig, liegen vor allem in Buchten und Flußmündungen. (Photo: Ruminski)

rismus wollen auf ihre Kosten kommen. Darüber wird in späteren Kapiteln noch mehr zu sagen sein.

Ein sehr wichtiger, vielleicht sogar der wichtigste Landschaftsgestalter an der Küste der Nordsee sind heute die Gezeiten, erzeugt durch das gegenseitige Wechselspiel von Sonne, Erde und Mond. Aus dem Atlantischen Ozean laufen die Gezeitenwellen durch den Englischen Kanal und um Schottland herum in die Nordsee ein und bewegen sich entgegen dem Uhrzeigersinn in der Deutschen Bucht. So kommt es, daß die Flutwelle drei Stunden früher an der Emsmündung ankommt als im Norden der Insel Sylt. Die Wissenschaft erklärt das Entstehen der Gezeiten so: Die Anziehungskraft auf der zum Mond weisenden Seite der Erde ist größer als die Fliehkraft. Deshalb entsteht ein Flutberg, man nennt ihn die Zenitflut. Auf der gegenüberliegenden Seite der Erde dagegen ist die Fliehkraft größer als die Anziehungskraft. Hier entsteht die sogenannte »Nadirflut« als zweiter Flutberg. Da beide Kräfte annähernd gleich sind, heben sie sich gegenseitig weitgehend auf – und an den Polen herrscht deshalb niedriger Wasserstand. Nun folgt das leicht verschiebbare Wasser den wechselnden Flutkräften. Mit der Drehung der Erde kommt ein ganz bestimmter Ort der Erde, etwa die Nordsee, zweimal täglich in den Bereich hohen und zweimal in den Bereich niedrigen Wasserstandes. Der Mond aber bleibt gegenüber der Sonne aufgrund seiner West-Ost gerichteten Umlaufbewegung täglich um 12 bis 13 Grad zurück und erscheint deshalb auch entsprechend später am gleichen Meridian. Der Eintritt

der Gezeiten verspätet sich aus diesem Grunde um fünfzig Minuten pro Tag.
Die Wassermassen der Nordsee sind – global gesehen – unterschiedlichen Ursprungs, haben eine unterschiedliche Zusammensetzung und die Wasserschichten mit verschieden hohem Salzgehalt machen eine Durchmischung oft unmöglich. Daher braucht ein Wasserkörper oft Jahre, um die Nordsee wieder in Richtung Atlantik zu verlassen. Der Wasserkörper in Küstennähe hat die größte Verweildauer in der Nordsee und wird immer wieder entlang der Küste transportiert. Dies ist von besonderer Bedeutung, denn der küstennahe Raum, und hier vor allem das Watt, ist die »Kinderstube« für viele Tierarten. Wenn hier Abfälle eingebracht werden, dann ist dies besonders verhängnisvoll.

*

Die Ostsee hat viele Namen: Baltisches Meer heißt sie in Skandinavien oder Baltic Sea in England. Sie hat aber auch eine stattliche Reihe einzelner Teilbecken und Buchten – etwa den Beltsee oder Kattegatt, den Rigaischen, Finnischen oder Bottnischen Meerbusen. In geologischen Zeitmaßstäben ist die Ostsee noch ein sehr junges Meer. Vor knapp 20.000 Jahren, am Ende der letzten Eiszeit, beim Rückzug der großen Eismassen auf die Skanden, füllte sich die Baltische Senke: der »Prototyp« der Ostsee war entstanden, und es sollte sich immer wieder einiges ändern an Ausdehnung und Küstenverlauf. Wenn man sich vor Augen hält, daß die erste Urmenschenform, der *homo erectus*, bereits vor mehr als 2 Millionen Jahren aufgetaucht ist, daß in Deutschland Knochenreste von *Homo-erectus*-Menschen gefunden wurden, nämlich die des Heidelberger Urmenschen, der vor mindestens 500.000 Jahren gelebt hat, daß der Neandertaler im Vorderen Orient und Europa vor 100.000 bis 40.000 Jahren gelebt hat und daß der Gegenwartsmensch, der *Homo sapiens sapiens*, bereits 35.000 bis 40.000 Jahre existiert, dann läßt sich auch das relativ junge Alter der Ostsee besser in einen Vergleich rücken.
Nach der Entstehung des Baltischen Sees wurde wiederholt eine Verbindung zur Nordsee hergestellt. Durch das Gemisch von Nord- und Ostseewasser, durch den ständigen Wechsel und die Zusammensetzung der Wasserkomponenten entstanden auch immer wieder verschiedene Lebensbedingungen und Lebensräume, nach denen heute die einzelnen Stadien der Ostsee benannt werden: Das Yoldia-Meer nach der Muschel *Yoldia arctica* vor rund 9500 Jahren, der Ancylus-See nach der Süßwasserschnecke *Ancylus fluviatilis* vor etwa 8500 Jahren – damals war die Ostsee wieder einmal von der Nordsee getrennt und konnte aussüßen – und schließlich das Litorina-Meer, das sich vor 6000 bis 7000 Jahren ausbildete, die heutige Gestalt der Ostsee andeutete und nach der Schnecke *Litorina litorea* benannt wird.
Selbstverständlich hat das fortwährende Heben und Senken in der Gegenwart nicht aufgehört: Heute ist die Ostsee wieder einmal dabei, sich in ihrem Nordteil, an der Schwelle zwischen Bottensee und Bottenwiek zu heben – und zwar um neun Meter im Verlauf von etwa tausend Jahren.
Ganz andere Eisverhältnisse als in der Nordsee trifft man hier an. Und sie sind sogar innerhalb des Ostseemeeres örtlich und zeitlich sehr verschieden. Im Westen und Süden tritt normalerweise wenig Eis auf, die Schifffahrt ist nur selten behindert. Anders dagegen im Norden und Osten, also im Finnischen, Bottnischen und Rigaischen Meerbusen: Festeis, Pack- und Treibeis bis weit in das Frühjahr hinein machen nicht selten Schiffsverkehr unmöglich. Das kann dazu führen, daß einige Häfen ein halbes Jahr lang geschlossen werden müssen. Hier also zeigt sich eine klare ortsgebundene Differenzierung. Aber auch zeitlich, etwa im Wechsel von einem zum anderen Jahr können ganz erhebliche Schwankungen auftreten. Bisweilen stellt sich sogar in der westlichen Ostseeregion ein harter Eiswinter ein, so ge-

schehen im Februar 1947, als eine geschlossene Eisdecke, fast eindreiviertel Meter mächtig, bis östlich von Bornholm hinausragte.
Durch die wirtschaftliche Blüte der Hanse und des Deutschen Ordens erlebte die Ostsee im 13. Jahrhundert ihre größte Bedeutung. Dann aber begann, wie gesehen, die Nordsee die Oberhand zu gewinnen. Für Finnland, Schweden und Polen aber ist das Ostseemeer nach wie vor das unumstrittene Handelstor zur Welt.

Watt in Not – bald tot

Von Esbjerg in Dänemark bis hin zum holländischen Den Helder zieht sich ein einmaliges und einzigartiges Band: das Watt, nicht mehr Meer und fast schon Land, Kinderstube vieler Fische, Nahrungs- und Raststätte unzähliger Vögel. Ein extremer Lebensraum ist dieses Stück Erde. Zur Bundesrepublik gehören gut 3000 Quadratkilometer. Täglich und dazu unregelmäßig schwanken Temperatur und Salzgehalt des Wassers und der Sauerstoff in den Sedimenten. Das können nur bestimmte, hier angepaßte Lebewesen ertragen. Liegt das Watt bei Ebbe trocken, kommen Vögel zu Tausenden und scharenweise, um sich an einem reichgedeckten Tisch zu bedienen. Aber das Watt ist nicht nur für die einheimischen Vögel wichtig, sondern auch ganz besonders für die nordischen Schnepfen und Entenvögel, die hier oft wochen- und monatelang verweilen. So wichtige – für die Fischerei wichtige – Fische wie Scholle, Hering und Garnele haben im Watt ihren »Kindergarten«, ihr Aufwuchsgebiet. Nur im Winter ziehen viele Wattbewohner hinaus ins Meer, in tiefere Gefilde.

*

Dieses Watt ist in großer Not. Und die Gefahren sind vielfältig. Ein Feind ist der Schmutz und Abfall der Zivilisation: Zwischen Ems und Nordfriesland sind 4 Ölraffinerien angesiedelt, liegen 3 Städte mit ungereinigtem häuslichem Abwasser, 6 chemische Werke, 3 Industriestandorte mit giftigen Schwermetallableitungen, 2 Aluminiumfabriken, 3 Papierfabriken, 2 Kernkraftwerke, 1 Titanweißwerk, dazu kommt Öl aus den Häfen und von den Schiffen und Verklappung von Schwefelsäure nordöstlich von Helgoland – die Aufzählung ist noch nicht einmal vollständig.

Aber gefährlicher noch für den Lebensraum des Watts werden die zahlreichen Eindeichungsprojekte sein. Verschmutztes Wasser läßt sich mit gutem Willen und Geld noch einigermaßen reinigen, aber wenn der Mensch einmal eine Landschaft zerstört hat, dann ist dies unwiderruflich.

Im Watt leben etwa 2000 verschiedene Tier- und Pflanzenarten, von denen tausend so extrem angepaßt sind, daß sie nur in diesen, von Salzwasser und Schlick geprägten Zonen leben können.

Die »Aktionsgemeinschaft Nordseewatten« sieht in den Eindeichungsvorhaben allein die massiven Interessen der Landwirtschaftslobby an Neuflächen – angesichts agrarischer Überproduktion eigentlich nicht zu verantworten. Würden die geplanten Deichbauten wirklich in vollem Umfang entstehen, fast die Hälfte der deutschen Salzwiesen, derzeit 12.000 Hektar, würde vernichtet.

Das Problem läßt sich zunächst so zusammenfassen: Die für den Naturhaushalt so wichtigen Salzwiesen liegen in Buchten sowie in Flußmündungen, wo durch eine Verkürzung der Deichlinien ein besserer Küstenschutz erreicht werden soll – und eben mehr Land. Aber, so meint auch der Präsi-

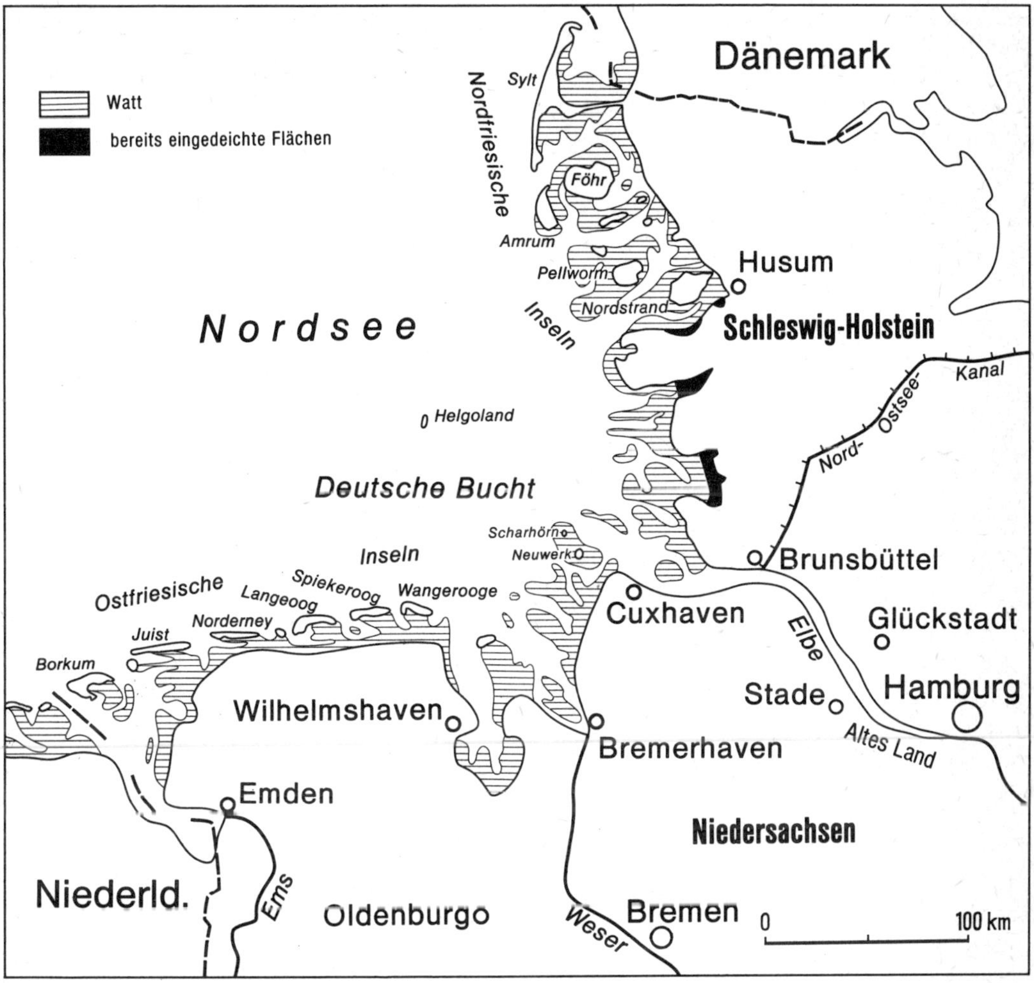

Das Watt, nicht mehr Meer und fast schon Land, zieht sich als Band entlang der deutschen Nordseeküste. Hier ist die Kinderstube vieler Fische, Nahrungs- und Rastplatz unzähliger Vögel. (Zeichnung: Dreher)

dent des Deutschen Naturschutzrings, Professor Engelhardt, beim heutigen Stand der Technik sei dies alles auch auf andere, für die Natur weniger gefährliche Weise zu machen, ein Schutz der Menschen nämlich, die nahe der Küste wohnen.

Industrie an der Küste, Industrie am Watt: Es ist noch gar nicht so lange her, März 1973, da versicherte der damalige niedersächsische Ministerpräsident, *»der Zug der Industrie in den Küstenbereich«* werde anhalten. Die Zeit aber hat den Ministerpräsidenten eingeholt. Es ist nicht mehr auszumachen, ob er vor knapp 10 Jahren ganz bewußt mit der Wahrheit nicht herausrückte – denn die Pläne für ein Hafen- und Fabrikgelände etwa auf den Inseln Neuwerk und Scharhörn lagen seinerzeit bei der Hamburger Wirtschaftsbehörde schon lange in der Schublade.

Denn nach dem Willen der Hamburger Planer sollte direkt vor den Badestränden des Nordseebades Cuxhaven ein gigantisches Hafenprojekt entstehen, 1500 Hektar Naturgebiet würden verschwinden, für Vögel, Garnelen, Fische und andere Meerestiere von unschätzbarer Bedeutung. Hamburg hat bereits 1962 von Niedersachsen die rund 90 Quadratkilometer große Wattplate Neuwerk-Scharhörn auf der Südseite der Außenelbe erworben. Ein Tiefwasserhafen an der Außenelbe sollte errichtet werden, um die Elbe, Hamburg und das Hinterland wirtschaftlich aufzuwerten und immer größeren Schiffen zugänglich zu machen. Der Hamburger Ergänzungshafen war so geplant:

* Auf der Insel Scharhörn soll ein Hafenbecken von 1000 Metern Länge und einer Sohlenbreite von 280 Metern, ein Hafengelände von 2 Quadratkilometern erbaut und eine sturmflutfreie Fläche von 12 Quadratkilometern geschaffen werden.
* Ein 17 Kilometer langer Erddamm mit vierbahniger Straße und zweispuriger Eisenbahn soll die Insel mit dem Festland in der Nähe von Cuxhaven verbinden.
* Das Industriegelände soll im ersten Bauabschnitt 1250 Hektar und in der Endstufe 6000 Hektar umfassen.

Das Planer-Konzept der Hamburger Wirtschaftsbehörde wurde zwar in einigen Punkten modifiziert, der Deutsche Rat für Landespflege aber hält die Sache nach wie vor für gefährlich: Das Bild der unberührten und großartigen Naturlandschaft des Watts für den Wattwanderer und den Besucher Neuwerks würde durch die vorgesehenen Bauwerke wesentlich verändert.

*

Der Hamburger Physik-Professor Pascual Jordan erinnert sich an die Inseln Neuwerk und Scharhörn, an das Watt, an die Situation vor mehr als einem halben Jahrhundert: *»Als ich als junger Mann erstmalig beruflich an der Universität Hamburg tätig wurde, lernte ich auch Cuxhaven und Neuwerk kennen. Eine Gruppe von physikalischen Kollegen aus Hamburg, einige junge und auch einige ältere, waren begeisterte Freunde der Nordsee und pflegten jedes Jahr einen mehrwöchigen Urlaub auf Neuwerk durchzuführen. Im Mittelpunkt jedes Tagesablaufs standen für uns weite Wanderungen zur Ebbezeit im Watt. Man konnte zwischen zwei Fluten den Weg von Cuxhaven nach Neuwerk zu Fuß machen. Die Insel selber, gerade groß genug, um lohnende Spaziergänge zu ermöglichen, aber auch klein genug, um täglichen Besuch aller Hauptpunkte zu ermöglichen, bot mit ihrer, dem Großstädter ungewohnten Vogelwelt wie auch mit Schafen und Kühen das erhabene Gefühl, dem Stadtleben für einige Wochen entkommen zu sein. Aber erst das Watt gab in der Ebbezeit die beglückende Empfindung einer Weite ohne Grenzen – die gesunde freie Luft, das tägliche Baden und diese Wanderungen in einer während der Ebbe scheinbar unendlich gewordenen Weite – scherzhaft nannten wir unser Wattwandern den »zweidimensionalen Alpinismus« – gewährten in einer Vollkommenheit, die ich niemals andernorts wieder gefunden habe, eine Entspannungs- und Erholungswirkung, die gerade durch die vom großstädtischen Alltag so völlig verschiedenartige Umwelt nicht nur einzigartig reizvoll, sondern auch eben so einzigartig gesundheitsfördernd war.«*

Dies ist endgültig Vergangenheit. Seit mehr als 10 Jahren wird die industrielle Bedrohung für den gesamten Küstenraum immer beängstigender. Schon Anfang der siebziger Jahre häuften sich die Schreckensmeldungen:

Ostfriesen-Zeitung, 3. Mai 1973: *»Stade. Ein Vorfall an der Volksschule in Stade/Bützfleth, wo am Montag 400 Schüler mit Übelkeit, Schleimhautreizungen oder tränenden*

Dow Chemical in Stade, Ansicht von der südlichen Elbseite her. 1973 wurde das Werk des amerikanischen Konzerns offiziell eingeweiht. Dow Chemical gilt als größter Chlorhersteller der Welt. (Photo: Ruminski)

Augen nach zwei Schulstunden nach Hause geschickt wurden, schlägt Wellen. Wie die Stader Schulbehörde mitteilte, wurde inzwischen das Gesundheitsamt in das Geschehen eingeschaltet. Nach Meinung der Schulleitung sind die Krankheitssymptome auf eine Chlorgasbelästigung zurückzuführen. Einziger Chlorhersteller – und zugleich größter der Welt – ist im Stader Raum der in Bützfleth ansässige amerikanische Industriekonzern Dow Chemical.«

Ostfriesen-Zeitung, 18. Mai 1973: *»Stade. Nach dreijähriger Bauzeit ist am Donnerstag in Stade-Bützfleth das Werk Stade des amerikanischen Konzerns Dow Chemical offiziell eingeweiht worden. Mit der zweiten Ausbaustufe soll noch in diesem Jahr begonnen werden. Die Dow Chemical, die als größter Chlor-Hersteller der Welt gilt, will ihr Werk Stade zu einer der größten Chemieanlagen der Welt ausbauen. Gegenwärtig werden in dem Werk täglich 1000 Tonnen Chlor produziert. Nach Angaben des Dow-Hauptgeschäftsführers Dr. Milan F. Andrus wurden etwa zehn Prozent der Investitionssumme in den Umweltschutz gepumpt.«*

Ostfriesischer Kurier, 30. Juni 1973: *»Stade. Im Bützflether Werk der Dow Chemical ist es wiederum zu einem Ausbruch von giftigem Chlorgas gekommen. Das Werk wurde nach Angaben der Unternehmensleitung vorübergehend stillgelegt. Die Unglücksursache konnte am Freitag noch nicht ermittelt werden. Seitens der Dow Chemical war in jüngster Zeit wiederholt betont worden, daß Pannen, wie sie sich mehrfach ereignet hatten, in Zukunft ausgeschlossen seien.*

*

Eine Luftaufnahme vom Hamburger Hafen. Ist er zu klein geworden? Bei den zuständigen Stellen liegen Pläne in der Schublade, einen Tiefwasserhafen am Elbufer bei Cuxhaven zu bauen. (Freigabe-Nr. 456/80 Za Hmb. - Photo: Freyenhagen)

Die vordergründigen Vorteile einer immer imposanteren Industrieansiedlung scheinen aber nach wie vor im öffentlichen Bewußtsein nur dann ins Wanken zu geraten, wenn katastrophenartige Unfälle in die Gazetten gerückt werden und über den Bildschirm flimmern. Ansonsten geht die Zerstörung leise vonstatten, oft außerhalb des eigenen Horizonts und mit scheinbar geringem Tempo. Die Küstenlandschaft aber ist ein äußerst empfindlicher Organismus, dessen Einzelorgane Klima, Gezeiten, Flora und Fauna höchst kompliziert geordnet und in Wechselbeziehung aufeinander abgestimmt sind. Der Artenreichtum des Wattenmeeres, entstanden in vielen tausend Jahren Entwicklung und Anpassung an die Umwelt, findet seine auffälligste Ausprägung in der Vielzahl von Seevögeln. Zu bestimmten Jahreszeiten kommen sie aus Nordeuropa, um sich hier einen für sie angemessenen Platz zu suchen. Hier hat sich ein biologisches, ein ökologisches Gleichgewicht eingespielt, das leicht zerstört werden kann, vernichtet man nur ein einziges Glied dieser Kette.

Das muß nicht einmal immer durch die Ansiedlung von Industrie geschehen. Schon fast vergessen ist, daß die Engländer zwischen 1954 und 1957 tonnenweise scharfe Bomben und Sprengsätze auf den Knechtsand abgeworfen haben: Opfer des Kriegsspiels nach Kriegsende waren ungezählte mausernde Brandgänse, flugunfähig, getroffen am Boden liegend. Erst als eine Internationale Kommission feststellte, daß auch britische Gänse hier mauserten, wurden die Bombardierungen eingestellt.

Der Große Knechtsand liegt zwischen Elb- und Wesermündung, der Wurster Küste vorgelagert – ein weitläufiges, von zahlreichen

Prielsystemen durchzogenes Watten- und Sandplatenareal. Hier ist der Mauserplatz für zeitweise über 100.000 Brandenten und nochmals mehr als 100.000 Vögel anderer Arten. Heute weiß man, daß es an den europäischen Küsten keine Stelle gibt, an der sich auf so kleinem Raum nahezu die gesamte Brandganspopulation eines ganzen Erdteils versammelt. Der Große Knechtsand ist in seiner Bedeutung und Schutzwürdigkeit durchaus, so meinen Wissenschaftler, der Camargue in Südfrankreich oder der Cota de Donna in Spanien gleichzustellen.

*

Im Wattenmeer ist das ganze Jahr über ein reges Kommen und Gehen. Denn es gibt nur wenige Fischarten, die Frühjahr, Sommer, Herbst und Winter im Watt verbringen. Aber bedeutender sind – sowohl ökologisch als auch fischereibiologisch – jene Arten, die im Sommer ins Watt wandern. Sie zeigen gleichzeitig die enge Verzahnung und Wechselwirkung an, die zwischen der Nordsee und dem Wattenmeer besteht. Wenn im Frühjahr nämlich günstige ökologische Bedingungen im Watt herrschen, also steigende Wassertemperaturen und ein reiches Nahrungsangebot, dann kommen die Jungfische in großer Zahl.

Vor allem die Scholle, aber auch Seezunge, Flunder und Kliesche finden, begünstigt durch die Strömungssituation, ein einmaliges Populationssystem vor: Ein Großteil der Nordseescholle laicht im nördlichen Teil des Ärmelkanals und in der Deutschen Bucht während des Spätwinters. Während ihrer Entwicklungszeit driften die Eier und Larven, durch die Strömung getragen, nach Nordosten und Osten und erreichen schließlich das Wattenmeer vor der niederländischen, deutschen und dänischen Küste. Wissenschaftler schätzen, daß auf diese Weise 80 Prozent der Nordseeschollen ihr erstes und bisweilen auch ihr zweites Lebensjahr im Wattenmeer verbringen. Das gute Nahrungsangebot läßt die jungen Nordseeschollen einen nahezu idealen Lebensraum vorfinden, und dies gerade in einer Lebensphase, in der Fische im allgemeinen sehr sensibel auf widrige Umweltverhältnisse reagieren.

Jungfisch- und Larveneinwanderungen ins Wattenmeer gibt es auch bei anderen Arten, etwa bei Dorsch und Hering.

Eiderabdämmung mit dem Sperrwerk an der Eidermündung mit einem mehrere Kilometer langem Beton-Schutzdeich. Fischerei, die vor der Eidermündung früher möglich war, ist heute nicht mehr praktizierbar, da das gesamte Gebiet vollkommen verschlickt ist. (Photo: Ruminski)

Deichverbreiterungsarbeiten zwischen Arensch und Berensch südlich von Cuxhaven. Die »Aktionsgemeinschaft Nordseewatten« fordert, jeden weiteren, nicht zwingend zum Schutz der Menschen erforderlichen Eingriff zu unterlassen. (Photo: Ruminski)

Für die Küstenfischerei ist das Watt ein besonders guter Fanggrund. Denn bezogen auf den Flächenertrag ist das Wattenmeer mit seinen Randzonen mehr als 150-mal ergiebiger als die eigentliche Nordsee – was den Mengen- und Geldertrag angeht. Dieses Argument müßte Wirtschaftlern und Industriellen eigentlich zu denken geben, die immer wieder dann den volkswirtschaftlichen Nutzen ins Gespräch bringen, wenn es um den Bau von Kraftwerken und Fabriken geht.
Und obwohl das Wattenmeer nur gut 1 Prozent der Gesamtfläche der Nordsee ausmacht, wurden hier 1975 immerhin 6 Prozent des gesamten Ertrages gefangen. Hierbei sind allein die wirtschaftlich bedeutendsten Arten berücksichtigt, nämlich Garnelen, Herz- und Miesmuscheln.

Ein anderer wirtschaftlicher Aspekt darf nicht vergessen werden: Im Wattenmeer spielt sich die sogenannte »Kleine Hochsee- und Küstenfischerei« ab, die, oft getragen von Familienbetrieben, im Jahr 1975 knapp 80.000 Tonnen Speisefisch im Wert von über 90 Millionen DM erwirtschaftete.
Dabei nutzen die Bundesrepublikaner das Watt und die angrenzende See noch relativ gering. Die Holländer sind da sehr viel weiter: Sie fischen beispielsweise 14 Gramm Muschelfleisch ohne Schale pro Quadratmeter See – ihre östlichen Nachbarn bringen es auf ganze zwei Gramm. Ein großes Potential liegt hier für die »Kleine Fischerei« noch verborgen.

*

Arbeit für den Tourismus in St. Peter-Ording: Im Watt wurden zahlreiche Bauten auf Pfählen errichtet, so daß selbst bei Hochwasser »Tourismus« gefahrlos möglich ist. Baggerarbeiten an einer Steganlage, die ins Watt hineinführt. (Photo: Ruminski)

Im Nordfriesischen Raum mündet der größte Fluß Schleswig-Holsteins in die Nordsee – die Eider. Früher wirkten die Gezeiten im gefällsarmen Unterlauf bis über die Stadt Tönning hinaus in Richtung Festland und schufen den breiten und tiefen Eiderunterlauf mit seinen großen Mäandern. Bei Sturmfluten kam es zum Einstau in die trichterförmige Mündung und zu ausgedehnten Überschwemmungen der vermoorten Niederungen. Breite, Tiefe und Länge des Flusses standen in einer funktionalen Beziehung – so lange der Mensch nicht in das natürliche System eingegriffen hatte. Aber der Bau von See- und Flußdeichen, die Abschleusung von Nebenflüssen, der Bau des Eiderkanals im Jahre 1784 und des Nord-Ostsee-Kanals 111 Jahre später haben das Geschehen in und um die Eider stark verändert: Der Flutraum wurde immer weiter eingeengt – die Gezeiteneinwirkung verlagerte sich weit landeinwärts bis etwa Rendsburg. Die Niederungen wurden infolgedessen von Sturmfluten bedroht, die Entwässerung erschwert und ebenso die Vieh- und Landwirtschaft.

In den Jahren 1934 bis 1936 ging man daran, die Eider bei Nordfeld abzudämmen. 40.000 Hektar landwirtschaftlicher Nutzfläche wurden dem Gezeiteneinfluß und der Sturmflutgefahr entzogen: die gesamte Wasserführung der Untereider kam durcheinander. Der von der Flut hereingebrachte Sand konnte von der abgeschwächten Ebbe nicht mehr zurücktransportiert werden: 40 Millionen Kubikmeter Feinsand blieben flußaufwärts bis Tönning liegen, der Flußquerschnitt engte sich auf 10 Prozent seiner ursprünglichen Größe ein. Erst 1965 löste man das Problem einigermaßen im sogenannten »Eidervertrag«, als man eine Abdämmung des Eidermündungstrichters auf der Linie Hundeköll-Vollerwiek ins Auge faßte. Durch den Bau des Eidersperrwerks in den Jahren 1968 bis 1972 konnten fast sechzig Kilometer Deichlinie entlastet werden.

Diese Deichgeschichte mit der Eider ist zunächst einmal Vergangenheit. Düstere Zukunft dagegen sind zwei Deichprojekte in Richtung dänischer Grenze: die Großeindeichungen Nordstrander Bucht und Rodenäs-Emmerlev.

Und so schrieb denn auch die »Aktionsgemeinschaft Nordseewatten« Ende des Jahres 1980 an jeden, der es wissen wollte: *»Liebe Freunde – Der weihnachtliche Gabentisch in diesem Jahr wird durch ein besonderes Geschenk aus dem Kieler Landwirtschaftsministerium beschert: Der Planfeststellungsbeschluß zur Eindeichung der Vorlandsalzwiesen bei Rodenäs ist vor wenigen Tagen vom Minister unterschrieben worden. Gleichzeitig wurde der sofortige Vollzug angeordnet.«*

Die Stimmen von 52.000 Bürgern aus der Bundesrepublik, Dänemark und Holland, die sich vehement gegen die beiden Projekte ausgesprochen haben, sind negiert worden.

Sollten die Nordstrander Bucht und die Vorländer von Rodenäs bis Emmerlev wirklich eingedeicht werden – und es sieht alles danach aus –, dann würden die größten zusammenhängenden Salzwiesen, die in Schleswig-Holstein und Dänemark überhaupt noch existieren, verschwinden – fast die Hälfte der gesamten nordfriesischen Vorlandsalzwiesen.

Die negativen Folgen einer Eindeichung würden sich nicht nur lokal, sondern weltweit auswirken. Denn viele Vögel, die, aus dem Norden angereist, oft zwei Drittel des Jahres im Watt und an der Küste verbringen, fänden die ihnen vertrauten Gebiete nicht mehr vor. Denn der überwiegende Teil der Vogelansammlungen in Schleswig-Holstein ist auf das Nordfriesische Wattenmeer konzentriert.

Besonders harte Zeiten kämen dann für die Gänse. Zwischen März und Ende Mai sind die Salzwiesen im Rodenäs-Vorland und in der Nordstrander Bucht Sammelplatz für über zehntausend Ringelgänse, die hier wichtige Energiereserven für die Wanderung und die Brutzeit tanken. Man nimmt an, daß die Ringelgänse dann versuchten, auf binnenländischem Ackerland heimisch zu werden. Der Konflikt mit der Landwirtschaft wäre vorprogrammiert – und sicherlich würden die Gänse den Kürzeren ziehen.

Aber nicht nur die Ringelgänse wären betroffen. Zwanzig- bis dreißigtausend Brandgänse in der Nordstrander Bucht – das sind immerhin 20 Prozent des gesamten westeuropäischen Bestandes – hätten keine Herbst- und Winterbleibe mehr. In dieser Zeit ernähren sich die Brandgänse fast ausschließlich von Schnecken und Muscheln, die sie auf den Wattflächen finden. Nach der Eindeichung aber wäre diese »Speisekammer« unwiderruflich geschlossen. Auch etwa 2000 Brutpaare verschiedener, in Europa bedrohter Seevogelarten, die im Watt ideale Nistmöglichkeiten und reiche Nahrung finden, müßten erheblich leiden.

Man müsse endlich begreifen, meint daher auch die »Aktionsgemeinschaft Nordseewatten«, daß das Wattenmeer schon jetzt nur noch die Fläche eines ökologischen Minimal-Areals umfasse. Die Grenze der ökologischen Existenzfähigkeit sei bereits erreicht. Jeder weitere, nicht zwingend zum Schutz der Menschen erforderliche Eingriff müsse als Verbrechen an der Natur gewertet werden.

Wenn es auch für die Nordstrander Bucht und Rodenäs-Emmerlev schlecht aussieht, so scheint sich im südlicher gelegenen Scharhörn und Neuwerk ein Erfolg für Natur und Ökologie anzubahnen. Allerdings, so muß man vermuten, ist der Sinneswandel bei den Politikern mehr dem leeren Staatssäckel als der Einsicht in die Notwendigkeit einer intakten Landschaft zuzuschreiben.

Nördlich der kleinen Insel Neuwerk, im Gebiet des Vogelschutzeilands Scharhörn, hatten die Hamburger Hafenbauer zur Zeit der

steigenden Wachstumsraten den bereits erwähnten Tiefwasserhafen geplant, für den man eine 20 Meter tiefe Fahrrinne künstlich schaffen wollte. Die Hansestadt Hamburg hat auf dieses Projekt zunächst verzichtet.
Aber die Freude darüber konnte nicht lange währen. Während Umweltschützer noch darüber rätselten, was die Hamburger Planer wohl zu diesem Schritt bewogen haben mochte, enthüllte ein Landtagsabgeordneter des niedersächsischen Parlaments den Plan einflußreicher politischer Kreise in Hannover, einen Tiefwasserhafen zu bauen, zwar nicht auf Scharhörn-Neuwerk – sondern direkt am Elbufer bei Cuxhaven. Und zudem soll zwischen der Badestadt und Otterndorf ein Industriegebiet geschaffen werden. Hier könnte unter anderem, so überlegt man in Hannover, eine Kohleverflüssigungsanlage entstehen. Und mit dem Tiefwasserhafen sei das halb so schlimm: für das Projekt benötige man nur »seeschifftiefes Fahrwasser«, das sind 13,5 Meter Fahrrinne unter Normalnull. Von einem Tiefseehafen aber spreche man erst ab 20 Meter unter Normalnull. Aber ist es so entscheidend, ob 200.000-Tonnen-Frachter oder »nur« 100.000-Tonnen-Frachter anlegen? Eine Gefährdung des Watts wäre das Industrieprojekt allemal.

*

Die Küstenlandschaft ist aber nicht nur durch Entwässerungsprojekte, Hafenanlagen, Deichbauten oder Industrieansiedlungen gefährdet und verändert worden. Auch der ständig anwachsende Touristenstrom hat einen Großteil Schuld: 36 Millionen Übernachtungen wurden im Jahre 1979 allein in Schleswig-Holstein gezählt, das sind 9 Übernachtungen auf einen Einwohner des Landes, mehr als Bayern, Hessen oder Baden-Württemberg vorzuweisen haben. So zieht auch der Landesbeauftragte für Naturschutz, Professor Knauer, mit Blick auf die Ostsee Bilanz: *»An der Ostseeküste hat das praktisch zur völligen Zerstörung der Strandwälle und der hier vorkommenden Vegetation geführt.«*

Schleswig-Holstein ist das Urlaubsland der Deutschen. Oder anders gesagt: Nur 3 Prozent der jährlichen Besucher kommen aus dem Ausland. Die Impulse, so weiß man, werden also vom »deutschen Markt« ausgehen. Und weil man in Schleswig-Holstein auch weiß, daß bis 1995 die Bevölkerung in der Bundesrepublik Deutschland um gut 4 Prozent abnehmen wird, sorgt man sich um den touristischen Nachschub.
Deshalb hat das Land die Zielsetzungen für die Fremdenverkehrsentwicklung so formuliert: Es solle die Voraussetzung dafür geschaffen werden, daß in Schleswig-Holstein auch in Zukunft das qualitative und quantitative Wachstum des Fremdenverkehrs der allgemeinen wirtschaftlichen Entwicklung entspricht. Im Planungszeitraum will man mehr als 50 Millionen Übernachtungen erreichen. Damit, so die Landes-Freizeit-Planer, soll der hohe Anteil des Landes an den Fremdenübernachtungen im Bundesgebiet weiter ansteigen – zumindest aber gehalten werden.
Daß Landschaft und Naturschutz bei der ganzen Sache wohl zu kurz kommen werden, zeigt überdeutlich dies: In der Schriftenreihe der Landesregierung Schleswig-Holsteins über die »Entwicklungsperspektiven für den Fremdenverkehr« findet sich im zusammenfassenden und ausblickenden Schlußkapitel ein einziger Satz über die Landschaft: *»Wesentliche Voraussetzung für das Erreichen des gesteckten Entwicklungszieles ist auch, daß es gelingt, eine intakte Umwelt und die typische Landschaft in unserem Lande zu erhalten.«*
Ist dies möglich? Fremdenverkehr steigern, Spitzenposition belegen in der Bundesrepublik und dennoch die natürliche Umwelt bewahren? Es wird kaum möglich sein, denn verstärkte menschliche Aktivität ging bisher immer zu Lasten der Natur. Und so wird auch weiterhin bei Planern, Politikern und Fremdenverkehrsfachleuten in erster Linie das Gültigkeit haben, was in den Prospekten der Reiseveranstalter steht:
55°3‘30“ – nördlichster Punkt der Bundesre-

publik Deutschland: Sylt – *wo die Freiheit fast grenzenlos ist. Und so wissen auch wir es heute aus vielen Quellen, wo Deutschland ganz oben ist: auf Sylt, der spritzigen, bunten und weichen Nordsee-Insel mit der großen Ferien-Geschichte.*

Amrum. *Nordsee-Insel der Ruhe, der Natur und der Freiheit. Man genießt die Stille am Wattenmeer, den Atem des Meeres, Ebbe und Flut, wandert um die Amrumer Nordspitze, lauscht dem Rauschen der Brandung, oder dem tausendstimmigen Möwengeschrei und erlebt das Ende eines Sommertages am Meer.*

Föhr – *die grüne Nordseeinsel. Es ist, als würde die Nordsee an der Stelle, wo Föhr liegt, ein klein wenig lächeln. Als wäre die Insel die Leinwand und das Meer der Rahmen für ein zartes, buntes, gemütliches Ferienbild.*

Nordsee – Endstation für Altvater Rhein

Weit über 10.000 verschiedene Schadstoffe enthält der Rhein heute nach Angaben des Berliner Bundesgesundheitsamtes. Chemiewerke und Papierfabriken sind die Hauptverschmutzer, die den einst so wunderbaren und vielbesungenen Strom zur Kloake und endgültig kaputtgemacht haben. Und doch gibt es da noch Stimmen, die von einer Verbesserung der Wasserqualität sprechen, etwa Politiker oder die ARW, die Arbeitsgemeinschaft der Rheinwasserwerke. Kein Wunder, ist doch einer der Hauptverschmutzer des Rheins, die Bayer AG in Leverkusen, Mitglied eben dieser Arbeitsgemeinschaft.
Dies sind die Fakten:

* Wasserfachleute der Universität Bremen fanden im Trinkwasser aller Städte, die aus dem Rhein versorgt werden, krebserzeugende, halogenierte Kohlenwasserstoffe. Spitzenreiter sind Köln, Mainz, Duisburg und Koblenz.
* Auch der Heidelberger Sedimentforscher, Professor German Müller, warnt vor den Gefahren des Rheins, vor allem vor dem Schwermetall Kadmium, das im Nieder- und Mittelrhein seit 1971 um 26 Prozent zugenommen hat. Seine Forderung: *»Auf keinen Fall darf ausgebaggerter Rheinschlamm auf landwirtschaftliche Flächen aufgebracht werden, wie dies bereits mit dem Neckarschlamm geschehen ist – und nicht ohne Folgen. Selbst vor einer unkontrollierten Deponie des Schlammes ist zu warnen, da Kadmium unter bestimmten Umständen in Lösung gehen und in das Grundwasser eintreten kann.«*

Was der Rhein schließlich in die Nordsee abkippt, ist der letzte Dreck: tonnenweise Gift. Von der alten Herrlichkeit des Stroms ist nichts mehr geblieben, der Altvater ist am Ende.

*

1980, ein Minister zog Bilanz: Volker Hauff, damals noch Chef von Forschung und Technologie in Bonn, meinte, die Qualität des Rheinwassers habe sich zunehmend gebessert, dennoch bleibe die Nutzung des Oberflächenwassers ein Schwerpunkt der Umweltaktivitäten des Bundesforschungsministeriums. Forschung allein, so Hauff weiter, garantiere aber noch keinen wirksamen Gewässerschutz. Es gehe vor allem darum, daß neue, brauchbare Methoden der Reinhaltung von der Industrie auch übernommen würden, und die Resultate in Verordnungen und Umweltgesetze einfließen müßten.
Führt der Rhein wirklich reineres Wasser? Die Forschungsergebnisse des bereits kurz erwähnten Heidelberger Wissenschaftlers German Müller bringen teilweise anderes zu Tage. Er hat die Schwermetallbelastung der Sedimente des Rheins untersucht und Anfang der siebziger Jahre vor einer zusätzlichen Gefährdung bei der Trinkwassergewinnung aus Uferfiltrat gewarnt. Zehn Jahre später untersuchte Müller noch einmal die Rheinsedimente. Er stellte zwar teilweise er-

hebliche Verbesserungen fest, für andere Stoffe aber wurden ständig steigende und überhöhte Werte registriert.
Schwermetalle wie Quecksilber, Chrom, Kadmium, Kupfer, Blei, Zink oder Kobalt lassen sich in den Sedimenten der Flüsse gut nachweisen, da Kies, Sand und Ton ein natürliches Puffersystem bilden und auf diese Weise die Metalle dem Stoffkreislauf der Ökosphäre erst einmal entziehen.
Die größte und ökologisch gleichzeitig bedeutsamste Veränderung ist die starke Abnahme des Quecksilbergehalts sowohl im Oberrhein – der Strecke zwischen Basel und der Mainmündung – als auch im Nieder- und Mittelrhein bis hinauf zur holländischen Grenze. Verglichen mit 1971 ist die Quecksilberkonzentration um über 60 Prozent zurückgegangen.
Einen ähnlich starken Rückgang im gesamten Rheinabschnitt zeigt Chrom mit über 50 Prozent, was auf wirksame Kläranlagen in leder- und metallverarbeitenden Betrieben zurückzuführen ist. Beim besonders umweltrelevanten Kadmium ist dagegen eine getrennte Entwicklung zu beobachten: Im Oberrhein wurde eine Abnahme von 42 Prozent, im Mittel- und Niederrhein eine Zunahme von 26 Prozent registriert. Die Ursache ist einmal eine Besserung im Bereich des mittleren Neckars, andererseits eine starke Anhäufung des Schwermetalls zwischen Ruhr und holländischer Grenze.
Die Kupferbelastung hat am Nieder- und Mittelrhein um knapp ein Drittel abgenommen, da die Zuflüsse Wupper und Ruhr diesbezüglich günstigere Werte aufweisen als 1971. Im Oberrhein dagegen liegt eine Zunahme um gut ein Viertel vor – Folge einer verstärkten Industrieansiedlung zwischen Kinzig und Neckar.
Die Bleikonzentration blieb im Mittel- und Niederrhein mehr oder weniger unverändert, im Oberrhein ist hingegen eine deutliche Abnahme um etwa ein Fünftel nachweisbar. Es läßt sich hier nur schwer ein Zusammenhang mit dem vor einigen Jahren in Kraft getretenen Benzin-Blei-Gesetz herstellen, da lokale Emissionen bei der Eisen- und Stahlerzeugung oder durch Fernheizwerke die Bleireduzierung im Straßenverkehr überlagern. Diese Aussage kann allerdings nur für die Sedimente des Rheins, nicht aber für die Luft gelten, wo eine deutliche Qualitätssteigerung festgestellt worden ist.
Der Wissenschaftler aus Heidelberg weist besonders auf die Gefährdung durch das ansteigende Kadmium hin. Denn vielerorts will man uferfiltriertes Rheinwasser zur Trinkwasserversorgung heranziehen – etwa im Hessischen Ried, um zusätzlich sinkendes Grundwasser auszugleichen. Darauf wird in einem späteren Kapitel noch eingegangen.

*

Es war auch im Jahr 1980, als der Segelkutter »Avontuur«, das heißt Abenteuer, sechzehn Tage auf dem Rhein unterwegs war – von Basel bis Rotterdam. Im Rahmen der »Aktion Rettet den Rhein« wurden über 200 Wasserproben gezogen und analysiert. Fazit: *»Nur in den Reden der Politiker ist das Rheinwasser sauberer geworden.«*
Was die Trinkwassergruppe der Universität Bremen, die die Proben auf halogenierte Kohlenwasserstoffe untersuchte, herausfand, war mehr als besorgniserregend. Das gab auch der Präsident des Berliner Umweltbundesamtes, Heinrich von Lersner, auf einer Pressekonferenz in Bonn zu: Die Belastung des Rheins durch krebserregende Kohlenwasserstoffe sei deutlich gestiegen. Und viele Städte links und rechts des Rheins beziehen ihr Trink- und Brauchwasser aus dem mehr oder weniger gut aufbereiteten Flußwasser. Die Analytiker aus Bremen, die das Trinkwasser verschiedener Städte unter »die Lupe« nahmen, stellten vor allem vier Städten ein besonders schlechtes Zeugnis aus: Köln, Mainz, Duisburg und Koblenz.
Als in erster Linie verantwortlich für die hohe Schadstoffbelastung nannten die Segelkutterfahrer der »Avontuur« die großen Chemie- und Papierkonzerne, die sich wie

Von Basel bis Rotterdam ging im Juni 1980 die Fahrt der »Avontuur«. Das 25 m lange Segelschiff – hier im Baseler Hafen – machte in vielen Rheinstädten Station, Umweltschützer veranstalteten Informationsabende zum Thema Rheinverschmutzung. (Photo: dpa)

an einer Perlenschnur entlang des Rheins aufreihen.
Die Klagen aber sind schon alt. Vor 10 Jahren bereits warnte die »Arge Rhein«, die Arbeitsgemeinschaft der Länder zur Reinhaltung des Rheins: *»Die Verunreinigung des Rheins und seiner Nebengewässer hat solche Ausmaße erreicht, daß viele notwendige Wassernutzungen gefährdet oder beeinträchtigt sind. Die Entwicklung darf nicht mehr in der bisherigen Richtung weitergehen, damit nicht noch größere volkswirtschaftliche und zivilisatorische Schäden entstehen. Es ist notwendig, die Abwasserreinigung mit wesentlich stärkerem Einsatz und mit bedeutend höheren Mitteln als bisher voranzutreiben. Das gilt für alle Staaten im Rheingebiet.«* Die Entwicklung aber ging in der »bisherigen Richtung« weiter. Trotz aller Beteuerungen, Reden, Forschungsprojekte und sicher auch trotz manch guter Vorsätze. Es ist eben nicht so, wie Gerlinde Schikora im letzten Jahr in der »Umschau« schrieb – allerdings ging es da um die Alternative Kohle oder Kernenergie: *»Über das Ziel, die Umwelt zu schützen, sind sich alle einig.«* Sind sich wirklich alle einig? Geht es einem Industrieunternehmen in erster Linie um den Umweltschutz? Will es zuerst die Umwelt schützen und danach über den Profit nachdenken? Die Wirklichkeit lehrt tagtäglich anderes.
Wer zuerst über Profit und dann erst über Ökologie nachdenkt, wird eben vieles unterlassen, was zwar technisch machbar, aber nicht unbedingt vorgeschrieben und Gesetz ist. Dabei könnte man schon zufrieden sein, wenn wirklich das Gesetz erfüllt und nicht mit vielen Tricks umgangen würde.

Wenn das Hochwasser am Rhein zurückgegangen ist, bleibt das Ufer als Schutthalde zurück – wie hier in Düsseldorf-Kaiserwerth. Hochwasser machen den Rhein zwar nicht rein, aber doch ein klein wenig sauberer – der Rhein wird gewaschen. (Photo: dpa)

Die Rheinkutterfahrer der »Avontuur« jedenfalls haben Strafanzeige gegen die ihrer Meinung nach vierzehn größten Rheinverschmutzer gestellt: Ciba Geigy, Hoffmann-La Roche, Sandoz, Rhone Poulenc, elsässische Kliminen, Zellstofffabrik Maxau, BASF, Farbwerke Hoechst und gegen Bayer in Leverkusen, Dormagen und Uerdingen.

*

Die Frankfurter Firma Hoechst ist, obwohl gar nicht direkt am Rhein gelegen, einer der Hauptverschmutzer. Täglich, so verkündete im Winter 1979 und Frühjahr 1980 der hessische Umweltminister, werden von den Farbwerken über 500 Tonnen Chloride in den Main geschüttet – dazu noch weitere schwer abbaubare Organo-Halogen-Verbindungen und andere Substanzen. Und die Main-Fracht wirkt sich noch kilometerweit nach der Mündung bei Mainz-Kastel im Rhein aus – nicht zuletzt auf die Fischwelt.

Dr. Wolfgang Klausewitz, Wissenschaftler am Frankfurter Senckenberg-Institut, ging der Frage nach, wie sich diese Main-Kloake auf den Rhein auswirken würde. Man wußte zwar schon lange, daß es zwischen den Farbwerken Hoechst und der Mündung fast keine Fische mehr gab, daß sich dort auch kaum wirbellose Tiere hielten und unter den Pflanzen sich nur die niederen Algen als verhältnismäßig anpassungsfähig erwiesen hatten.

Diese Frage interessierte vor Klausewitz schon andere. Vor rund 180 Jahren bereits schrieb C. Nienhaus-Meinau:

Der Rhein als »Kühlsystem« für das Kernkraftwerk Biblis: die Auswirkungen auf das Ökosystem des Stromes sind umstritten. Dabei ist Biblis nicht das einzige Kernkraftwerk, das das W«asser des Rheins zum Betreiben nutzt. (Photo: Brunnengräber)

»Der Main ist unter den größeren Flüssen Deutschlands jedenfalls derjenige, welcher verhältnismäßig am stärksten verunreinigt wird, und es würde äußerst interessant sein, zu konstatieren, ob in demselben bei seinem Eintritt in den Rhein die zugeführten Chemikalien nachzuweisen sind.« Was damals vielleicht noch nicht zweifelsfrei zu klären war – daran versuchte sich nun Klausewitz. Und er konnte feststellen, daß sogar bei starkem Hochwasser – das bekanntlich den Chemieeintrag erheblich verdünnt, die Verschmutzung also abschwächt – die der Mainmündung am nächsten gelegene rechte Rheinseite nahezu fischfrei ist und eine Wiederbesiedlung erst unterhalb des Binger Lochs wieder registriert werden kann. Erst hier kommt es zu einer ordentlichen Durchmischung von Rhein- und Mainwasser, die schädliche Wirkung des Mainwassers schlägt dann nicht mehr durch. Das ist um so bedenklicher, als bei Wiesbaden noch einmal Abwasser eingelassen wird. Und um dem Ganzen die Krone aufzusetzen: Hier wird Wasser der fließenden Welle des Rheins entnommen und als Trinkwasser verkauft. Dazu Klausewitz: *»Wenn das Uferfiltrat auch an der linken Uferseite der Insel Peters-Aue gewonnen wird – wo sich stets relativ viele Fische aufzuhalten pflegen –, so kann bei unterschiedlichen Wasserführungen – stark im Main, weniger stark im Rhein – ein Vordringen von Mainwasser in diesen Bereich nicht völlig ausgeschlossen werden, was sich sicher, wenn auch nur spurenhaft, auf die Qualität des Trinkwassers auswirken dürfte.«* So

Naturbelassene Rheinaue in der Nähe von Speyer. Anfang des letzten Jahrhunderts war dies der »typische« Rhein: Drei bis vier Kilometer breit schlängelte er sich von Süd nach Nord, mehr als 200 Inseln lagen allein zwischen Basel und Breisach. (Photo: Harke)

also kann es passieren, daß in Wiesbaden aus dem Wasserhahn läuft, was die Hoechster in den Main kippen.
Es gibt nur eine Lösung des Problems: man muß chemisch effiziente Kläranlagen bauen, nicht nur bei der Industrie, sondern auch bei den Städten und kommunalen Verbundsystemen. Es wird nicht mehr damit getan sein, »einfache« vollbiologische oder teilchemische Anlagen zu erstellen. Was, anders ausgedrückt, so viel heißt: Ein Chemiewerk benötigt nicht die gleiche Kläranlage wie eine Papierfabrik oder eine Lederfabrik oder eine Großstadt. Nur wenn dieses Rezept auch am Untermain befolgt wird, werden zwischen Wiesbaden und Rüdesheim wieder Fische leben können. *»Ob diese Fische«,* so warnte Klausewitz, *»dann auch für die menschliche Ernährung geeignet wären, muß bezweifelt werden. Denn schon der regelmäßige Genuß jener zahlreichen, entlang der linken Rheinseite vorkommenden Fische ist nach einer Mitteilung des rheinland-pfälzischen Landwirtschaftsministeriums wegen des Gehalts der Fischkörper an Hexachlorbenzol (HCB) nicht unbedenklich.«*

*

Es ist geographisch – und auch historisch – höchst interessant, noch einmal einen Blick zurückzutun in die Zeit, als der Rhein gezähmt wurde, als noch keine Industrie ansässig war, als sich das Abwasser auf das beschränkte, was die einzelnen Ortschaften ableiteten. Kurz, als der Rhein noch gesund und die Tier- und Pflanzenwelt, das gesamte Ökosystem noch in Ordnung waren. Es ist

Der Rhein als Erholungsraum: Bootshafen in der Nähe von Lampertheim. Der Mensch hat die Natur immer mehr zurückgedrängt und seine eigenen Interessen durchgesetzt. Vor allem die «Korrektur« Tullas hat das Bild einschneidend geändert. (Photo: Schüler)

fast auf den Tag genau 170 Jahre her, da hatte Johann Gottfried Tulla einen großen Plan, den er der großherzoglichen Regierung in Baden vortrug. Er schlug vor, den Rhein zu regulieren, um so die allernächsten Bewohner vor Hochwasser und ihr Ackerland vor Überschwemmung zu schützen.

Zur Zeit Tullas war der Rhein drei bis vier Kilometer breit, schlängelte sich in vielen Schleifen und Schlingen von Süd nach Nord. Mehr als 200 Inseln und Inselchen lagen allein zwischen Basel und Breisach. Die Bauern hatten es schwer, ordentlich Landwirtschaft zu betreiben, denn die Rheinaue war auf weite Strecken hin versumpft – guter Nährboden für Fieber, Typhus und Ruhr. Urwüchsige Auenwälder waren links und rechts des Stromes angesiedelt.

Und obwohl die Rheinauenbewohner so viel Ärger mit dem Wasser hatten, stemmten sie sich doch mit aller Macht gegen eine Korrektur des Rheins nach Tullas Plänen. Hier spielte sich eigentlich etwas ab, was man immer wieder beobachten kann, daß nämlich Menschen in Angst geraten, wenn ihnen die Eingriffe in den Naturhaushalt allzu gewaltig erscheinen. Heute, so scheint es, ist diese Angst in weiten, einflußreichen Kreisen wie verflogen. Heute herrscht die Meinung vor, der Mensch besäße durch die Technik ein so mächtiges Instrumentarium, daß er die Natur bezwingen könne. Horst Stern schrieb einmal sinngemäß: Am Ende wird die Natur, wird die Erde siegen. Denn sie wird dem Menschenvolk die Existenzgrundlage einfach unter den Füßen wegziehen und weiter existieren. Die Spezies Mensch aber wird es hernach nicht mehr geben.

Der Rhein als Schiffahrtsstraße: Millionen Tonnen Güter werden jährlich transportiert, Kähne in zahlreichen Häfen be- und entladen. (Photo: Ruminski)

Doch zurück zu Tulla, zurück zum Rhein. Es dauerte einige Jahre, bis seine Pläne in die Tat umgesetzt wurden. In den fünfziger Jahren des letzten Jahrhunderts wurde damit begonnen: Das Flußbett wurde zusammengefaßt, Mäander verschwanden, die Ufer wurden befestigt. Die Strecke von Basel bis Worms verkürzte sich mit einem Schlag um fast ein Viertel. Die Tiefenerosion setzte ein: Vor Tullas Eingriff errechnete man eine Erosion von 0,4 Zentimeter pro Jahr – die Rate stieg danach um das Zwanzigfache, auf etwa 7 Zentimeter. Das sind, legt man einhundertdreißig Jahre zugrunde, gut neun Meter, die sich der Rhein tiefer in den Untergrund eingegraben hat. Die Folgen heute: Das Wasser rast in Richtung Nordsee, hat keine Zeit mehr, mit dem neben ihm liegenden Land zu »korrespondieren«. Der Grundwasserspiegel sank bisweilen unter den Wurzelbereich, so daß nicht nur der Wasserhaushalt des Rheins durcheinandergeriet, sondern das gesamte Ökosystem der Rheinlandschaft nachhaltig verändert wurde. So schreibt auch der Sachverständige für Umweltfragen in seinem Rhein-Sondergutachten: *»Die Tulla-Korrektion ist damit in der geschichtlichen Neuzeit das erste bedeutende Beispiel einer großen wasserbaulichen Maßnahme, die als Eingriff in ein komplexes System zu wesentlichen nachteiligen Nebenwirkungen geführt hat, die sich nach dem damals verfügbaren Wissen nicht vorhersehen ließen. Es ist jedoch bemerkenswert, daß man erst heute und noch sehr zögernd bei vergleichbaren Großmaßnahmen zu einer Berücksichtigung solcher komplexen Auswirkungen gelangt.«* Man kann natürlich darüber streiten, ob Tulla und die Verantwortlichen der Regierung in Baden nicht doch ahnen konnten, was sie auf ökologischem Sektor am Rhein alles anstellten. Denn damals

schon sollte – wie sich doch der Vergleich zu heute aufdrängt – vor allem wirtschaftlichen Interessen gedient werden, nämlich der Schiffahrt.
Im Mittelalter hatte sich am Rhein eine ganz bedeutende Fischerei auf Lachs, Aal, Maifisch und Stör entwickelt. Und noch zu Beginn unseres Jahrhunderts konnten in den Schweizer Gewässern des Rheins jährlich fast 2000 Laichlachse gefangen werden. Tullas Korrektur – ein Begriff, der sich leider eingebürgert hat, aber aus ökologischer Sicht vollkommen unsinnig ist – beseitigte die Stromschlingen und Altwässer, die bevorzugten Laichplätze und Fischereigebiete. Dies also war der erste Totalangriff auf das Ökosystem Rhein, der zweite ließ nicht lange auf sich warten: durch die Abwässer.
Der zweite Totalangriff wird sich noch weit nachhaltiger auswirken als jener erste, den Tulla im letzten Jahrhundert startete. Bereits 1955 haben Wissenschaftler die Besiedlung des Rheins durch niedere Organismen mit Daten von 1915 verglichen. Bereits damals hatte man festgestellt, daß sich in diesen 40 Jahren einiges zum Schlechten verändert hatte: Indikatoren – das sind in diesem Falle Organismen, die der Fachmann auch Saprobien nennt – für stark und sogar übermäßig verschmutztes Wasser wurden gefunden. Schon damals konnte nachgewiesen werden, daß die Tierartenzahl im Mittelrhein seit dem Beginn unseres Jahrhunderts von 61 auf 34 zurückgegangen ist – im Oberrhein sogar von 74 auf 40.
Neuere Untersuchungen haben ergeben, daß im Ober- und Mittelrhein eine Verminderung der wirbellosen Tierarten auf etwa ein Drittel stattgefunden hat. Und die Tendenz ist weiter rückläufig. Die ursprüngliche Fauna, so wie man sie um die Jahrhundertwende im Rhein kannte, wurde weit stärker dezimiert als auf den ersten Blick erkennbar ist. Denn die Artenzahl wurde allein dadurch ein wenig »aufgestockt«, weil Organismen zusätzlich »eingewandert« sind. Diese »neuen Arten« haben oft höhere Toleranzgrenzen gegenüber den verschiedensten Umweltbelastungen, können sich also wirkungsvoller gegen Abfall und Chemikalien wehren.
Die Widerstandsfähigen, die Starken also überleben im Rhein, die Schwachen verschwinden. Und da die Starken keine natür-

Der Rhein nahe Emmerich – Fischsterben im Juni 1969, hervorgerufen durch giftige Abwässer der chemischen Industrie. (Photo: dpa)

lichen Feinde mehr haben, können sie sich ungehindert und in großer Zahl vermehren. Mit einem intakten, funktionierenden Ökosystem hat dies aber nur noch wenig zu tun: Nahrungsketten werden unterbrochen, die Selbstreinigungskraft des Flusses gemindert, aus der einstigen Ordnung wird Unordnung. Es gibt deshalb inzwischen eine ganze Reihe eingewanderter, eingeschleppter, selbst vom Menschen bewußt eingesetzter Arten, die nun schon »ökologische Nischen« besetzt haben: etwa der amerikanische Flußkrebs, der Gefleckte Strudelwurm, die Spitze Blasenschnecke oder die Wandermuschel.

In Mitteleuropa kennt man etwa siebzig Fischarten, die im Süßwasser leben. Und im Rhein hat man immerhin einmal 47 dieser Arten gezählt. Aber das ist schon lange her. Seit Tullas Wirken ging es mit dem Fischbestand im Rhein mehr und mehr bergab. Und – einmal ganz abgesehen von der Schiffahrt – vor allem die Abwässer waren der Fische erster Feind: Seuchen dezimierten immer wieder die Rheinbewohner, so etwa die Furunkulose bei Lachsen und Äschen, Lachspest oder Barbenpest.

Als zwischen 1945 und 1948 die Industrieproduktion drastisch zurückging, erholten sich die Fischbestände im Rhein ganz erheblich. Nach der Zerstörung des Kembser Kraftwerkes unterhalb von Basel im Jahre 1945 waren im unteren Hochrhein sogar wieder Lachse entdeckt worden. Das war umso erstaunlicher, als doch der Lachs seit Beginn unseres Jahrhunderts immer seltener geworden war. Aber kaum begann der »Aufschwung«, da war es auch mit der Fisch-Herrlichkeit schon wieder zu Ende. Seit 1955 ist der Lachs zum seltenen Einzelgänger im Rhein geworden.

Verglichen mit 1949 sind die Fischfangerträge um über 90 Prozent zurückgegangen. Fängt man tatsächlich einen Fisch im Rhein, ist er dann auch zu genießen? Allenfalls für Sportfischer ergeben sich hier noch ein paar Chancen, und die werfen die Tiere nach dem Fang wieder ins Wasser zurück.

Nicht zu vergessen der Vogelbestand, der sich im Auenbereich angesiedelt hatte: Wälder, Schilfzonen und Riedbereiche boten einst hervorragende Brut-, Nist- und Nahrungsplätze. Auch bei den Vögeln hat schon lange der »Kahlschlag« eingesetzt. Im Jahre 1938 noch wurden allein am Niederrhein 565 beflogene Graureiherhorste gezählt – gut 30 Jahre später waren es noch ganze 21.

*

Was der Rhein schließlich in der Nordsee ablädt, ist ganz erheblich. Im Jahre 1978 wurden allein vom Schwermetall Blei 2 000 Tonnen gemessen. Dazu kommen noch Eisen, Chrom, Quecksilber und andere Verbindungen, die die zulässigen Höchstgrenzen oft weit übersteigen. So hat beispielsweise die hohe Quecksilberbelastung entlang der Rheinmündung im Küstenbereich der Nordsee einen starken Rückgang der Seehundbestände im niederländischen Wattenmeer zur Folge gehabt.

Belastungen des Rheins durch Industrie, durch Städte und Gemeinden, durch Kernkraftwerke und Schiffahrt gehen in erster Linie zu Lasten der Deutschen: 80 Prozent der Rheinverschmutzung müßten das Gütezeichen »Made in Germany« tragen.

Ölpest an deutschen Küsten

Als der liberianische Tanker »Amoco Cadiz« im März 1978 mit 230 000 Tonnen arabischen Rohöls an Bord vor der bretonischen Küste auflief, geriet die Welt in Entsetzen: Eines der biologisch reichsten Küstengebiete der Erde wurde mit Ölschlamm überzogen und mit einem Schlage eine traditionsreiche, blühende Fischerei gelähmt. Schwarze Strände, ölverklebte Vögel, verödete Muschelkulturen – die Meldungen und Bilder von der Ölpest in der Bretagne haben viele aufgeschreckt. Meeresforscher warnten damals eindringlich: Eine Ölseuche gleichen Ausmaßes vor bundesdeutschen Küsten ist statistisch schon längst überfällig.

Schätzungen darüber, wieviel Erdöl jährlich die Weltmeere verschmutzt, gehen weit auseinander. Auf dem Dritten Internationalen Ozeanographen-Kongreß 1970 in Tokyo nannte der amerikanische Wissenschaftler J. M. Hunt 5 bis 10 Millionen Tonnen. Es gibt vorsichtigere Zahlen, die von rund 2 Millionen Tonnen ausgehen – und auch das wäre genug. Um einiges größer noch ist die Menge, die sich über den sogenannten »Fall-out« nachweisen läßt, das sind Kohlenwasserstoffe aus Erdöl, die bei unvollständiger Verbrennung auf dem Festland in die Atmosphäre gelangen und sich dann im Meeresgebiet abregnen. Man schätzt ihre Menge auf 10 Millionen Tonnen: Macht also zusammen 12 Millionen. Oder wenn man den Zahlen des Amerikaners Hunt glauben will, dann sind es gar 15 bis 20 Millionen Tonnen.

Frankfurter Allgemeine Zeitung: 27. Juli 1981: *»180 Tonnen Rohöl fließen in die Elbe. Havarie eines Tankers: Die bislang wohl folgenreichste Havarie eines Tankers in deutschen Gewässern hat am Wochenende zu einer erheblichen Ölverschmutzung der Elbe im Raum Hamburg geführt. Die etwa 51.000*

Ein Opfer der Ölpest, ausgelöst durch den Unfall der »Afran Zenith«: Eine Ente wurde mit ölverklebtem Gefieder aus der Elbe gerettet. (Photo: dpa)

»Afran Zenith« und »Ölsauger IV« im Hamburger Hafen. Der 51.000-Tonner stand bis zur Hinterlegung von vier Millionen Mark beim Hamburger Amtsgericht unter Arrest – insgesamt waren 400 Tonnen Öl ausgelaufen. (Photo: dpa)

Bruttoregistertonnen große ›Afran Zenith‹, *unter der Flagge von Liberia registriert, lief nach einem bislang unerklärlichen Ausfall der elektrischen Anlage am Samstagvormittag kurz vor dem Hafen der Hansestadt aus dem Ruder und geriet am südlichen Ufer der Elbe auf Grund. Dabei entstand ein zwölf Meter langer Riß in der vorderen Schiffswand, aus dem etwa 180 Tonnen Rohöl austraten. Da sich die Bestandteile des Rohöls mit der Luft zu einer hochexplosiven Gasmischung verbinden können, wurde bei Feuerwehr und Polizei Großalarm gegeben. Erst am Sonntagnachmittag war die Gefahr gebannt. Zuvor war es fünfzehn Schleppern trotz einsetzender Ebbe gelungen, den Tanker ins Fahrwasser zurückzuziehen. Der Unfall, der nach Ansicht der Experten noch glimpflich ausgegangen ist, wird voraussichtlich zu kritischen Fragen über die Kontrolle der Betriebssicherheit von Tankern, die bundesdeutsche Häfen anlaufen, führen.«*

*

»*Bei allen Problemen der Ölverseuchung*«, hatte bereits zwei Jahre zuvor Dr. Olav Giere von der Universität Hamburg gewarnt, »*gilt ein Hauptinteresse dem Schicksal deutscher Küsten und ihrer Lebewelt nach einer statistisch schon längst überfälligen Ölpest. Es ist zu befürchten, daß sich die auslaufenden Ölmassen mit der Tide ungehindert über die weiten, flachen Watten und Strände homogen verteilen und in unserem relativ kühlen Klima nur langsam abgebaut werden. Das Öl, das in das weiche, sauerstoffreie Tiefensediment der Watten eindringt, würde eventu-*

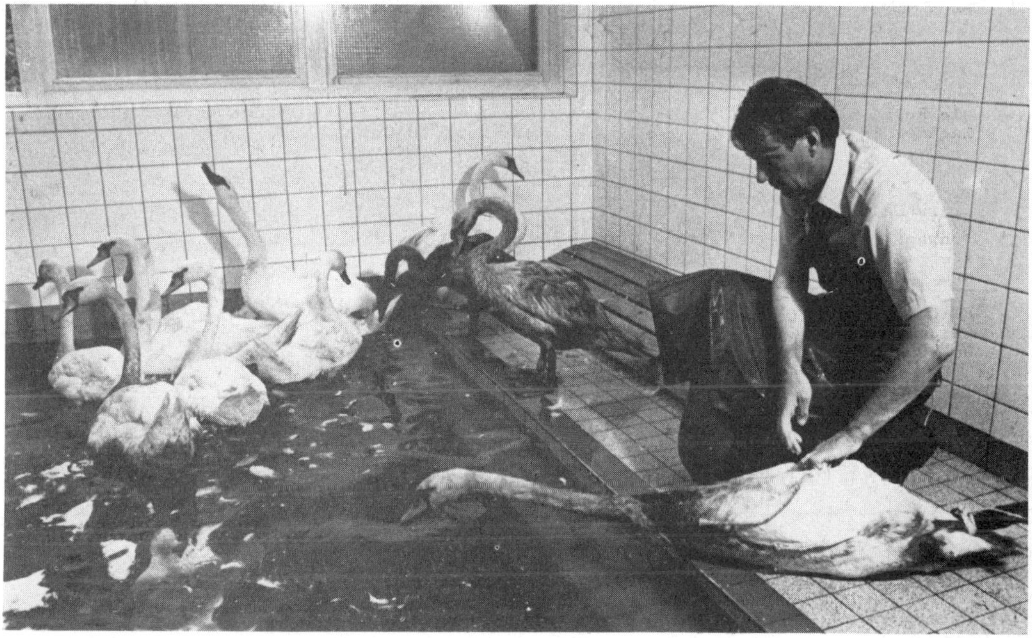

Folgen der Ölverschmutzung durch die »Afran Zenith«: aus dem Ölwasser gerettete Schwäne werden von Harald Nies, sonst für Alsterschwäne »zuständig«, mit einer milden Reinigungslösung gesäubert. (Photo: dpa)

ell jahrelang fast unverändert konserviert, da es unter anaeroben Bedingungen kaum abbaubar ist. So könnte über lange Zeit jeder starke Sturm aus diesem Ölspeicher Wattenmeer noch frische, hochtoxische Ölsubstanzen auswaschen, was zu einer immer wiederkehrenden Verölung unserer Küsten führte. Selbst die Regeneration der Primärschäden würde sich damit erheblich verzögern. Dieser möglichen Ölpest auf Raten wäre die biologisch und ökonomisch so bedeutende Organismenfülle des Watts sicherlich nicht gewachsen, da sie bereits durch hohe Konzentration anderer Schadstoffe erheblich belastet ist.«

Ironie des Schicksals. Am gleichen Tag, als das bislang folgenschwerste Tankerunglück der Republik passiert war, malte die »Frankfurter Rundschau« ahnungslos folgendes Bild: *»Man stelle sich vor: Im Hauptverkehrsgebiet der Deutschen Bucht läuft der Seitentank eines 250.000-Tonnen-Öltankers aus. Bei mittlerer Windstärke und Seegangshöhe driftet das Öl dann mit 1,6 Kilometern in der Stunde ostsüdostwärts in den Mündungstrichter der Elbe hinein. Damit die Küste nicht erreicht wird, müßte das Öl in vierundzwanzig Stunden abgeschöpft werden. Für das Bergen des Tankers blieben zehneinhalb Stunden, denn sonst geriete er ins Gezeiten-Niedrigwasser und könnte zerbrechen.«*

Das statistisch längst überfällige Unglück hatte schneller zugeschlagen als man wahrhaben wollte. *»Der Ölgeruch war durch die geschlossenen Fenster gedrungen«*, schrieb Gerhard Seehase, *»hatte den Mund ausgetrocknet und einen leichten Hustenreiz verursacht. Es war Samstag, kurz vor elf Uhr vor-*

Ölpier und Tanklager im Hamburger Hafen (1979). Hamburg ist nach Wilhelmshaven zweitgrößter Öllandeplatz der Bundesrepublik. Fast 10 Millionen Tonnen wurden 1980 hier eingeführt. (Photo: Freyenhagen)

mittags, als bei uns der Wunsch entstand, die Balkontür aufzureißen. Die Heizung, so meinten wir. Aber wir haben in der Wohnung Övelgönne Nr. 1 nur Gasheizung. Der Gestank wurde sofort stärker, der Hustenreiz größer, als wir auf die Terrasse gingen. Unten im Övelgönner Fährhaus werden gerade frische Nordseefische angeliefert, Vorbereitungen für das Wochenendgeschäft. Alles wie sonst. Wenn nur der permanente Ölgeruch nicht wäre (...) ›Bitte, schließen Sie Türen und Fenster, löschen Sie offene Feuerstellen und stellen Sie das Rauchen ein.‹ Die Stimme aus dem Megaphon ist weniger eindrucksvoll als der Ölgeruch. Fragen. Was kann denn passieren? Besteht Explosionsgefahr? Sind die Öldämpfe gefährlich? (...) Im Radio wird bekanntgegeben, daß nun auch die gesamte Elbchaussee gesperrt ist; daß das ausgelaufene Öl von dem liberianischen Tanker ›Afran Zenith‹ kommt; daß es sich dabei um eine gefährliche Sorte von Rohöl handelt(...) Ich gehe auf der ›Himmelsleiter‹ nach oben zur Elbchaussee. Hier stinkt es genauso wie unten. Gas-Spürtrupps der Polizei beruhigen: ›Keine gefährliche Gaskonzentration.‹ Trotzdem wird angeordnet, daß der Schiffsverkehr auf der Elbe voll gesperrt und das Elbufer von Passanten geräumt werden muß. Ab 12 Uhr 33 sendet der Norddeutsche Rundfunk Warnmeldungen. Um 13 Uhr 55 kommt die erlösende Nachricht: Das Schiff ist frei. Die ›Prinz Hamlet‹, das Fährschiff nach England, kann endlich von den St. Pauli-Landungsbrücken ablegen. Zwei Stunden Verspätung.« Szenen einer deutschen Ölkatastrophe, die noch recht glimpflich verlief. Mit einem solchen Unfall, das gab auch ein Vertreter des »Ölunfallausschuß See-Küste (OESK)« hinterher zu, war in der Deutschen Bucht seit Jahren täglich zu rechnen – auch in Hamburg, dem nach Wilhelmshaven zweitgrößten Öllandeplatz der Bundesrepublik. Fast 10 Millionen Tonnen wurden 1980 über Hamburg eingeführt. Im Schnitt kommt alle 2 bis 3 Tage ein Tanker mit mehr als 10.000 Tonnen Rohöl elbaufwärts.

*

Ist denn wirklich »kein Kraut gegen die Ölpest gewachsen«? In vielen Fällen wird menschliches Versagen für Schiffsunglücke verantwortlich gemacht. Dabei muß man bedenken, daß Ölunfälle nur ein einziges, wenn auch sehr folgenschweres Gefahrenpotential sind. Der Ökonom Detlev Rother, wissenschaftlicher Mitarbeiter am Bremer Institut für Seeverkehrswirtschaft, untersuchte in einer Studie Hintergründe von Schiffsunfällen – vom Maschinenschaden bis zur Kollision – und analysierte, soweit objektivierbar, wesentliche Einflußfaktoren.
Statistisch gesehen ist die deutsche Küste pro Jahr von 20 größeren Schiffsunfällen bedroht. Daß es bis jetzt dennoch nicht zur Super-Katastrophe kam, ist reines Glück. Zwischen 1975 und 1980 wurden lediglich 12 Tankerunfälle registriert »nur« 2650 Tonnen Öl liefen aus. Die deutschen Ölunfall-Fachleute haben sogar schon Mühe einzugreifen, wenn die äußeren Bedingungen eigentlich günstig sind – etwa bei ruhigem Wasser, wie dies auch bei der Zenith-Aktion der Fall war. Kaum auszudenken, was passiert, wenn Sturm herrscht oder der Unfallort weiter draußen im Wasser liegt.
Der Cuxhavener Ölunfallausschuß See-Küste (OESK), vor 14 Jahren ins Leben gerufen und im Ernstfall zentrale Leitstelle, verfügt nur über ein paar »Bewegungsboote« und ein einziges Ölabschöpfschiff, die OESK 1. Aber diese OESK 1 ist, das geben die Experten offen zu, für den Einsatz auf hoher See nicht geeignet. Hundert Millionen Mark wären erforderlich, um die bundesdeutsche Küste für den Öl-Ernstfall einigermaßen zu wappnen. 1980 förderte das Bonner Forschungsministerium mit ganzen 14 Millionen DM verschiedene Projekte, die die Abwehrsysteme verbessern sollten.
Nun soll die »Ölsau« helfen, ein Mehrzweckschiff, das seine Doppelrumpfhälften zu einem Dreieck auseinanderklappen kann, in dem der Ölteppich selbst bei Dreimeter-Wellen zusammengeschoben wird.
Für die Verantwortlichen der Vereinigung »Hafen Hamburg« existiert eine Ölunfall-Gefahr so gut wie nicht. Sie preisen die Elbe als eine der sichersten Wasserstraßen im Schiffsverkehr. Und bei allen bisherigen Havarien oder Kollisionen sei, wie auch im Falle der »Afran Zenith«, technisches oder menschliches Versagen an Bord die alleinige Ursache gewesen. *»Die Charakteristika des Elbe-Fahrwassers haben noch nie Anlaß zu einem Zwischenfall gegeben.«* Das tröstet wohl nur die Hafen-Hamburg-Männer. Als habe man Angst, ja nicht den Schwarzen Peter zu bekommen, sollen den andere abkriegen. Wenn ein Schiff auf der Elbe, so schrieben sie Ende Juli 1981, Kurs auf den Hamburger Hafen nimmt, so werde sein Weg nicht nur durch modernste Technik überwacht. Ebenso begleite eine Vielzahl von Sicherheitsorganen die Revierfahrt. An vorderster Front seien die Lotsen zu nennen: *»Von der Elbmündung bis zur Landesgrenze Hamburg ist es der Flußlotse, ab Landesgrenze bis an den Liegeplatz im Hamburger Hafen ist es der Hafenlotse, der jeweils die Schiffsführung nautisch berät. Heute besteht für jedes Schiff im Hamburger Hafen wie auf der Unterelbe Lotsenpflicht.«*
Als das Stromnetz der »Afran Zenith« den »Blackout« hatte, als die Elektronik, die die Ruderanlage steuert, ausgefallen war, hielt sich kein Lotse auf der Schiffsbrücke auf – der Flußlotse, so wußte die »Frankfurter Allgemeine Zeitung« zu berichten, in der Deutschen Bucht an Bord gegangen, war gerade dabei, den Tanker zu verlassen, und der Ha-

fenlotse wiederum kletterte gerade an Bord. Kapitän und Steuermann waren allein. Das also ist technisches und menschliches Versagen an Bord.
Den Schaden zu beheben, den die »Afran Zenith« anrichtete, wird über 3 Millionen Mark kosten. Eine schlagkräftige Ölabwehr-Flotte ist unbedingt nötig, auch wenn dies, wie man errechnet hat, 100 Millionen Mark erfordert. Die Investitionen würden sich lohnen. Ganz abgesehen von den rein technischen Wiedergutmachungen – was ein Ölunfall für die Ökologie, für die natürliche Lebenswelt bedeutet, ist oft erst nach Monaten und Jahren feststellbar. In den beiden Tagen nach dem Desaster in Hamburg sammelten Helfer der Umweltschutzbehörde und Spaziergänger Hunderte verölter Vögel ein, di meisten waren Möwen.

*

Was überlebt die Ölkatastrophe, was stirbt ab, was sind Primärschäden? Tiere und Pflanzen der Küstenregion trifft es immer härter als die Artgenossen auf freier See. Nicht nur deshalb, weil das Leben in Küstennähe und im Watt um ein Vielfaches reicher ist als weiter draußen, sondern auch, weil die Küstenbewohner mit ihrer oft »festsitzenden« Lebensweise dem Öl nicht ausweichen können: die Todesrate beträgt dann 100 Prozent. Glück im Unglück hätten bei einer Ölkatastrophe allein noch jene Weichbodenbewohner – also viele Borstenwürmer und Muscheln – die, zumindest kürzere Zeit, zurückgezogen im Sediment bessere Zeiten abwarten könnten. Demgegenüber wären Bewohner des küstenfernen Meeresbodens und des freien Wassers nicht allzu starken Belastungen ausgesetzt. Aber da sich Öl auch in Nähe der Wasseroberfläche hält, könnte es auch hier zu ernsten Schäden beim Zooplankton und den plankton-fressenden Fischen kommen, die sich gerne in den obersten Stockwerken des Meeres aufhalten, weil dort das Nahrungsangebot größer, der Tisch reicher gedeckt ist als in tieferen Schichten.

Eine besonders gefährdete Gruppe sind die Seevögel. Sie sind an ihre Nahrungs-, Rast- und Brutplätze einfach gebunden, können ihre Gewohnheiten nicht von heute auf morgen ändern. Zudem wird veröltes Gefieder wasserdurchlässig, die Vögel verlieren die luftabhängige Auftriebskraft und Wärmeisolierung der Federn. Die unausweichliche Folge ist, daß sie ertrinken oder erfrieren. Oder sie fressen die giftigen Substanzen, Öl wird vom Gefieder auf die Eier übertragen – Embryonen sterben ab. Der Öltod – das ist ein Bündel chemischer und physikalisch-mechanischer Einzelursachen, die, will man die verschiedensten Ursachen erforschen, nur selten klar faßbar sind. *»Es gibt demnach«*, so sagt der Hamburger Zoologe Olav Giere, *»nicht ein typisches, ölbedingtes toxikologisches Schadensbild, sondern je nach Tier- und Pflanzenart können die unterschiedlichsten Phänomene registriert werden, von Stoffwechsel- und Atmungsveränderungen bis zur Sterilität, von Störungen der Bewegungskoordination bis zu solchen des Verhaltens.«*
Nikolaus Eckardt hat in »natur« auf ein Phänomen hingewiesen, das die brutalen Folgen eines Öleinsatzes auf besonders augenfällige Weise deutlich macht: Öl nämlich verändert die Chemie des Meeres. Das hört sich eher banal an. Aber die Verständigung vieler Meeresbewohner untereinander wird durch chemische Substanzen, ins Wasser ausgeschieden und weitertransportiert, vorgenommen. Diese Substanzen – der Wissenschaftler nennt sie Pheromone – haben Signalwirkung für die Tiere. Sie halten Herings- und Makrelenschwärme zusammen, lösen Paarungsverhalten aus, vertreiben wenn nötig Artgenossen. Öl nun hat ähnliche Eigenschaften wie diese Pheromone, das heißt: Gelangt der Rohstoff Öl etwa bei einem Tankerunglück ins Meer, kommt die gesamte Lebenswelt in Unordnung. Nikolaus Eckardt beschreibt dies so: *»Die Winkerkrabbe zum Beispiel, die in subtropischen Meeren lebt, ließ sich durch das Öl in ihrem gesamten Paarungsverhalten stören. Die weiblichen Tiere wußten auf einmal nicht*

Westerland/Sylt: Auf offener See treibende Öllachen wurden in Küstennähe verdriftet und brachten das große Vogelsterben: »Schleichende Ölpest im März 1979«, die sich bis nach Dänemark hinzog – ein trauriges Bild am Strand von Westerland. (Photo: dpa)

mehr, was es bedeutet, wenn ihre männlichen Partner mit den großen Scheren winkten. Folglich blieb die Paarung aus. Aber auch in unseren heimischen Meeren sind nach einer Ölverschmutzung abnorme Reaktionen einzelner Meerestiere beobachtet worden. Denn jeder Fluß und jede Flußmündung haben offenbar ganz spezielle chemische Geruchsstoffe, an denen sich Aale und Lachse bei ihren Wanderungen zu den heimischen Laichplätzen orientieren. Der Lachs scheint seinen Heimatfluß, den er nach dem Aufwachsen im Meer zum Laichen wieder anpeilt, nicht mehr am Geruch erkennen zu können. Er schwimmt ziellos umher und kommt nicht mehr zur Vermehrung. In völlige Verwirrung gerät der Hummer, wenn er Öl riecht. Amerikanische Fischer an der Ostküste beobachteten, daß sich die Großkrebse hartnäckig an ölverschmierten Tauen festklammerten. Sie schienen ganz süchtig nach dem Treibstoff zu sein. Tatsächlich hatten die Kohlenwasserstoffe des Öls nur einen Freßimpuls bei den Tieren ausgelöst, dem sie gefolgt waren. Dieses Fehlverhalten nutzten Helgolander Hummerfischer bis zum Ausbruch des Zweiten Weltkrieges raffiniert aus, um des Tieres leichter habhaft zu werden. Statt des klassischen Köders legten sie einen benzingetränkten Lappen in ihre Fangkörbe und versenkten diese vor den untermeerischen Höhlen der Felseninsel. Weil nahezu jeder Wurf mit dem Lappen einen Hummertreffer nach sich zog, verboten die Behörden diese Unsitte. Der

April 1967: Durch ein schadhaftes Ventil des deutschen Tankers »Helga Essberger« verschmutzte auf zweieinhalb Kilometern ausgelaufenes Öl den Strand des friesischen Nordseebades Dangast. Helfer des »Jade-Dienstes« schütten Benzin auf das treibende Öl, um es abzubrennen. (Photo: dpa)

Helgoländer Hummer wäre sonst schon damals ausgestorben.«

Bis vor wenigen Jahren wurde beim Wort »Ölpest« nur an zwei unangenehme Folgen gedacht: An »unbrauchbare Badestrände« – wo doch Urlaub problemlos sein soll – und an das Seevögel-Sterben. An ökologische Zusammenhänge, an das Ineinandergreifen einzelner Naturkomponenten dachte man weniger. Dabei ist die Statistik der letzten Jahre alles andere als rosig: Es ist schon 30 Jahre her, Anfang der goldenen Fünfziger, in denen wohl alles erlaubt war, was dem Wiederaufbau diente, als aus den Funden verölter Seevögel am Strand errechnet wurde, daß allein im britischen Inselraum jährlich zwischen 50.000 und 250.000 Seevögel umkamen. Die Statistik läßt sich noch fortführen: 1953 töteten 500 Tonnen Öl 10.000 Seevögel in der Hohenwarter Bucht, 5 Jahre später 8000 Tonnen eine halbe Million bei Scharhörn, zwischen 1958 und 1962 wurden an der holländischen Küste »pro Kilometer Strand« jährlich immerhin 12 tote verölte Seevögel gefunden, in den darauffolgenden 40 Jahren waren es schon knapp 50, eine Steigerung um das Vierfache.

*

Nun haben sich Wissenschaftler, Meeresforscher und Ökologen, schon des öfteren die Frage gestellt, ob die Natur eigene Schutzmechanismen gegen das Öl entwickeln kann. Sie kann, aber die Grenzen sind eng gezogen.

Viele Muscheln und Schnecken können ihr Gehäuse fest schließen, haben also einen mechanischen Schutz. Oder Napfschnecken pressen sich fest an Stein und Fels und überdauern so, sehr passiv freilich, eine gewisse »Durststrecke«.

Die Natur hat in Millionen Jahren ein eigenes Abwehrsystem gegen das natürlich entstandene Produkt Rohöl entwickelt: den MFO-Mechanismus (MFO = Mixed Function Oxidases). Dieser Mechanismus ist von größter Bedeutung, ermöglicht er doch vielen Muscheln und Krebsen eine gute Selbstreinigung dadurch, daß in den Körper aufgenommene Ölkohlenwasserstoffe auf biologischem Wege abgebaut werden können. Über diesen MFO-Abwehrmechanismus verfügen nicht nur Muscheln und Krebse, sondern auch Ringelwürmer, Fische und sogar Seesäuger. Wenn man sich vorstellt, daß ein Ölfeld am Meeresboden »leck« geht, daß praktisch ein »natürlicher Tankerunfall« stattfindet – und dies immer und immer wieder in Jahrmillionen Jahren –, dann versteht man, warum sich die Natur darauf einrichten kann. Aber dieser Abwehrmechanismus ist begrenzt, er wird überfordert durch Ölmengen, wie sie bei Havarien freigesetzt werden. Wie lange dauert es nun nach einem Tankerunglück, bis eine verölte Küste wieder sauber ist? Dazu der Hamburger Zoologe Dr. Olav Giere: *»Auch wenn nach einem Jahr oder gar weniger die ehemals schwarzen Strände wieder hell, die früher öligen Felsen wieder dicht mit Algen besetzt sind und die Küstenlandschaft wiederhergestellt scheint, so findet der Biologe durchaus nicht die frühere, arten- und individuenreiche, in ihrem ökologischen Beziehungsgefüge ausbalancierte Lebensgemeinschaft vor. Es handelt sich vielmehr meist um die recht artenarme Primärgemeinschaft eines Extrembiotops, in dem sich gegen Öl robuste Pionierarten durch fehlende Konkurrenz in einer Phase eruptiver Massenentfaltung gewaltig vermehren und ausbreiten können – Indiz eines gestörten Ökosystems. Bis aus dieser biologisch noch monotonen Erstbesiedlung durch langsamen, für den Laien oft kaum wahrnehmbaren Zuwachs eine biologisch regenerierte Lebensgemeinschaft wird, vergehen wegen der Langzeit-Schadeffekte des Öls oft fünf bis zehn Jahre. Viele der zunächst überlebenden Arten werden in Fortpflanzung und Embryonalentwicklung, in Verhaltensabläufen und Wachstumsraten, in Gestaltausbildung und Stoffwechselprozessen so gestört, daß sie im natürlichen Konkurrenzkampf langfristig unterliegen. Ihre Populationen siechen allmählich dahin, um dann irgendwann ganz zu verschwinden.«*

*

Noch einmal zurück zum Ausgangspunkt dieses Kapitels – zum »Amoco-Cadiz«-Unglück im März 1978 vor der bretonischen Küste: Wissenschaftler haben ein Jahr nach der Katastrophe eine große Anzahl von Fischen gefunden, die zwar überlebt, aber schwere Geschwulste und Flossenzerfall davongetragen haben. Und dann gab es noch Gebiete, da fehlten Strandflöhe und einige Schneckenarten völlig. Gerade sie sind eine wichtige Nahrungsbasis für die Fische.

Norddeutsches Tiefland

Etwa 300 Kilometer breit ist die Region, die den Mittelgebirgen im Norden vorgelagert ist und sich bis zur Nord- und Ostsee hin erstreckt: das Norddeutsche Tiefland. Hier trifft man auf eine weite Landschaft, die fast ausschließlich vom Eis geprägt worden ist: Diese Eismassen, oft mehrere hundert Meter mächtig, haben so manches »flachgehobelt«, was sich da in den Weg stellte.
Es gab aber noch einen zweiten »natürlichen Landschaftsgestalter« im Norddeutschen Tiefland: Erdinnere Kräfte – und hier die für dieses Gebiet typische »Salztektonik« – haben die Oberfläche wesentlich mitgeformt. Diese »Salztektonik« gab in den letzten Jahren immer wieder Anlaß zu Diskussionen, Spekulationen und Kontroversen – auch unter Wissenschaftlern, die da gar nicht einer Meinung waren. Das beste Beispiel ist Gorleben.
Wenn man genügend Kenntnis hat, dann kann man noch heute all das erkennen und erforschen, was das Eis auf seinem Weg zur Mittelgebirgsgrenze hinterlassen hat. Die Grundmoränen, die unter dem Eis gelegen haben mit jenen Vertiefungen, in denen heute oft Seen und Sümpfe sich ausbreiten; dann die hügelige Endmoränenkette rund um ein Becken, das sich an der Frontseite der Eismassen ausgebildet und welches das Eis quasi wie einen unüberwindlichen Burg- und Wassergraben schützend vor sich liegen hatte.
Dann trifft man noch auf das flache Sandergebiet, sandig-kiesige Ablagerungen, die die Schmelzwässer außerhalb der Endmoränen aufgeschüttet haben und denen der Wind später des öfteren Dünen aufgesetzt hat. Und dann haben wir noch die Urstromtäler, breite und flache Rinnen, in denen die Schmelzwässer abtransportiert worden sind. Diese vier Formen – Grundmoräne, Endmo-

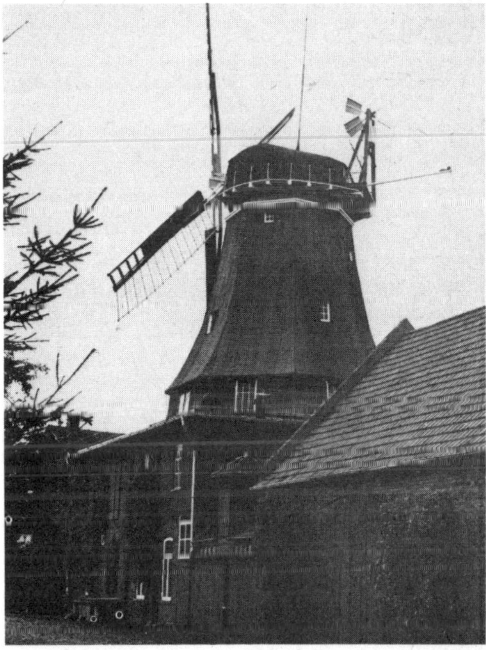

Alte Windmühle, die heute noch in Betrieb ist, im niedersächsischen Landkreis Osterholz. (Photo: Freyenhagen)

Etwa 300 Kilometer breit ist die Region, die den Mittelgebirgen (hier: Teutoburger Wald und Harz) im Norden vorgelagert ist und sich bis zur Nord- und Ostsee hin erstreckt: das Norddeutsche Tiefland. (Zeichnung: Dreher)

ränenkette, Sandergebiet, Urstromtäler – nennt der Geograph die »glaziale Serie«, eine Idealabfolge, die die Natur oft selber wieder zerstört hat. Denn das Eis kam oft – und ging wieder, alte Formen wurden einfach weggeschoben oder bis zur Unkenntlichkeit überprägt, so daß sich nicht immer so einfach sagen läßt, welche Eiszeit für welches morphologische Phänomen verantwortlich zu machen ist.

Denn Eiszeiten gab es genug im Norddeutschen Tiefland: vor gut 2 Millionen Jahren begann das erste Vereisungsstadium, die Brüggen-Kaltzeit. Dann folgten noch fünf weitere, die immer von einer Warmzeit unterbrochen waren. Die letzte – die Weichsel-Kaltzeit – hatte vor etwa 10.000 Jahren ihr Ende, und deshalb sind auch die von ihr zurückgelassenen Formen noch am besten erhalten – allerdings nur im heutigen Schleswig-Holstein, denn das Eis kam damals nicht weiter auf seinem Weg nach Süden.

*

Oft hört man die Bezeichnung »Norddeutsche Tiefebene« – aber das ist nicht ganz zutreffend. Tiefland ist genauer, denn hier trifft man auf keine einheitliche, weite Ebene, sondern auf ein Gebiet mit teilweise ganz erheblicher Reliefenergie z. B. in der Holsteinischen oder der Märkischen Schweiz. Und genau genommen müßte man das gesamte »Südliche Höhenrückengebiet« sowie die Urstromtäler, also auch die weiten Flächen links der Oder – von den Trebnitzer Bergen im Osten bis hin zur Lüneburger Heide im Westen – dazu zählen. Aber trotz aller »Unebenheiten« tritt das Norddeutsche Tiefland doch als eine Einheit hervor – nämlich dann, wenn man es in seiner Gesamtheit gegenüber dem südlich angrenzenden morphologischen Element, den Mittelgebirgen, betrachtet.

Eines der wichtigsten Unterscheidungsmerkmale ist sicherlich, daß das Norddeutsche Tiefland, im Gegensatz zu den Mittelgebirgen, fast ausschließlich aus quartären, also während der Eiszeiten gebildeten Gesteinen besteht. Dies trifft allerdings nur auf die oberen hundert Meter zu. Im tieferen Untergrund herrschen nämlich alte Gesteine vor: manchmal kommen jene sogar an die Oberfläche – aber das hält sich in Grenzen. Beispiele sind der Zechstein-Kalkberg von Segeberg, der Buntsandstein von Helgoland oder die Kreidefelsen von Stubbenkammer auf Rügen.

Wirtschaftlich interessant sind Gesteinsbänke, die nicht allzu tief unter den Eiszeitablagerungen liegen und daher bergmännisch erschlossen werden können. Zu nennen sind hier vor allem Salzablagerungen aus dem »Zechstein«, einer geologischen Zeit vor gut 250 Millionen Jahren. Man weiß aus historischen Dokumenten, daß bereits im Mittelalter Kochsalz aus Solequellen gewonnen wurde. Kochsalz war seinerzeit, anders als heute, sehr teuer, sozusagen »Erdölwert«. Für Lüneburg und auch Halle an der Saale war Salz eine entscheidende wirtschaftliche Grundlage. Das ging so weiter bis ins 19. Jahrhundert, als man daran ging, Kalisalz abzubauen, ein für die künstliche Düngung wichtiges Rohstoffprodukt.

Und etwa seit Beginn unseres Jahrhunderts waren diese Zechstein-Gesteine von überaus großer Bedeutung für die Gewinnung von Erdöl und Erdgas. Solche Öl- und Gasfelder liegen im Norden von Schleswig-Holstein, in Friesland und dem Emsland bis hinauf nach Vorpommern. Dazu kommen noch Eisenerze aus der Kreidezeit, der Zeit vor hundert Millionen Jahren, die im Raum Braunschweig anzutreffen sind und mit rund 2 Milliarden Tonnen zu den größten deutschen Vorräten gehören. Nicht zu vergessen das Raseneisenerz, eine Anreicherung von Eisenhydroxyden, Gras- und Moosteilchen, aus denen bis in das 19. Jahrhundert hinein Eisen gewonnen wurde.

Aus dem Tertiär, dem ältesten Zeitabschnitt der Erdneuzeit, die vor 65 Millionen Jahren begann, stammen die ausgedehnten Braunkohlefelder in der Ville westlich von Köln, bei Helmstedt, im Raum von Halle und Leipzig und in der Niederlausitz. Die Braunkohle ist heute noch ein bedeutender Wirtschaftsfaktor sowohl in der Bundesrepublik als auch in der DDR.

Das also, was heute als »das« Norddeutsche Tiefland gesehen wird, was praktisch die Erdoberfläche bildet, ist wirklich nicht viel mehr als ein »Zuckerguß«, den die gewaltigen Eismassen über ein Terrain gegossen haben, das teilweise viel älter ist als die Mittelgebirge oder die Alpen.

*

Der voreiszeitliche Untergrund des Norddeutschen Tieflandes ist durch Bohrungen und geophysikalische Untersuchungen heute im großen und ganzen bekannt. Blicken wir noch einmal zurück: Im Erdaltertum, dem Paläozoikum, das 350 Millionen Jahre andauerte und knapp 600 Millionen Jahre vor heute begann, war Norddeutschland die meiste Zeit vom Meer überflutet. Nur zeitweise hatten sich einmal Teile im Norden aus dem Meer gehoben, um danach wieder überflutet zu werden. Was von der geologischen Zeitrechnung an bis vor 200 Millionen Jahren, der Zeit des »Rotliegendes«, aufgebaut, abgetragen und wieder vom Meer verschluckt wurde, was heute also »ganz unten« liegt, das nennt der Geologe das Grundgebirge. Die darüberliegenden Gesteinsmassen, die später bis zu den Eiszeiten gebildet wurden, bezeichnet er als das Deckgebirge. In diese Zeit fällt das Entstehen ausgedehnter Steinsalz- und Kalilager, vor allem während des »Zechsteins«, als das Zechsteinmeer das Norddeutsche Tiefland erreicht

Werderland bei Bremen. Das Norddeutsche Tiefland ist keine einheitliche, weite Ebene, sondern ein Gebiet mit teilweise ganz erheblicher »Reliefenergie«. (Photo: Freyenhagen)

hatte und Ablagerungen hinterließ, die mehr als tausend Meter mächtig waren. In späterer Zeit dann, im Erdmittelalter und der Erdneuzeit, geriet das Salzpaket durch aufliegende, andere Gesteine immer mehr unter Druck, wanderte in Hebungs- und Schwächezonen, drang in Spalten ein – und stieg schließlich in Gestalt von Salzstöcken nach oben in Richtung Erdoberfläche.

Wichtig ist in diesem Zusammenhang, daß solche Salzwanderungen Ausdruck verschiedenster Krustenbewegungen, sogenannter tektonischer Kräfte, sind. Diese Kräfte können heute noch wirksam sein, also immer noch auf ein Salzlager einwirken. Und wie alle mechanischen Kräfte, die von außen auf einen festen Körper einwirken, übertragen sie Spannungen auf das Innere und erzeugen Gestaltungsveränderungen und eine Verformung des Körpers, die beim Nachlassen des Drucks ganz oder teilweise wieder ausgeglichen wird. Alle Gesteine gehorchen zwar grundsätzlich den gleichen mechanischen Gesetzen, sie besitzen aber stark wechselnde Festigkeitswerte: beim Marmor ist der Zusammenhang zwischen Spannung und Verformung ein anderer als beim Salzgestein. So weiß man etwa, daß Salzgesteine beim Aufdringen stark durchknetet und verfaltet, sprödere Gesteine sogar zerrissen werden können.

Heute läßt sich das Norddeutsche Tiefland aufgrund seiner Oberflächenformen in drei Hauptteile gliedern:

* Das nordöstliche Jungmoränenland, im wesentlichen von der letzten Eiszeit ge-

Das Bremisch-Niedersächsische Geestland. Das Eis, oft mehrere hundert Meter mächtig, hat so manches »flachgehobelt«, was sich in den Weg stellte. (Photo: Freyenhagen)

prägt, mit seinen noch recht jungen und gut erhaltenen Formen, den End- und Grundmoränen, Seen und Mooren und einem Gewässernetz, das erst in jüngster geologischer Zeit seinen heutigen Charakter erhalten hat. Vor allem das heutige Schleswig-Holstein und Teile Niedersachsens in der Nähe der Ost- und Nordseeküste umfassen dieses junge Moränenland.

* Weiter südlich folgt das zentrale, aus älteren Moränen und ausgedehnten Sanderflächen bestehende Norddeutsche Tiefland, durch Urstromtäler zerteilt und gegliedert, an der Nordseeküste und den Ästuaren – das sind Flußmündungen, die durch den freien Zutritt von Ebbe und Flut vom Gezeitenstrom trichterartig gestaltet und erweitert werden – von Ems, Weser und Elbe durch einen Saum von Marschen begleitet. Diese Marschen und die ausgedehnten Moore jener Region, die hier oft an die Stelle der früheren Seen getreten sind sowie die weiten Sanderflächen haben dem Norddeutschen Tiefland teilweise wirklich so etwas wie den Charakter einer »echten Tiefebene« gegeben.

* Eine ganz andere Eigenart schließlich hat der dritte Hauptteil: das Bördenland, das sich südlich an die Sanderflächen anschließt und hinaufreicht bis zu den Hängen der Mittelgebirge. Auch wenn die Börde flächenmäßig sowohl dem Jungmoränenland als auch den Sanderflächen weit nachsteht, so ist sie doch wirtschaftlich von allergrößter Bedeutung: Hier liegen ganz hervorragende Böden, die die

Heidelandschaft im Norddeutschen Tiefland: Die Heide ist nur in vereinzelten Fällen natürlichen Ursprungs – sie ist in erster Linie ein Produkt menschlichen und wirtschaftlichen Schaffens. (Photo: Ruminski)

Grundlage waren, und heute noch sind, für einen ausgedehnten Weizen- und Zuckerrübenanbau. Der wesentliche Charakterzug der Börde und das Ausgangsprodukt für jene fruchtbaren Bodentypen ist eine weit ausgedehnte Lößdecke. Löß, eine Windablagerung während der Eiszeiten und in seiner Zusammensetzung aus sehr vielen kleinen Quarzkörnchen bestehend, ist eigentlich unfruchtbar, da er zu viel Kalk enthält – bisweilen mehr als 20 Prozent, und das ist den meisten Pflanzen eben zu viel. Aber der Boden, der sich aus diesem angewehten Lößprodukt im Laufe von vielen Jahren entwickelte, ist äußerst fruchtbar. Denn durch einsickernde CO_2-haltige Niederschläge findet eine Entkalkung und damit Verlehmung der oberen Zonen der Lößschichten statt – es entsteht der braungefärbte, fruchtbare Lößlehm.

*

Der Wald ist die natürliche Vegetation des Norddeutschen Tieflandes. In tieferen Lagen war hier, vor dem Eingriff des Menschen, ein Mischwald aus Eichen, Birken und Kiefern anzutreffen, weiter oben auf den Moränenkuppen hatten sich vor allem die Buchen angesiedelt, und in Ostpreußen waren riesige Laub- und Nadelmischwälder beheimatet: Kiefern, Fichten, Birken, Hainbuchen und Eichen. Waldfrei waren nur die Hochmoore und natürlich die Strandwiesen der Nordseemarschen. Die Heide dagegen ist nur in vereinzelten Fällen natürlichen Ursprungs. Sie ist in erster Linie ein Produkt menschlichen und wirtschaftlichen Schaffens, praktisch nur die »Nachfolgeformation« eines ehemals prächtigen Laubwaldes.

*

Das Klima des Norddeutschen Tieflandes wird in erster Linie durch die geographische Lage und nur in sehr geringem Maße durch das Relief bestimmt. Aber immerhin beherbergt das Norddeutsche Tiefland jene beiden Klimatypen, die ansonsten auch das übrige Deutschland beherrschen: das »feuchttemperierte Buchenklima« und das »feuchtwinterkalte Eichenklima«. Das erstere steht eher unter dem Einfluß des Meeres – des Atlantiks, der Nord- und Ostsee –, das zweite unter dem einer kontinentalen Landmasse. Das gesamte Deutschland liegt in einem Übergangsbereich, in einem Übergangsklima: von der ozeanisch bestimmten Zone im Westen bis hin zu einer immer kontinental bestimmteren Region, je weiter man in Richtung der eurasischen Landmasse geht.
Das feuchttemperierte Buchenklima bestimmt denn auch den nördlichen und westlichen Teil des Norddeutschen Tieflandes und macht sich sogar noch weiter im Nordosten bemerkbar – als Folge des Ostseeeinflusses. Typisch kontinental wird das Klima erst südlich von Berlin und östlich von Magdeburg.
Wo das vom Meer beeinflußte Buchenklima herrscht, sind die Sommer kühl und die Winter mild – recht ausgeglichen also. Eine besondere Variation ist direkt an der See auszumachen, wo man ohne weiteres von einem echten »Seeklima« sprechen kann. Als Faustregel kann man sich generell merken: Von Westen her geht ein zunächst ausgeprägtes Seeklima nach dem Binnenland zu, also in Richtung Osten, nach und nach in ein kontinentales Landklima über.

*

Zur Zeit Karls des Großen besiedelten den Westen des Norddeutschen Tieflandes verschiedene Stämme der Franken, Friesen, Angeln und Sachsen. Ansonsten hatten sich noch Slawen niedergelassen, besonders jenseits des von Segeberg nach Süden verlaufenden »Limes Sorabicus«. Heute ist das Norddeutsche Tiefland ein städtearmes Gebiet, obgleich hier die beiden größten Städte der Bundesrepublik liegen: Berlin und Hamburg. In früherer Zeit schon ließen die blühenden Hansestädte dieser Region eine besondere Bedeutung zukommen.
Seit 1945 hat sich die Verteilung von Verdichtungs- und Ballungsräumen auf der einen und schwach besiedelten Agrarräumen auf der anderen Seite nur unwesentlich verändert.
Wirtschaftsgeographen haben den Raum zwischen Ems und Elbe zwar als das »Wirtschaftsgebiet Nordwestdeutsches Flachland« ausgewiesen – aber das sagt noch nicht viel. Nur 87 Einwohner pro Quadratkilometer stehen zu Buche – zum Vergleich: die Ballungsräume Rhein-Main oder Rhein-Ruhr bringen es auf rund 2000.
Der einheitliche Charakter des Norddeutschen Tieflandes hat über weite Strecken auch die Wirtschaftsstruktur geprägt. In früheren Zeiten, als die technischen Möglichkeiten begrenzter waren als heute, wurden die Menschen durch die mächtigen Ablagerungen der Eiszeit daran gehindert, die Rohstoffe in der Erde uneingeschränkt auszubeuten. Lange Zeit mußte man sich mit dem Abbau von Salz, Kalk, Torf, Sand und Ton begnügen. Die moderne Arbeitstechnik erst führte zur Entdeckung und Förderung von Erdöl, Erdgas, Kalisalz und Eisenerz.
In seinem nördlichen Teil allerdings ist dieses »Wirtschaftsgebiet« recht uneinheitlich: Marsch, Moore, Geest, Küsten- oder Hafenlagen sind häufig so ineinander verzahnt, daß sich viele unterschiedliche Klein- und Kleinsträume ausmachen lassen und herausheben. Der südliche Teil dagegen, die Geest, ist um vieles einheitlicher: neben den eigentlichen Geestplatten fallen nur noch ein paar Talniederungen und Moorflächen auf. Insgesamt aber steht überall die Viehzucht

im Vordergrund, doch spielt neben dem Dauergrünland der Ackerbau eine immer größere Rolle.

*

Von den größeren Flüssen des Norddeutschen Tieflandes sind nur die Ems, Havel, Warthe, Netze und Pregel »richtige Tieflandflüsse«, da sie einen geringen Abflußfaktor und das Niedrigwasser im Spätsommer haben. Dagegen haben Rhein, Weser, Elbe, Oder und Weichsel – obgleich sie das Norddeutsche Tiefland entscheidend prägen – einen anderen Charakter, ein anderes »Regime«: sie sind mittelgebirgsorientiert mit einem ausgeprägten Hochwasser im Frühjahr zur Zeit der Schneeschmelze.

Insgesamt günstig wirkte sich zweifellos das flache Relief für die Binnenschiffahrt aus: Bereits im 17. Jahrhundert wurde unter Ausnutzung der Urstromtäler und kleinerer Schmelzwasserrinnen mit dem Bau von Kanälen begonnen. Diese Bautätigkeit erreichte im 19. Jahrhundert einen ersten Höhepunkt. Ende des letzten und Anfang dieses Jahrhunderts wurden dann alte Kanäle verbessert, Wasserstraßen wie die Havel kanalisiert und schließlich mit dem Bau der westlichen Hälfte des Mittellandkanals begonnen. Zwischen den beiden Weltkriegen wurde dieser Kanal fertiggestellt und durch den Elbe-Havel-Kanal an das brandenburgische System angeschlossen. Zweifellos hat die 325-Kilometer-Wasserstraße entscheidend zur wirtschaftlichen Weiterentwicklung des Norddeutschen Tieflandes beigetragen.

Salzstöcke als Atommüllschlucker – Gorleben

Am 22. Februar 1977 hatte die Niedersächsische Landesregierung ein Gelände in der Nähe der Gemeinde Gorleben im Landkreis Lüchow-Dannenberg als Standort für ein nukleares Entsorgungszentrum vorgeschlagen – Endstation für viele abgebrannte Radioaktivstäbe aus deutschen Kernkraftwerken. Die Wahl fiel deshalb auf Gorleben, weil hier zwischen 300 und 3000 Meter unter der Erdoberfläche ein Salzstock liegt, von dem man hofft, daß er Atommüll sicher aufnehmen und verwahren kann – für immer. Doch nicht nur Kernkraftgegner und Bürgerinitiativen warnen, sondern auch gestandene, ordentliche Professoren bundesdeutscher Universitäten.

Und das war vorgesehen: Zunächst sollte durch Bohrungen und bergmännische Erkundung die Verfassung des 14 Kilometer langen und 4 Kilometer breiten Salzstocks getestet werden. Bereits dieses Millionenprojekt halten einige deutsche Geowissenschaftler für total überflüssig. Denn, so ihre Argumentation, es gibt bessere und für die Nachwelt sicherere Methoden als eine Endlagerung im Salzstock.

*

Während des geologischen Zeitalters »Zechstein« vor mehr als 200 Millionen Jahren war das gesamte Norddeutschland, Dänemark und der Raum der heutigen Nordsee von einem flachen Meer bedeckt. Immer wieder fand ein Wechselspiel statt: der gesamte Bereich wurde überflutet von Salzwasser, trocknete aus, wurde wieder überflutet und so fort. Was entstand, waren mehr als 1000 Meter mächtige Salzlagen. Aber dieses Salzpaket war nicht einheitlich. Mal war es eine Lage Steinsalz, mal war es Anhydrit, oder es waren Tone und Kalisalze, die sich ablösten – es entstand demnach kein, wie man meinen könnte, einheitlicher, sondern ein inhomogener großer Block. Als die Salzbildung nach vielen tausend Jahren schließlich zu Ende war, senkte sich der gesamte Raum, und Sand-, Ton- sowie Kalkablagerungen wurden darüber geschichtet – bis zu 4.000 Meter hoch. Und diese Schichten übten natürlich auf die darunterliegenden Salzformationen Druck aus. Die Folge: Das Salz verformt sich, fließt, sucht sich einen Weg auf Spalten und in Gängen. Gebirgsbildender, »orogener« Druck preßt das Material nach oben, es entstehen Salzstöcke, sogenannte Diapire. Ein noch größerer Einfluß auf diese Salzstrukturen erfolgt durch die Zunahme von Druck und Temperatur in immer größerer Erdtiefe. Dadurch wird das Salz plastischer, reißt nicht ab, sondern wird nur verformt.

Zur Erdoberfläche hin ist das anders. Hier, wo die Durchwärmung des Gesteins geringer und der Druck einseitiger ist, überwiegen Verwerfungen, das Salz bricht in verschiedene Brocken auseinander. Generell haben wir es also in der Erdrinde mit einer »Stockwerkstektonik« zu tun. Das Wort »Tektonik« kommt aus dem Griechischen und

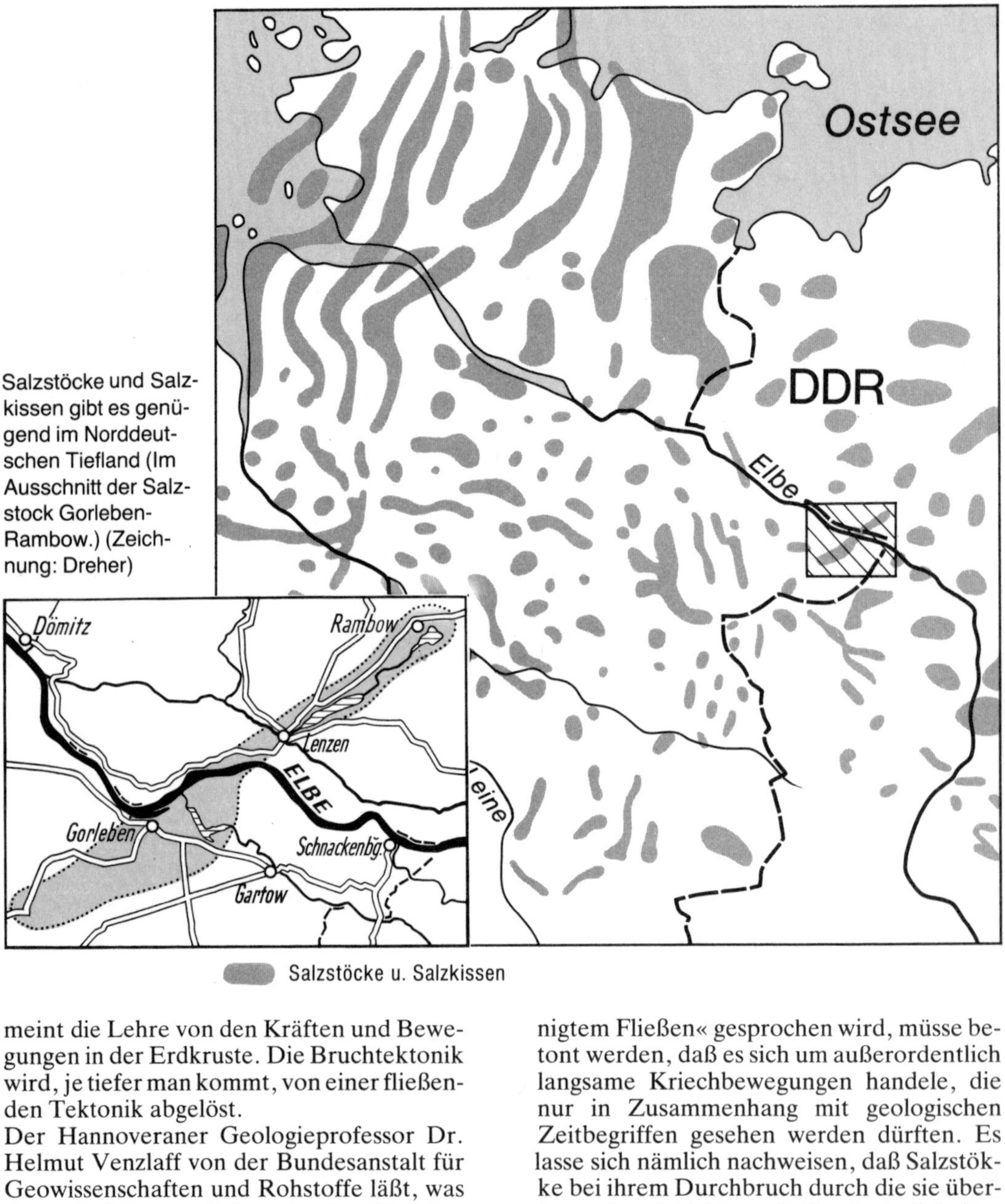

Salzstöcke und Salzkissen gibt es genügend im Norddeutschen Tiefland (Im Ausschnitt der Salzstock Gorleben-Rambow.) (Zeichnung: Dreher)

meint die Lehre von den Kräften und Bewegungen in der Erdkruste. Die Bruchtektonik wird, je tiefer man kommt, von einer fließenden Tektonik abgelöst.
Der Hannoveraner Geologieprofessor Dr. Helmut Venzlaff von der Bundesanstalt für Geowissenschaften und Rohstoffe läßt, was den Gorlebener Salzstock betrifft, beschwichtigende Töne laut werden: Wenn, so sagt er, hier von »Fließen« oder »beschleunigtem Fließen« gesprochen wird, müsse betont werden, daß es sich um außerordentlich langsame Kriechbewegungen handele, die nur in Zusammenhang mit geologischen Zeitbegriffen gesehen werden dürften. Es lasse sich nämlich nachweisen, daß Salzstökke bei ihrem Durchbruch durch die sie überlagernden Schichten mit Geschwindigkeiten vorgingen, die in der Größenordnung von 10 Zentimetern in 1000 Jahren lägen. Und wei-

ter: Es möge erstaunlich klingen, daß Salz, ein so extrem wasserlösliches Gestein, derart lange Zeit überdauern könne, ohne aufgelöst zu werden. Das, so Venzlaff, erkläre sich dadurch, daß in größeren Tiefen keine Grundwasserbewegung stattfinde. Der Salzstock sei dort von tonigen Gesteinen umgeben – eine Auflösung finde nicht statt. Aber, und jetzt wird es interessant, dringe der Salzstock in den Bereich des zirkulierenden Grundwassers ein, löse sich der obere Teil auf. Trotz allem aber könne ein geeigneter Salzstock radioaktive Abfälle, sachgemäß eingelagert, einige tausend, ja sogar hunderttausend Jahre sicher verschließen. *»Wir hoffen, den besorgten Bürger mit der Zeit davon überzeugen zu können, daß er nicht mit Unbehagen, sondern mit einem Gefühl der Erleichterung an die Tieflagerung radioaktiver Abfälle denken kann, denn die Erdgeschichte hat uns in den Salzstöcken ein Geschenk gemacht, das uns erlaubt, die Kernenergie auszunutzen und dennoch unsere Umwelt frei von radioaktiven Abfällen zu halten.«*

*

Gut ein Jahr später dachten einige tausend Bürger trotz alledem mit Unbehagen und ohne Erleichterung an die Tieflagerung radioaktiver Abfälle. Am 3. Mai 1980 besetzten Atomkraftgegner unter dem Motto »Gorleben wird leben« die Tiefbohrstelle 1004 im Wald zwischen Gorleben und Trebel im Landkreis Lüchow-Dannenberg. Diese Inbesitznahme sei eine Reaktion auf politische Entscheidungen, *»die – gefällt mit unverhohlener Arroganz und durchgesetzt mit massiver Polizeigewalt – jeglichen demokratischen Anspruch verloren haben«*. Bereits vorher hatte die Physikalisch Technische Bundesanstalt in Braunschweig – Betreiber und gleichzeitig Genehmigungsbehörde der Bohrungen – mit den Arbeiten auf den Bohrstellen 1002 und 1003 begonnen.

Obwohl schon als Endlager propagiert, war bislang über den geologischen Aufbau und die Tektonik des Gorlebener Salzstocks so gut wie nichts bekannt. Alles, was man wußte oder zu wissen glaubte, war abgeleitet von anderen Diapiren, und von denen gibt es rund 200 im nordwestdeutschen Raum, deshalb also die geplanten Tiefbohrungen.

Der Nordabschnitt des Salzstocks bei Gorleben war zwar bereits zu Anfang unseres Jahrhunderts durch mehrere Bohrungen untersucht worden. Aber von diesen Bohrungen lagen nur noch wenige Angaben vor, mit denen zudem kaum etwas anzufangen war. Der Hauptteil des Diapirs war bislang überhaupt noch nicht durch Bohrungen untersucht worden. Man erhoffte sich – denn das war Voraussetzung für eine Endlagerung –, daß der Salzstock zum überwiegenden Teil aus Steinsalz bestünde.

*

Vor einigen Jahren hat der Bundesminister für Forschung und Technologie verschiedene Forderungen für die Endlagerung radioaktiver Abfälle in der Erdkruste erhoben:

* Bis zum restlosen Zerfall der radioaktiven Nuklide muß das Material von der Biosphäre abgeschlossen werden.
* Das Material muß in eine geologisch stabile Formation dicht eingeschlossen sein.
* In der geologischen Formation dürfen keine Spalten und Klüfte auftreten, die Wasserzutritt ermöglichen.
* Die Lagerräume müssen bis zu 1000 Meter tief sein, damit darüberliegende Gesteinsschichten eventuell doch freiwerdende radioaktive Stoffe noch zurückhalten können.
* Die geologischen Schichten müssen bei der Einlagerung möglichst unversehrt erhalten bleiben.

Der Hamburger Geographieprofessor Eckhard Grimmel forderte seinerzeit, daß noch vor einer bergmännischen Erkundung, also etwa vor den Tiefbohrungen, der Gorlebener Salzstock auf seine Eignung überprüft werden müsse. Er selber kam zu dem Ergebnis, daß dieser Salzstock für eine Endlagerung aufgrund seiner geologisch-tektoni-

schen Position und im Hinblick auf seine Entstehungsgeschichte höchst ungeeignet sei.
Eines sagte Grimmel überdies ganz klar: Der Salzstock Gorleben könne nur in Verbindung mit dem jenseits der Elbe auf Staatsgebiet der DDR liegenden Salzstock Rambow gesehen werden, denn es handele sich nicht um zwei Salzstöcke, sondern um einen einzigen, der sich über etwa 30 Kilometer von Ranzau und Vasenthien in Niedersachsen bis, unter der Elbe hindurch, nach Rambow und Boberow erstrecke.
Auf niedersächsischem Gebiet hat der Salzstock eine maximale Breite von 4 Kilometern, wird dann schmäler und bringt es auf DDR-Gebiet nur noch auf durchschnittlich eineinhalb Kilometer.
Grimmel zeigte verschiedene Anomalien sowohl westlich als auch östlich der Elbe auf: Der Gorleben-Rambower Salzstock präsentiert auf seinem Scheitel, also nahe der Erdoberfläche, Seen und Moore, eingelassen in Geländesenken. Und auch die Elbe selbst verhält sich äußerst merkwürdig. Von Nordwesten her kommend knickt sie abrupt nach Nordosten ab – in Laufrichtung des Salzstocks –, wenig später dann genau so abrupt in Richtung Südosten. Das merkwürdige Spiel wiederholt sich einige Male. Natürlich taucht da die Frage auf, ob dies alles mit dem darunterliegenden Salzstock zusammenhängt. Denn dann wäre die Argumentation der Geologen von der Bundesanstalt in Hannover stark anzuzweifeln, wonach das Salzmassiv sich aufgrund folgender Überlegungen ruhig verhalte: Vor etwa 120 Millionen Jahren erfolgte der Durchbruch des Salzes durch die darüber lagernden Sedimente mit einer Geschwindigkeit von 10 Zentimetern in 1000 Jahren. Dieser Aufstieg hat den Salzstock etwa 10 bis 20 Milllionen Jahre beschäftigt, und seitdem, also seit 100 Millionen Jahren, hat er seine Form nicht mehr wesentlich verändert.
Andererseits hatten auch DDR-Wissenschaftler schon Anfang der siebziger Jahre erkannt, daß es hier »rezente vertikale Krustenbewegungen« gibt, im Raum Gorleben sind es 0,5 Millimeter pro Jahr. Und wenn, wie bereits gesagt, der Salzstock vor 120 Millionen Jahren sich mit einer Geschwindigkeit von 10 Zentimetern in 1000 Jahren bewegte, sind dies umgerechnet pro Jahr nur 0,1 Millimeter, also nur ein Fünftel der heutigen Bewegungsgeschwindigkeit. Bereits 1965 hat der DDR-Wissenschaftler P. Bankwitz in »Petermanns Geographischen Mitteilungen« festgestellt: *»Die im Untergrund der DDR wirksam gewesenen tektonischen Hauptrichtungen pausen sich im gegenwärtigen Bewegungsbild durch bzw. sind weiterhin aktiv.«*
Die offizielle bundesdeutsche Seite konterte: Der auf DDR-Gebiet liegende Rambow-Salzstock sei von anderer Beschaffenheit als der Gorleben-Diapir, der nicht so weit an die Erdoberfläche aufgestiegen und deshalb auch nicht allzu sehr vom Grundwasser angelaugt worden sei.
Inzwischen sind viele Stellungnahmen und Gutachten sowohl von Gegnern als auch von Befürwortern einer Endlagerung bei Gorleben abgegeben worden. Die Bedenken des Geographieprofessors Grimmel aber konnten nicht ausgeräumt werden. Für ihn ist es unbedeutend, daß für das südwestliche Drittel des Salzstockes Gorleben-Rambow nach der Weichsel-Eiszeit vor rund 20.000 Jahren nur geringe Bewegungen abgeleitet werden konnten. Entscheidend sei, daß der Salzstock insgesamt in einer tektonisch mobilen Zone liege und man sich nicht darauf verlassen könne, daß die Bewegungen, die sich in anderen Salzstockzonen stärker bemerkbar gemacht haben, vor dem südlichen Teil haltmachten. Besonders bedenklich sei es, daß mit Zerrungsbewegungen im Salzgestein gerechnet werden müsse. Denn Zerrungen haben im Gegensatz zu Pressungen zur Folge, daß das plastische Verhalten des Salzes verlorengeht: Es können Spalten entstehen, die einen Grundwassereinbruch in künstlich hergestellte Kavernen, jene Gänge und Schächte, die radioaktiven Abfall aufnehmen sollen, ermöglichen.

Grimmel bekam schließlich Schützenhilfe von dem Frankfurter Geographieprofessor Arno Semmel. Semmel räumte zwar ein, daß manche Bedenken, die Grimmel vorgebracht habe, noch einer besseren Absicherung bedürften, vor allem durch geomorphologische Geländearbeiten. Aber er räumte die Bedenken nicht aus. Im Gegenteil: Er wies auf junge, oft kaum erkennbare Einbrüche an der Erdoberfläche hin, die eine aktuelle Salzlösung anzeigten. Solche Erdfälle treten beispielsweise in den Salzhanggebieten des hessischen Berglandes häufig auf, etwa im Eitra-Tal südlich von Bad Hersfeld. Diese Kleinformen sind nur unter Wald erkennbar, auf beackerten Flächen dagegen eingeebnet und bestenfalls auf Luftbildern oder durch systematische Bohrungen zu finden. Ließen sich diese Erdfälle über dem Gorlebener Salzstock nachweisen, die Theorie vom »ruhigen Salzstock« wäre endgültig vom Tisch. Ganz zu schweigen von der Versicherung der Bundesanstalt für Geowissenschaften und Rohstoffe in Hannover, jenseits sei alles anders als diesseits der Grenze – was Semmel zu der Formulierung veranlaßte: *»Es wäre doch aber sonderbar, wenn sich das tektonische Geschehen an politische Grenzen hielte.«*

*

»Frankfurter Rundschau«, Pfingsten 1981: *»Bundesregierung hält an Gorleben fest. Keine begründeten Zweifel an Eignung als Endlager für Atommüll.«* – Bundesinnenminister Gerhart Baum und Bundesforschungsminister Andreas von Bülow hatten nach einem gemeinsamen Gespräch erklärt, die bisherigen Untersuchungen hätten keinerlei begründete Zweifel an der bisherigen Einschätzung des Salzstockes von Gorleben ergeben. Dies bedeute, meinten die Minister, daß nach heutigem Erkenntnisstand über die allgemeinen geologischen Verhältnisse im norddeutschen Raum und über die bisher bekannten besonderen Eigenschaften des Salzstockes Gorleben zu erwarten sei, daß seine Eignung als Endlager für radioaktive Abfälle durch die fortschreitende Erkundung nachgewiesen werden könnte.

Während eines Expertengespräches in der Kreisstadt Lüchow, auf dem die Ergebnisse der Probebohrungen erörtert worden waren, wurden noch einmal neue Erkenntnisse bekannt:

* Der Salzstock sei noch in erdgeschichtlich jüngerer Zeit als ursprünglich angenommen in Bewegung gewesen – das steht im Gegensatz zur Aussage Venzlaffs, der die These vertreten hatte, der Salzstock sei schon im Tertiär, vor etwa 10 Millionen Jahren, zur Ruhe gekommen.
* Über dem Salzstock liege eine durchgehende Tonschicht, die zur völligen Abdichtung gegen oberflächennahe Grundwasserströme dienen könnte. Weiter erklärte der zuständige Referent der Bundesanstalt in Hannover, Heinz Nickel, offenbar sei der Innenaufbau des Salzstokkes komplizierter als normalerweise. Auch über das Volumen des Steinsalzkörpers gebe es inzwischen neue Erkenntnisse. Entgegen einer früher aufgestellten Forderung der Reaktorsicherheitskommission, die ein Volumen von 80 Kubikkilometern für ein Endlager als notwendig erachtete, stehe nach jüngsten Erkenntnissen in Gorleben maximal ein Volumen von 20 bis 40 Kubikkilometern zur Verfügung.
* Eine eiszeitliche Rinne habe sich, wie man nun feststellte, tief in den Gipshut eingeschnitten, der das Salz unter Gorleben umhüllt. Kritiker befürchteten deshalb, daß das durch die Rinne fließende Grundwasser den Salzstock vom Rand her auslaugen könne.
* Ein »steiler Zahn«, eine Überlagerung des Salzstockes durch wasserführendes Gebirge, wurde noch zu alledem von Geowissenschaftlern festgestellt.

Staatssekretär Reinhart Bartholomäi, Chef der hessischen Staatskanzlei, räumte schließlich ein, der Standort Gorleben sei keineswegs ideal, zahlreiche Schwierigkei-

ten seien in der Tat gegeben: *»Es kann sich erweisen, daß Gorleben scheitert.«* In Hessen streitet man sich seit längerer Zeit über den Standort einer Wiederaufarbeitungsanlage für ausgediente Brennelemente.
Trotz aller Bedenken hat die Physikalisch-Technische Bundesanstalt in Braunschweig – wie erwähnt Genehmigungsbehörde und Betreiberin in einer Person – dem Bundesinnenminister noch einmal versichert, daß die bisherigen Ergebnisse keinen Zweifel an der bislang zuversichtlichen Beurteilung der Eignung des Gorlebener Salzstockes für eine Endlagerung radioaktiver Abfälle zulasse. Fazit: *»Keine begründeten Zweifel.«*

*

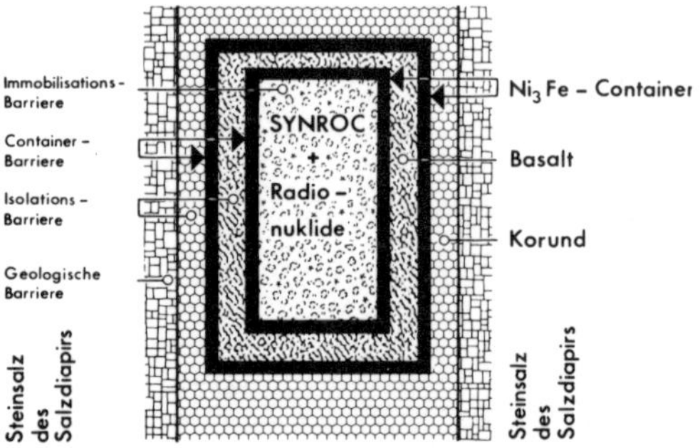

So könnte nach Ansicht des Göttinger Professors Albert Günter Herrmann hochaktiver Müll eingelagert werden: Mehrere Barrieren würden mögliche Lösungsvorgänge verhindern. (Aus: Geol. Rundschau, Bd. 68/1979, S. 1094).

Auch von anderer Seite kam Kritik. Der Göttinger Geochemiker Professor Albert Günter Herrmann, bis zu seinen kritischen Äußerungen auch von den Geowissenschaftlern der Bundesanstalt in Hannover als hochqualifizierter Forscher anerkannt, merkte an, daß es *»zur Zeit noch kein geowissenschaftlich und technisch vollkommen zuverlässiges Konzept zur geologischen Endlagerung von Radionukliden«* gebe. Und weiter gab Herrmann zu bedenken, es sei *»unter lagerstättengenetischen Aspekten nicht zulässig zu sagen, daß die Salzdiapire langfristig einen absolut sicheren Abschluß garantieren«*. Vor allem aber wandte sich Herrmann gegen die Absicht, Radionuklide in sogenannten »Borosilikatgläsern« einzulagern – wie dies geplant ist –, da Gläser thermodynamisch relativ unstabil sind: *»Seit Jahrzehnten ist bekannt, daß bei magmatischen Prozessen entstandene Glaskomponenten gegenüber Lösungen und bei höheren Temperaturen viel reaktionsfähiger sind als kristalline Gesteine. Wasserdampf kann die Borosilikatgläser unter den bei der Endlagerung auftretenden Temperaturen von mehr als 100 °C und bei höheren Drücken offensichtlich bereits nach wenigen Wochen zersetzen.«* Er empfiehlt daher ein kristallines Gestein, das synthetisch aus natürlich vorkommenden Mineralen und Verbindungen hergestellt werden kann und weit mehr Sicherheit bietet als die Einlagerung in eine Glassubstanz. Die abschließende Warnung des Göttinger Geochemikers: *»Politiker und Endlagerungsgremien übernehmen gleichermaßen mit der Deponie hochradioaktiver Substanzen in Salzdiapiren für einen Zeitraum bis zu einer Million Jahren ein Ausmaß an Verantwortung, wofür es bis heute noch keine Parallele gibt.«*

*

Dabei hat die Bundesrepublik bereits gewisse Erfahrungen im Umgang mit Atommüll sammeln können: Zwar waren es keine hochaktiven Rückstände, sondern schwach- und mittelaktive, die seit 1973 im stillgelegten Steinsalzbergwerk Asse II, das etwa 30 Kilometer südlich von Braunschweig liegt, deponiert worden sind. Aber immerhin wurden 1975 monatlich bis zu 1200 Fässer mit einem Fassungsvermögen von 200 bzw. 400 Litern eingelagert. Asse II sollte gleichsam als Versuchsstation getestet werden. Hochradioaktives Material allerdings wurde weiterhin, weil die Menge zu gering war, oberirdisch unter besonderen Sicherheitsvorkehrungen in Bunkern gelagert. Aufgrund geänderter Richtlinien wurde am 1. 1. 1978 die Einlagerung mittelaktiver und am 1. 1. 1979 die von schwachaktiven Rückständen vorläufig eingestellt. Allerdings gibt es in Bonn Überlegungen, in Kürze ein Planfeststellungsverfahren einzuleiten, um danach den Betrieb fortsetzen zu können.

*

Über das Endlager nahe Gorleben ist noch nicht endgültig entschieden. Trotzdem erreichte der Protest auf dem Gelände des Bohrlochs 1004 ein bislang nicht gekanntes Ausmaß. Am 3. Mai 1980 zogen mehr als 5000 Menschen zu jenem Platz. Die »Freie Republik Wendland« wurde ausgerufen, Zelte aufgestellt, Hütten erbaut. Es entstand ein Dorf, das heute noch Symbol für den Widerstand gegen Kernenergie ist.
Am neunten Tag der Besetzung bauten Göttinger Theologiestudenten eine Kirche, über einhundert »Wendland-Bürger« nahmen am ersten Gottesdienst teil, den Pfarrer Ritter hielt, der zur Gewaltfreiheit aufrief.
Wenige Tage später sendete »Radio Freies Wendland« das erste Programm, Kamerateams, Fotografen und Journalisten kamen in Scharen. *»Vorläufig genießen die Umweltschützer in ihrem Rundling aus Zelten und Holzhütten ungestört die Natur«*, schrieb die »Frankfurter Rundschau« und fragte weiter: *»Wieso durfte die DWK (Abkürzung für Deutsche Gesellschaft zur Wiederaufarbeitung von Kernbrennstoffen) das Gelände überhaupt erwerben? Ist es nicht nach wie vor als Wald ausgewiesen? Widerspricht es nicht dem geltenden Recht, wenn Gelände zu anderem Zweck genutzt wird als dem, für den es ausgewiesen ist? Muß nicht der Eindruck entstehen, für ein mächtiges Industrieunternehmen gelte anderes Recht als für die Bauern?«* Auch der niedersächsische CDU-Landesvorsitzende Wilfried Hasselmann sprach in diesem Zusammenhang von einer *»frühkapitalistischen Machenschaft«*.

Auf dem Gelände des Salzstocks, wo nicht nur Atommüll gelagert, sondern auch möglicherweise eine Wiederaufarbeitungsanlage entstehen soll, hatte das Hüttendorf der »Freien Republik Wendland« gut vier Wochen Bestand.
»Irgendwann an diesem Dienstag«, so schrieben später die Besetzer – es war Anfang Juni – *»wurde wohl jedem von uns klar, daß nun die Räumung, über die wir so lange diskutiert hatten, von der wir so oft glaubten, daß sie nun wirklich kommen würde, für den nächsten Morgen bevorstand. Die bundesweite Alarm-Telefonkette wurde ausgelöst, und die Menschen auf dem Platz trafen die letzten Vorbereitungen, sprachen noch einmal alles durch, vom Theaterspiel ›Atomunfall in der WAA Gorleben‹ bis zum Verhalten bei der*

Gorleben – Bohrplatz 1004, Mai 1980: Auf dem künftigen Bohrgelände entsteht ein Hüttendorf – die »Freie Republik Wendland«. (Photo: Brunnengräber)

Räumung. Walter Moßmann und andere werden morgen singen. Das nimmt die Angst, die wohl jeder von uns doch ein wenig hat. Der Kindertransport wird vorbereitet und der Abtransport der Ausrüstungsgegenstände, die von den Bauern mit Treckern und Wagen nach Trebel gebracht werden sollen. Die Gewißheit, daß die Räumung am nächsten Morgen in aller Frühe kommen wird, hat eine eigenartige Wirkung auf die Dorfbewohner. Die Stimmung ist gelöst. Es kommt das Gefühl von Gemeinsamkeit und Stärke auf. Überall wird gesungen und später dann tönt das ›We shall overcome‹ über den Platz. Die Presse ist vollständig versammelt.«

Am 4. Juni 1980 wurde 1004 geräumt.

Natur in der Großstadt – Berlin

Mehr als die Hälfte der Bundesbürger lebt zusammengedrängt auf nur 7 Prozent des Landes, in Verdichtungsräumen, wie der Fachmann sie nennt. Hier ist alles anders als auf dem Land. Die Luftverschmutzung ist bis zu fünfundzwanzigmal größer, die Temperatur durchschnittlich 1,5°C höher. Es ist häufiger bedeckt, regnet öfter und schneit seltener.
Aber die vielen Grünflächen, die Parks und Alleen? Deren Fähigkeit, Belastungen auszugleichen, etwa die Luft zu reinigen, wird häufig überschätzt. Ohnehin ist die Notwendigkeit für innerstädtisches Grün, so meinen manche Fachleute, vom wirtschaftlichen Standpunkt her kaum zu begründen. Fazit: Weniger Grün – mehr Straßen und Häuser?

*

Das Lied von der Berliner Luft, die so anregend sein und frei machen soll, kennt jeder. Aber die einstmals so gepriesene Luft, schreibt der Berliner »Smog-Kurier«, ist so schlecht wie nie zuvor:

* In einigen Stadtteilen ist der Schwefeldioxidgehalt höher als in Städten des Ruhrgebietes.
* 1976 mußte West-Berlin wegen der hohen Schadstoffbelastung der Luft zum »Belastungsgebiet« im Sinne des Immissionsschutzgesetzes erklärt werden.
* In West-Berlin werden Schwefeldioxidwerte gemessen, die weit über dem liegen, was die WHO, die Weltgesundheitsorganisation, zum Schutze der Gesundheit zuläßt. Danach dürfen 0,060 Milligramm Schwefeldioxid (SO_2) pro Kubikmeter Luft im Jahresmittel nicht überschritten werden. Interessanterweise gelten für die Bundesrepublik andere gesetzliche Normen: hier ist mehr als das Doppelte zulässig, nämlich 0,140 Milligramm. Aber auch dieser Wert wurde 1977 noch deutlich überschritten: Kreuzberg 0,152 und Wedding sogar 0,162.

Die Smog-Gefahr ist in Berlin nicht zu unterschätzen. Allein im Winter 1981/82 mußte in der Stadt viermal Smog-Alarm gegeben werden. Smog ist von den beiden englischen Vokabeln smoke (Rauch) und fog (Nebel) abgeleitet und beschreibt eine Dunstglocke aus Rauch, Nebel und Abgasen, die nach oben hin durch eine »Inversionssperrschicht« am Abzug gehindert wird. Kein Wunder, wenn sich da der Berliner Senator für Gesundheit und Umweltschutz an seine *«lieben Berliner«* wenden muß:
«Smog ist eine Geißel unserer modernen Industriegesellschaft. Smog kann uns alle treffen, die Bürger in den großen Industriestädten an Rhein und Ruhr genauso wie uns Berliner. Einst wurde unsere Stadt für ihre gute Luft gerühmt. Doch das scheint vorbei zu sein, wenigstens zu einigen Jahreszeiten. Smog kann gefährlich sein. Was tun, wenn der Smog über Berlin hereinbricht? Wie kann man sich wehren? Kann man sich überhaupt schützen? Das Problem Smog geht jeden von

19. Januar 1982 – Smog über Berlin: Blick vom Telefunkenhaus. Vor allem Kinder, Kranke und alte Menschen sind bei Smog bedroht. Allein im Winter 1981/82 wurde in der Stadt viermal Smog-Arlarm gegeben. (Photo: Rieth)

uns an: Die Hausfrau genauso wie den Autofahrer, den Industriellen in unserer Stadt genauso wie den Handwerker. Warum? Sie alle können helfen, die Gefahren des Smogs zu mindern. Die Umweltschützer können vor den Gefahren des Smogs nur warnen, sie können beraten, wie man sich verhalten soll. Beim Smog-Alarm sind es vor allem Kranke, die plötzlich Informationen benötigen. Das sind die Telefonnummern, unter denen der Bürger beraten wird: 21221 – Stichwort Smog-Alarm, 8298290 – Umweltschutztelefon.«

*

Über Ursachen und Verschmutzer erfahren die »lieben Berliner« nichts oder nicht viel. Etwa dies: In Berlin gibt es mehr als 20 Betriebe, in denen mit hochgiftigen Chemikalien gearbeitet wird, das ganze Jahr über geben Schornsteine gefährliche Substanzen an die Luft ab. Mehr als 600.000 Autos fahren durch den Westen Berlins: Das macht jährlich mehr als 160.000 Tonnen Kohlenmonoxid, fast 9000 Tonnen Stickoxide, 6000 Tonnen Kohlenwasserstoffe und 2500 Tonnen Schwefeldioxid. Das ist nicht alles. Acht BEWAG-Kraftwerke steuern noch einmal mehr als 50.000 Tonnen Schwefeldioxid pro Jahr bei – nach bisher unveröffentlichten Zahlen des Senators für Gesundheit und Umweltschutz. Nicht zu vergessen die Einzelheizungen, mehr als eine halbe Million, sowie die städtischen Müllverbrennungsanlagen.

Die Gefahren, die eine derart belastete Berliner Luft für den Menschen bedeutet, sind zwar schon länger bekannt, aber nichtsdestoweniger erschreckend:

* Schwefeldioxid wirkt als Reizgas besonders auf die Schleimhäute der oberen Luftwege, schädigt die Flimmerhärchen der Bronchialschleimhaut, die so die eingedrungenen Staubteilchen nicht mehr hinausbefördern können. Bei durch Virusinfektionen vorbelasteten Säuglingen und Kleinkindern kann durch überhöhten Schwefeldioxid-Gehalt der Luft das »Krupp-Syndrom« ausgelöst werden, eine Krankheit, deren Verlauf durch heiseren, bellenden Husten, Fieber und zunehmende Atemnot gekennzeichnet ist. Eine alarmierende Zahl aus Frankfurt am Main: In den Jahren 1967 bis 1971 registrierte die Universitätskinderklinik 576 Kinder mit »Krupp-Syndrom«.
* Kohlenmonoxid ist vor allem das Produkt der Verbrennungsmotoren in Autos. Kohlenmonoxid verbindet sich sehr fest mit dem Blutfarbstoff Hämoglobin und verhindert dadurch die Bindung von Sauerstoff in der Lunge. Das Zentralnervensystem und das Herz-Kreislauf-System werden angegriffen – die Folgen: Verringerung der Aufmerksamkeit, verlangsamte Reaktionsgeschwindigkeit, Kopfschmerzen und Schwindelanfälle, Verschlimmerung von Herzkrankheiten und Anstieg der Herzinfarktsterblichkeit. In den USA liegt der Grenzwert bei 11,2 Milligramm pro Kubikmeter Luft, nur einmal im Jahr darf er 8 Stunden hintereinander überschritten werden. Der Mittelwert in Berlin zwischen 6 und 20 Uhr: 18 Milligramm. Fünf Prozent aller Meßwerte liegen sogar bei über 38 Milligramm.
* Stickoxide, vor allem Stickstoffmonoxid und Stickstoffdioxid, greifen die Schleimhäute der Atmungsorgane an. Sie entstehen vor allem dort, wo Verbrennungen bei hoher Temperatur durchgeführt werden, etwa in konventionellen Kraftwerken, in Dampfkesselanlagen, bei Auto- und Flugzeugmotoren. In den USA dürfen 0,1 Milligramm Stickoxide pro Kubikmeter Luft nicht mehr als einmal im Jahr überschritten werden. Zwischen Juli 1973 und Juni 1974 wurden in Berlin-Steglitz bei mehr als der Hälfte der gezogenen Proben Werte ermittelt, die über der genannten Grenze lagen.

Deshalb fordert die »Interessengemeinschaft für gesunde Luft Berlin e. V.«, die geltenden Grenzwerte für Schadstoffe zu senken, das Luftgüte-Meßnetz auszubauen und diese Meßwerte regelmäßig in den Berliner Tageszeitungen zu veröffentlichen. Gleichzeitig werden Maßnahmen zur Verminderung des Schadstoffausstoßes durch Industrie, Kraftwerke, Autos und Flugzeuge, Müllverbrennungsanlagen sowie durch private und öffentliche Heizsysteme gefordert.

*

Gefährlich dicke Luft gab es in den vergangenen Jahren mehrfach auch im Industrieballungsraum Mannheim/Ludwigshafen, im Gebiet Duisburg und Bottrop oder Krefeld und Essen. Die häufigsten und am längsten anhaltenden Schwefeldioxid-Belastungen ermittelte allerdings der Wissenschaftler Volker Prittwitz vom Berliner Wissenschaftszentrum – in Berlin. Und da wieder vor allem in den Bezirken Kreuzberg und Wedding. Es wurden über 2000 Mikrogramm Schwefeldioxid pro Kubikmeter Luft gemessen – bei einem Smog-Alarm-Grenzwert von nur 800 Mikrogramm für die Alarmstufe eins. *»Nur selten wird in Deutschland ›Smog-Alarm‹ gegeben«*, schrieb »Der Spiegel« unlängst, *«dabei ist die Luft in vielen Städten häufig so verpestet, daß die Bewohner mitunter täglich gewarnt werden müßten.«*

Immer, wenn es um Luftverschmutzung in Städten und Ballungsgebieten geht, werden die Bäume ins Spiel gebracht. Alles, so hört man oft, sei halb so schlimm, habe man nur Parks vorzuweisen. Als Ergebnis einer Studie für den Bundesminister für Raumordnung, Bauwesen und Städtebau über die »ökologischen Wohlfahrtswirkungen« hat der Dortmunder Geograph und Landschaftsökologe Professor Lothar Finke gewarnt: Die Fähigkeit der Grünflächen, Belastungen auszugleichen, werde allgemein überschätzt, vom innerstädtischen Grün zuviel erwartet.

Was Finke alles herausfand, ist für jeden, der die freie Stadtluft liebt, erschreckende Wirklichkeit:

* Die Parks haben zwar die Fähigkeit, die Luftfeuchtigkeit zu erhöhen und die Temperatur zu erniedrigen – aber dies ist eben nur auf den Park selbst beschränkt. Daß die nähere oder weitere Umgebung positiv beeinflußt wird, ist weder meßtechnisch nachgewiesen noch theoretisch zu erwarten. Allein bei besonderen topographischen Bedingungen, etwa dann, wenn eine relativ große Grünfläche höher liegt als die sie umgebenden, belasteten Gebiete, ist eine Kaltluftzufuhr denkbar.
* Da also die »ökologischen Wohlfahrtswirkungen« städtischer Grünflächen räumlich stark begrenzt sind, hat nur der einen Vorteil, der in den Park hineingeht, nicht der, der gerade um die Ecke wohnt. Aber das wäre schon ein großer Vorteil: Das »Pantoffelgrün« in nächster Nähe für den abendlichen Spaziergang hat eben nicht jeder. Generell läßt sich sagen: Städtisches »Pantoffelgrün« leistet einen nicht zu unterschätzenden passiven Beitrag zur Umweltgüte einer Stadt, da dort keine zusätzlichen Emissionen erzeugt werden. Nichts wäre deshalb törichter als eine Umwandlung in Industrie-, Verkehrs- oder Wohnbaufläche.
* Mit den Grünflächen und Parks aber ist es wie mit dem Wald: Von beiden werden Dinge gefordert, die sie nicht erfüllen können. Sie sollen das Klima und die Luftqualität verbessern, Lärm abschirmen, der Erholung dienen, das Stadtbild verschönern und vieles andere mehr. Viele dieser Funktionen aber schließen sich gegenseitig aus. Ein Beispiel: Soll eine Grünfläche als Lärmschutzpflanzung dienen, dann muß die dem Wind zugewandte Seite möglichst dicht und undurchdringlich sein. Die gleiche Grünfläche könnte dann aber Staub und Gas nicht binden, denn zu diesem Zweck müßten die Luftmassen gut eindringen können. Andererseits dürften diese Staub- und Gasfänger auf gar keinen Fall gleichzeitig als Erholungsfläche angeboten oder genutzt werden.

Eine solch realistische Einschätzung des ökologischen Leistungsvermögens der Parks nachzuvollziehen, mag manchem städtischen Grünplaner schwerfallen, heißt es doch Abschied nehmen von überlieferten, liebgewordenen Vorstellungen.

Auch wenn dies auf den ersten Blick so scheinen mag, Finke ist natürlich nicht gegen Grünflächen in der Stadt: *»Ich bin ganz im Gegenteil der Meinung, daß die bisher allgemein beobachtbare Überschätzung des Leistungsvermögens von Grünflächen dazu beigetragen hat, daß sich deren Anteil in der Vergangenheit laufend verringert hat – im Vertrauen darauf, daß die verbleibenden Flächen die Belastungen schon ausgleichen würden. Eine moderne Stadtentwicklungsplanung, die Ernst machen will mit dem Teilziel der Verbesserung der Umweltgüte, wird gut daran tun, das Leistungsvermögen unserer stark gebeutelten städtischen Grünflächen nicht zu überschätzen und sich statt dessen bemühen, die Entstehung bereits beim Emittenten zu vermeiden. Emissionsschutz, d. h. Vermeidung von Emissionen mit den Mitteln des technischen Umweltschutzes, ist in jedem Fall wirkungsvoller als Immissionsschutz mit Hilfe der Grünplanung. Die ihnen zugedachten Erholungsfunktionen können die städtischen Grünflächen dann optimal erfüllen, wenn die Stadtluft möglichst frei von Stäuben und Gasen und die Lärmbeschallung der Grünflächen möglichst gering ist.«*

*

Zu vergleichbaren Ergebnissen kommt auch eine Untersuchung, die vom Institut für

Ökologie der Technischen Universität Berlin erstellt wurde. Für den Industrieraum Spreetal – zwischen dem Stadtautobahnring im Osten und der Havel im Westen – waren neue Industrieanlagen und ein Kraftwerk geplant. Es lag nahe, die umliegenden Wohngebiete Spandauer Alt- und Neustadt, Haselhorst, Siemensstadt und Westend auf ihren gesamtökologischen Zustand hin zu überprüfen: man untersuchte die Luftverschmutzung, die Wasserverschmutzung der Spree, die Veränderungen von Boden, Flora und Fauna. Das Ergebnis: Das Kraftwerk Reuter, das Müllverbrennungswerk Ruhleben, zahlreiche Industriebetriebe sowie die häuslichen Heizungsanlagen sind die Verursacher der hohen Schwefeldioxidkonzentration. Dazu kommt noch übermäßig viel Kohlenmonoxid durch den Verkehr. Kommentar der Wissenschaftler:

»Um eine Gefährdung der Bevölkerung durch die Luftverschmutzung abschätzen zu können, wurden aus Forschungsergebnissen Schwellenwerte für die Schadgase Schwefeldioxid und Kohlenmonoxid ermittelt, bei deren Überschreitung Schäden beim Menschen auftreten können. Bei der Beurteilung der Gefährdung der menschlichen Gesundheit sollte immer von Schwellenwerten ausgegangen werden, die die Widerstandsfähigkeit von Kindern sowie Kranken und alten Menschen berücksichtigen. Da dies bei der Festlegung der gesetzlichen Grenzwerte nicht ausdrücklich der Fall ist, wurden diese Werte bei der Bewertung erst in zweiter Linie betrachtet. Für die Schadgase Schwefeldioxid und Kohlenmonoxid wurden jeweils zwei Schwellenwerte bestimmt. Beim Überschreiten des niedrigen Wertes ist mit Belästigungen, bei Überschreiten des höheren Wertes mit gesundheitlichen Schäden zu rechnen.«

Die Messungen haben gezeigt, daß die Konzentration von Schwefeldioxid und teilweise auch von Kohlenmonoxid fast ständig zur Belästigung der Bevölkerung führen. Bei bestimmten Wetterlagen mit »Inversionssperrschicht« sind die Schadstoffkonzentrationen so hoch, daß mit einer Gefährdung der Gesundheit der dort lebenden und arbeitenden Menschen zu rechnen ist.

Forderung der Wissenschaftler: Schadstoffemittierende Industrie darf nicht weiter angesiedelt werden, Parkanlagen oder Kleingärten sollen nicht überbaut werden, *»um die nachgewiesene Ausgleichsfunktion dieser Flächen nicht zu stören«*. Das ist genau das, was auch Lothar Finke gefordert hat.

*

Aber nicht nur Sorgen mit ihrer eigenen Stadt plagen die Berliner. Auch das, was auf dem Luftwege aus der DDR herüberkommt, muß zusätzlich verkraftet werden. Zwar liegen keine exakten Zahlen vor, aber nach Berechnungen der Europäischen Wirtschaftskommission (ECE), einer Einrichtung der Vereinten Nationen in Genf, stammen beispielsweise mehr als 10 Prozent der Schwefelverbindungen, die in der Bundesrepublik gemessen werden, vom deutschen Nachbarn. Die Werte schwanken von Region zu Region, in Berlins Westen, so die Schätzungen der ECE, liegt der Anteil mindestens doppelt so hoch wie im Bundesgebiet.

Nach Informationen des Bundesinnenministeriums in Bonn betrug die Gesamtschwefelemission der DDR im Jahre 1978 rund 4 Millionen Tonnen, die SO_2-Emission der Kraftwerke wurde mit 1,5 Millionen Tonnen angegeben. Auf eine Kleine Anfrage der Opposition *(»In welchem Umfang werden diese Emissionen auch das Gebiet von Berlin-West belasten?«)* antwortete Bundesinnenminister Gerhart Baum: *»Die Belastungen durch von der DDR ausgehende Schadstoffemissionen hängen in starkem Maße von den meteorologischen Verhältnissen ab. Darüberhinaus zeigt der Luftreinhalteplan des Berliner Senats vom Sommer 1981, daß sich auch SO_2-Emissionsquellen aus dem südlichen Polen und der Tschechoslowakei auf die Belastung in Berlin (West) auswirken. Die Zusatzbelastung durch die geplanten Kraftwerke der DDR kann daher nicht angegeben werden. Nach Angaben des Berliner*

19. Januar 1982 – Smog über Berlin: Blick vom Hauptgebäude der Technischen Universität auf den Bezirk Tiergarten. Die »Interessengemeinschaft für gesunde Luft Berlin e. V.« forderte nachhaltig, das Luftgüte-Meßnetz auszubauen. (Photo: Rieth)

Senats, von denen auch die Bundesregierung ausgeht, beträgt die derzeit von DDR-Kraftwerken ausgehende Belastung an Schwefeldioxid bis zu 25 Prozent, in einzelnen Stadtgebieten sogar bis zu 50 Prozent.«
Die Bundesregierung habe, so war zu hören, beim Treffen am Werbellinsee im Dezember 1981 die Notwendigkeit einer Zusammenarbeit in Umweltschutzfragen *»mit Nachdruck angesprochen«*. Bleibt abzuwarten, ob diese Zusammenarbeit je zustande kommen wird.

*

Berlin Schöneberg – der Bezirk mit großem Verkehrsflächenanteil, der zweitstärksten Bevölkerungsdichte und den wenigsten Grünflächen. Aber Autobahnen. Susanne Kröck und Günter Herkel in »Modell Berlin«:
»Die Lage an der vielbefahrenen, von Sachsen über den Spreepaß in Berlin-Kölln zur Ostsee führenden Handelsstraße hatte den Nachteil, daß die Horden des Dreißigjährigen Krieges verheerend in Schöneberg tobten. Auch im Siebenjährigen Krieg ging es den Bewohnern nicht viel besser: Alt-Schöneberg wurde von den Russen eingeäschert. So weit zur Geschichte. Und heute: Die Lage Schönebergs an der vielbefahrenen Westtangente könnte dazu führen, daß in den achtziger Jahren ein ganzer Bezirk nebst Umgebung ohne kriegerische Einwirkung in einem Konzentrat aus Kohlenmonoxid und Stickstoff versinkt.«
Fast ohne Unterlaß wälzt sich täglich ein zähflüssiger, stinkender Fahrzeugstrom in bei-

den Richtungen durch Schöneberg: aus Steglitz über den Walther-Schreiber-Platz entlang dem Straßenzug Rhein-, Haupt- und Potsdamer Straße bis nach Tiergarten – und täglich schwillt der Strom an.
In diesem Stadtkern- und Durchgangsbezirk mit der zweithöchsten Bevölkerungsdichte von Berlin – etwa 125 Einwohner pro Hektar bedeuten das Dreifache des Landesdurchschnitts – und einem 36prozentigen Verkehrsflächenanteil, allein ein Viertel des Bezirks besteht aus Straßenland, sind die Menschen besonderen gesundheitlichen Belastungen ausgesetzt.
Denn es fehlt am notwendigen Ausgleich: weder Wald noch öffentliche Wasserfläche sind vorhanden, lediglich einige spärliche Parkanlagen, zum Beispiel der Kleist-Park, der Rudolph-Wilde-Park und das Gelände um den aus Kriegstrümmerschutt nach 1945 zum »Berg« aufgeschütteten »Insulaner«.
Die Stadt, das trifft nicht nur für Berlin zu, hat sich seit Jahren mit einer Eigendynamik nach immer dem gleichen Vorbild weiterentwickelt: Vorrang hat der Verkehr und da wieder ganz besonders das Auto. Für das Auto wird alles getan: Straßen werden verbreitert, Häuser abgerissen, Bäume gefällt. Den Nahverkehr hat man weitgehend vernachlässigt, die Fußgänger an den Rand gedrängt, die Radfahrer weitgehend vergessen. So langsam, nachdem über Jahre hinweg der Abzug derer, die es sich leisten konnten, in das Umland oder »vornehme« Stadtteile stattgefunden hat, beginnt man aus Fehlern zu lernen. Der Lebensraum Stadt soll wieder attraktiv werden, nicht nur Arbeitsstätte sein. Berlin hat es durch seine geographische und politische Lage besonders schwer. Die sinkenden Einwohnerzahlen der letzten Jahre zeigen dies deutlich.
Voller Enthusiasmus hatte die Verkehrsplanung bereits im letzten Jahrhundert begonnen. Wilhelm I. wollte rasant ausbauen – nach Pariser Vorbild. Ein anderer, der meinte, ein Großer zu sein, hatte ebenfalls Großes vor: Eine Ost-West-Achse und eine Nord-Süd-Achse sollten sich westlich des Brandenburger Tores kreuzen, sollten zu einer Volkshalle führen, die einer Million Menschen Platz böte. Ein gigantisches Autobahnnetz sollte Berlin umgeben und kreuzen.
Anfang März des Jahres 1978 trafen sich 250 Bürger, Verkehrswissenschaftler, Planer und Journalisten zu einem Kongreß über »alternative Verkehrsplanung« in Berlin. Ihre Forderungen:

* Reduzierung der Flächen für den Autoverkehr auf das unbedingt notwendige Maß.
* Kein weiterer Bau von Stadtautobahnen und Stadtschnellstraßen.
* Umbau von Stadtstraßen, um überhöhte Geschwindigkeiten auszuschließen und damit die Sicherheit und Umweltqualität zu verbessern.
* Begrünung von Stadtstraßen durch Alleebäume und Grünstreifen.
* Erweiterung der Verkehrsflächen für Fußgänger und Radfahrer zur Schaffung dichter Fuß- und Radwegenetze.
* Abbau der Behinderungen des öffentlichen Verkehrs durch den Autoverkehr, Verbesserung des Angebots von Bussen und Bahnen durch ein dichteres Netz von Linien und Haltestellen und attraktivere Tarife.

Dieser Forderungskatalog bewirkte wenig. Am 14. März 1980 begann der Bau der Westtangente. 43 große Pappeln wurden in der Nähe des Sachsendamms gefällt. In der Kolonnenstraße mußten Bäume dem geplanten Autobahnzubringer weichen. Die Westtangente soll insgesamt 8 Kilometer durch Berliner Grünfläche gelegt werden: mehr als einen Kilometer durch den Cheruskerpark und begrüntes S-Bahngelände, mehr als einen Kilometer durch den Tiergarten, mehr als einen Kilometer durch den Volkspark Rehberge und 4,5 Kilometer durch den Tegeler Forst.
Wissenschaftler, wie etwa der Geograph Lothar Finke, bleiben ungehört. Aber auch auf der anderen Seite, bei der Straßenplanung, sitzen Wissenschaftler. Den Argu-

menten der letzteren sind die meisten Politiker eben weit mehr zugetan.

*

Eine Gruppe Geographen der Freien Universität Berlin hat nun den Computer entdeckt, oder genauer: den Computeratlas. Mit dem Computeratlas wollen die Wissenschaftler die Informationslücken der Berliner über ihre direkte Umwelt auf anschauliche Art und Weise schließen und gleichzeitig Politikern und anderen Entscheidungsträgern Prozesse sichtbar und für die Stadtplanung nutzbar machen. Für die Geographen ist der vom Computer ausgedruckte Atlas eigentlich nur ein Hilfsmittel, das sie für ihre Studien zur Stadtentwicklung einsetzen. Ein Team, mathematisch, soziologisch und natürlich geographisch geschult, analysiert die Probleme, ermittelt beispielsweise die Wohnbedürfnisse verschiedener Bevölkerungsgruppen und schlägt Politikern, Stadtplanern und Architekten Entsprechendes vor. Es wird sich in Zukunft zeigen müssen, ob Entscheidungsträger die richtigen Entscheidungen treffen.

Heide – Landschaft im Wandel

Die Stadt Hamburg plant ein Großwasserwerk im Norden der Lüneburger Heide. Die Folgen sind bereits absehbar: Durch sinkende Grundwasserstände werden Quellen und Bäche versiegen, Feuchtgebiete und Moore verschwinden, Laubwald einem anspruchsloseren Nadelbestand Platz machen müssen. Viele Tiere werden ihre Existenzgrundlage verlieren.

Mit der Heide hatte der Mensch schon immer seine Probleme. Jene Kuppenlandschaft der Moränen von Norddeutschland war ursprünglich bewaldet. Erst infolge der Rodung und Beweidung durch große Schafherden konnte die »Calluna-Heide« sich ausbreiten, deren Blüten zugleich auch eine lukrative Bienenzucht ermöglichten.

Die berühmte, viel besungene Heide ist also eigentlich eine »Wirtschaftslandschaft«. Denn würde man weniger Schafe auf die Weide schicken, hätte bald der Wald wieder die Oberhand gewonnen.

Wird sich das Bild der Heide in ein paar Jahren total gewandelt haben? Denn eines kommt noch hinzu, zum großen Wasserplan der Hanseaten: Ein Drittel des Heideareals ist bereits erobert und militärisch besetzt: vor allem durch deutsche und britische Panzer.

*

Heide wird in einem geographischen Lexikon so definiert: *»In Mitteleuropa ursprünglich Name für lichten Wald. In der mitteleuropäischen Ur-Heide, die sich unter dem Einfluß der bäuerlichen Wirtschaft durch übermäßige Holznutzung, Weide und Brand in frühgeschichtlich-mittelalterlicher Zeit auf reichlich sterilen und sandigen Böden herausbildete, stockte ein lichter und weitständiger*

(Zeichnung: Dreher)

Landschaft in der Lüneburger Heide: herbe Landschaft mit Birken, dunklen Wacholdern und rotem Blütenmeer. (Photo: Ruminski)

Baumbestand auf den mit Heidekraut (›Calluna‹) bedeckten Flächen. Die Bestände wurden in Nordwestdeutschland durchweg von Laubholzarten gebildet, die leicht durch Waldweide vernichtet wurden. Vertreten waren namentlich an Rotbuchen reiche Waldgesellschaften, Eichen-, Birken- und Eichen-Hainbuche-Gesellschaften und im Nordosten Bestände mit Kiefern, Eichen und auch Fichten. Erst durch die menschliche Nutzung entstanden westlich der Elbe, vor allem durch die den Laubwald vernichtenden Schafherden, jene weithin offenen ›Calluna-Flächen‹, die vor den Aufforstungen mit Nadelholz das Landschaftsbild der nordwestdeutschen Heide prägten. Einen erheblichen Anteil an der Ausbildung schwach bewaldeter Heide hatte der spätmittelalterliche Wüstungsvorgang.«

Die knapp siebeneinhalbtausend Quadratkilometer zwischen den Urstromtälern von Elbe und Aller, bestückt mit zahlreichen Endmoränenwällen, die sich girlandenförmig im Gelände anordnen – jene Lüneburger Heide also mit ihren armen Sand- und Kiesböden bot einst ausgedehnten Eichen-Birkenwäldern einen natürlichen Standort. Stark »podsolierte« rostfarbene Waldböden nehmen den größten Teil der Bodenfläche ein.
Bereits in der Bronzezeit vor dreieinhalbtausend Jahren begann der Zerfall der Lüneburger Heide, die damals im eigentlichen Sinne noch keine Heide war. Die Menschen gingen daran, den Wald abzuholzen, und die Weidetiere fraßen die Jungpflanzen oder knabberten die Rinde an. Die Wälder wurden lichter und lichter und auf weiten Flächen

durch Zwergstrauchheiden ersetzt: Es entstand das, was wir heute gemeinhin unter Heide verstehen. Etwa bis zur Mitte des 19. Jahrhunderts züchteten die Menschen dort Heidschnucken und Bienen und bauten Buchweizen an. Dann aber ging man daran, zu »kultivieren« – aufzuforsten, Ackerland und Weiden zu schaffen. Die Heide, so wie sie bis dahin als »echte Heide« Bestand hatte, wurde immer mehr zurückgedrängt, ist heute nur noch in kleinen Resten vorhanden – jene herbe Landschaft mit den Birkenstämmen, den dunklen Wacholdern und dem roten Blütenmeer, die Hermann Löns so feinsinnig besungen hat.

*

Entscheidung für die Heide: Abends sucht er das Gespräch mit Ruth. Er sagt, was er vorhat: »Wir fahren einfach ein paar Tage in die Umgebung. Ausspannen und abschalten kann man auch dort. Wir lassen uns treiben, wie es uns gefällt. Wie wär's mit der Lüneburger Heide?«
Ruth sieht ihn überrascht an. »Lüneburger Heide? Na ja – hm –« Sie zieht die Augenbrauen hoch. Gerd weiß, jetzt kommt eine spöttische Bemerkung. Aber er täuscht sich. »Warum eigentlich nicht?« meint Ruth nachdenklich.
An einem Donnerstagfrüh fahren sie los, mit wenig Gepäck, aber großen Erwartungen. Auf der Autobahn herrscht dichter Verkehr. Über UKW wird vor Stauungen bei Soltau gewarnt . . .
In Thieshope biegt Gerd von der Autobahn ab. Schmale Landstraßen, kurvenreich und leer. Gelegentlich ein Radfahrer. Auch die Dörfer sind wie ausgestorben. Über den Wiesen schwebt milchiger Morgennebel.
Gerd steuert auf einen Feldweg und hält. Frischer Tau liegt auf dem Gras. Stille ringsherum. Stille, die in den Ohren dröhnt. »Komm, gehen wir ein wenig«, sagt Gerd und steigt aus. Sie schlendern durch ein Wäldchen, atmen den herben Geruch der Kiefern. Irgendwo klopft ein Specht. In der Ferne der heisere Ruf von Krähen. Plötzlich stehen sie am Rande eines kleinen Sees. Eigentlich ist es nur ein Teich. Im Schilf piepst es. Zwei Erpel schnattern um die Wette. Und wieder morst der Specht einen Gruß in seinen Stammbaum.
Morgenstimmung in der Lüneburger Heide. Beide setzen sich auf einen Baumstamm und hängen ihren Gedanken nach. Da fliegen wir sonst, denkt Gerd, viele tausend Kilometer weit in ein fernes Land, um Erholung zu tanken. Und hier, keine zwei Stunden von Zuhause, ist das auch zu haben.

Heidelandschaft bei Dahlenburg im Kreis Lüneburg. Die Birke ist eine Baumart, die einen wesentlichen Teil des Charakters der Heidelandschaft ausmacht. (Photo: Makovec)

*

Über etwa ein Drittel der vielbesungenen Heide rollen inzwischen Panzer verschiede-

Deutscher Panzer in der Lüneburger Heide: Über ein Drittel des Areals ist bereits erobert und militärisch besetzt: vor allem durch deutsche und britische Panzer. (Photo: Harke)

ner Nationalität. Der Frankfurter Geograph Dr. Peter Jurczek hat sich als einer der wenigen seiner Zunft über die »ökologischen Auswirkungen militärischer Aktivitäten in Friedenszeiten« Gedanken gemacht. *»Ähnlich dem gesamtgesellschaftlichen Denken«*, so Jurczek, *»nehmen die Berücksichtigung ökologischer Gesetzmäßigkeiten und die Einhaltung umweltschützender Maßnahmen im militärischen Alltag nur eine sehr sekundäre Rolle ein. Informationen über derartige Probleme fließen, wenn überhaupt, von seiten der Militärbürokratie äußerst spärlich. Obwohl es seit 1970 einen Umweltschutzbeauftragten speziell für militärische Belange gibt und bei der Truppe Wehr-Geologen eingesetzt sind, weiß die Öffentlichkeit kaum etwas über die Probleme der Umweltbeeinträchtigung aufgrund militärischer Aktivitäten.«*

Zu Beginn der siebziger Jahre wurden in der Bundesrepublik mehr als 400.000 Hektar Land für militärische Zwecke genutzt – das sind fast 2 Prozent des bundesdeutschen Territoriums, doppelt so groß wie das Bundesland an der Saar. »Offizielle Verlautbarungen« gehen immer von der Prämisse aus, daß sämtlichen militärischen Entscheidungen absolute Priorität zukommen muß – tabu ist, was das Militär will. So heißt es im Weißbuch 1973/74: *»Die Bevölkerung muß die unumgänglichen Beeinträchtigungen hinnehmen, wenn sie eine wirksame Verteidigung will.«* Jene, die *»unumgängliche Beeinträchtigungen für eine wirksame Verteidigung«* umsetzen müssen, die Raumplaner zum Beispiel, sehen, gerade was die Lüneburger Heide betrifft, die Sache schon differenzierter: Allein aus übergeordneten räumlichen Gesichts-

Landschaft in der Lüneburger Heide: Geographen fordern, eine maßvolle Korrektur der Wald-Freilandgrenze zumindest aus ästhetischen Gründen vorzunehmen. (Photo: Ruminski)

punkten, so führten sie aus, ließe sich begründen, die Übungstätigkeit militärischer Einheiten zeitlich und räumlich stärker einzuschränken: die Erholungs- und Freiraumfunktionen müßten für die umliegenden Schwerpunkträume erhalten bleiben und *»das scheint bei der gegenwärtig noch üblichen Intensität der militärischen Übung nicht gesichert«*. Militärische Flächen, Truppenübungsplätze, Panzer-Übungsgelände und Munitionslager werden vor allem dort angelegt, wo sie auf den ersten Blick auch hingehören: in bevölkerungsschwache und wirtschaftlich zurückgebliebene Regionen.

Die Nachteile für diese Gemeinden und ihre Bewohner können vielfältig sein: negative Auswirkungen auf den Fremdenverkehr und die lokale Geschäftswelt, regionale Steuerverluste, Abwanderungs- und Verödungstendenzen oder Desinteresse der von auswärts Kommenden. *»Aufgrund der starken militärischen Einwirkungen und Abhängigkeit«*, so Jurczek, *»wird die periphere Lage eher noch potenziert.«*

Darüber hinaus sind die ökologischen Belastungen durch die Militärs nicht nur sehr vielfältiger Art, sondern aufgrund der intensiven Raumbeanspruchung auch äußerst gravierend. So berichtete die »Frankfurter Allgemeine« vom 31. Mai 1976 über die von Panzern zerstörte Wanderlandschaft, über Bodenerosion und ihre Folgen für die Gewässer, über kriegerischen Lärm bei Tag und Nacht: *»Bei Trockenheit und Sturm ziehen schwarze Sandwolken über diese Landschaft.«*

Vor diesem Hintergrund fordert Jurczek *»die Erarbeitung und Offenlegung einer Be-*

standsaufnahme militärisch genutzter Gebiete, differenziert nach freien und besiedelten Flächen sowie nach dem Grad ihrer Inanspruchnahme. Darüberhinaus ist es notwendig, auch die entstehenden natur- und sozialökologischen Belastungen und Schäden zu ermitteln und den raumbezogenen Fachplanungen sowie der Allgemeinheit zugänglich zu machen. Es sei daran erinnert, daß vor ein paar Jahren eine Studie über die ›Auswirkungen der Einrichtungen und Anlagen der zivilen und militärischen Verteidigung auf die räumliche und wirtschaftliche Entwicklung der Bundesrepublik Deutschland‹ erarbeitet werden sollte, die hier herangezogen werden könnte«.

*

Die Heide heute: Vierzig Prozent der Lüneburger Heide sind mit Wald bepflanzt, in der Mehrzahl sind es Kiefern. Vereinzelt lassen sich noch Eichen- und Buchenbestände antreffen. Auch heute noch hat die Landwirtschaft eine recht geringe Bedeutung – der Boden taugt nicht viel. Eine Ausnahme bildet hier nur das Uelzener Becken, in dem Weizen, Gerste und Zuckerrüben gedeihen. Ansonsten müssen sich die Bauern größtenteils auf den Anbau von Roggen, Hafer und Kartoffeln beschränken.
Die Hamburger Geographen Glitz und Grimmel haben kürzlich in einem »Landschaftsplan« für ein Teilstück der Heide, den Totengrund, vorgeschlagen, *»eine maßvolle Korrektur der Wald-Freilandgrenze zumindest aus ästhetischen Gründen«* vorzunehmen, denn, so ihr Argument, die heutige Verteilung von Wald und Freiland sei ohne Berücksichtigung natürlicher Gegebenheiten willkürlich festgelegt worden. In früherer Zeit nämlich, zur Zeit der Heidebauern, sei der gesamte Raum waldfrei gewesen – heute dagegen bedecken riesige Waldflächen zwei Drittel des Totengrundes.
Und so empfehlen Glitz und Grimmel für die Umwandlung von Wald in Heideflächen: Einzelne, gut geformte ältere Bäume oder Baumgruppen bleiben erhalten und werden in die Heide integriert. Alle anderen Bäume werden gefällt und abgeräumt. Um die Bodenoberfläche nicht zu verunstalten, werden die Stubben nicht gerodet. Sie vermodern von alleine relativ schnell. Anschließend werden Pflegemaßnahmen empfohlen, damit sich, entsprechend den Bodenwassertypen, Ginster-Sandheiden, Pfeifengras-Sandheiden oder Moorheiden entwickeln und erhalten können.
Die vorgeschlagene Grenze – die fast ausschließlich eine Wald-Heide- und keine Wald-Wiese-Grenze wäre – soll sich vor allem an morphographisch-ästhetischen und standortskundlichen Kriterien orientieren.
Vor allem dem Nadelgehölz soll zu Leibe gerückt werden. Dagegen empfiehlt es sich, eine Baumart wie die Birke, die einen wesentlichen Teil des Charakters der Heidelandschaft ausmacht, zu erhalten. Eine Birke läßt sich überdies recht einfach in den Griff bekommen, so daß die Gefahr einer Auswucherung über die Heideflächen nicht gegeben ist.
Weiterhin meinen Glitz und Grimmel: *»Es wird ausdrücklich empfohlen, auf den landwirtschaftlichen Nutzflächen die biologisch-dynamische Wirtschaftsweise einzuführen.«* Das heißt unter anderem folgendes:

* Es werden nicht, wie bei der traditionellen Düngung üblich, leicht lösliche Düngesalze, sondern schwer löslicher Mineraldünger angewendet: gemahlener Kalkstein, Dolomit, Basalt, Tonmehl oder Rohphosphat. Daneben wird organischer Dünger selbst produziert – aus kompostiertem Stallmist und vergorener Jauche. Die Stickstoffversorgung des Bodens wird ausschließlich durch den Anbau von Leguminosen, also Hülsenfrüchten, erreicht.
* Eine Unkrautbekämpfung geschieht durch Beschattungs- und Hackkulturen. Unkraut ist in gewisser Größenordnung erwünscht, da es der sogenannten »Bodenermüdung« entgegen wirkt.
* Leichte Maschinen und Traktoren kommen zum Einsatz, die den Boden mög-

lichst flach bearbeiten, damit die biotische Aktivität so wenig wie möglich beeinträchtigt wird.

Die ganze Sache wäre zumindest einen Versuch wert. Denn dies hieße wieder Hinkehr zu einer Bewirtschaftung, wie sie jahrhundertelang mit Erfolg durchgeführt worden ist.

Die Heide aber wird immer eine Kampfzone bleiben – Kampfzone zwischen Wald, Heide und Acker, zwischen Forstwirtschaft, Landschaftspflege und Landwirtschaft. Die »Wirtschaftslandschaft Heide«, die in eben dieser Form ganz unnatürlich ist und vom Menschen künstlich so erhalten werden muß – man stelle sich vor: der Boden wird absichtlich nährstoffarm gehalten, da sonst, bei besserer Qualität, eine Bewaldung einsetzt – ist mit Sicherheit keine Naturlandschaft, wenn man das Wort ernst nimmt. Totengrund, Steingrund und andere Heideregionen sind dennoch erhaltenswerte Areale.

*

Entscheidung für die Heide: Sie gehen durch die stille Landschaft. Sanfte Melancholie spannt sich von Wacholder zu Wacholder, von Kiefer zu Kiefer. Die Sonne steigt höher, und ein leichter Wind fachelt durch die Kiefern. Ein Sommertag, weit weg vom Dauerstreß der Autobahnen, von der Hektik im Büro. Ein Tag in einer anderen Welt. (...) Ruth und Gerd wandern zum Wilseder Berg, ins Herz der Heide. Sie sprechen nicht viel, weil sie die Landschaft fasziniert. Heidschnucken tauchen auf, eine ganze Herde. Zwei Hunde halten sie zusammen. Mitten in der Herde steht wie ein Fels ein alter Mann mit zergerbtem Gesicht. Ein Heidjer, der sein Leben lang Schäfer war. Offensichtlich freut er sich, Spaziergänger zu treffen. Und im Gegensatz zu anderen Heidjern ist er gar nicht wortkarg. Er spricht gern über seine Tiere, sein Leben, seine Welt. »Ich habe hier über dreihundert Schnucken«, erzählt er und steckt sich bedächtig eine Pfeife an. Liebevoll streicht er einem Tier über das zottige Fell. »Allzu viele«, sagt er weiter, »gibt es heute nicht mehr. So Stücker 12.000 in der ganzen Heide. Vor hundert Jahren waren es noch über eine dreiviertel Million.« Der Alte hat es gern, daß ihm Fremde geduldig zuhören. Der Name Schnucke, belehrt er, heiße so viel wie naschen. Ja, die Tiere vernaschen die Heide, sie seien eine Art Rasenmäher und halten die Heide dadurch am Leben. Ohne die Schnukken gäbe es dieses Naturparadies nicht, jawohl, die Tiere seien wichtiger als die Menschen, zumindest in der Heide. Monolog im Totengrund – so heißt diese Gegend, wie Gerd seiner Wanderkarte entnimmt.

Monolog im Totengrund, Entscheidung für die Heide! Texte aus einem »Tourist Magazin« für die heile Welt – mit Fotos des Verkehrsverbandes Lüneburg.

Das Ruhrgebiet ändert sein Gesicht

Noch um die Mitte des vorigen Jahrhunderts gab es kein Revier an der Ruhr, von der Kohle wußte man noch nichts – oder fast noch nichts. 1837 wurde der erste Schacht abgeteuft, um das »schwarze Gold« zu erreichen, zehn Jahre später dampfte die erste Eisenbahn durch das Ruhrgebiet. Und es sind gerade hundert Jahre her, da brachte es nicht eine einzige Stadt dieser Region auf mehr als 60.000 Einwohner – heute drängeln und drängen sich an Rhein und Ruhr mehr als 10 Millionen Menschen.

Aber von der Mitte des letzten Jahrhunderts an ging es Schlag auf Schlag: die Bevölkerungszahl stieg sprunghaft an, die Industrie konzentrierte sich zwischen Rhein, Ruhr, Emscher und Lippe – eine Region wie keine andere in Deutschland wurde zum Schmelztiegel wirtschaftlichen Wachstums. Der Abbau der Kohle verlagerte sich mehr und mehr nach Norden, zum Norddeutschen Tiefland hin, wo die Kohle von mächtigen Deckschichten überlagert wird. Heute ist alles anders: Kohle und Schwerindustrie sind für das Ruhrgebiet zur Hypothek geworden. Die Wirtschaft hat schwere Probleme. Das Sozialprodukt wächst hier langsamer als in anderen bundesrepublikanischen Zonen. Das Ruhrgebiet steht am Ende seiner eigenen Epoche.

*

Noch zu Beginn des letzten Jahrhunderts lebten an Rhein und Ruhr, inmitten eines überwiegend landwirtschaftlich genutzten Raumes, gerade 275.000 Menschen. Der mehr als zwanzigfache Anstieg innerhalb von gut 150 Jahren ist ein Spiegelbild der wirtschaftlichen Entwicklung dieses nach und nach industrialisierten Großraums. Als jene Industrialisierung im letzten Jahrhundert begann, war das Revier nicht mehr in der Lage, den Bedarf mit eigenen Arbeitskräften zu decken. Das Arbeitskräftereservoir der ersten fünfzig Jahre bildeten die drei preußischen Westprovinzen Westfalen, Rheinland und Hessen sowie die vier Ostprovinzen Schlesien, Posen, West- und Ostpreußen. Zwischen 1820 bis 1870 kamen, auf der Suche nach Arbeit, Brot und Wohnung, 90.000 Westfalen an die Ruhr. Die Menschen waren ratlos, arm, hungrig, ohne Lohn. Die katastrophale Mißernte des Jahres 1842, der Zusammenbruch der Handspinnerei und Handweberei hatte fast das gesamte Deutschland in unsagbares Elend gestürzt.

Dann aber begann der Eisenbahnbau – nach 1840 – und der Bau von Straßen, weil man ja auch Zubringer zu den Eisenbahnlinien benötigte. Fabriken wurden errichtet, um Schienen, Lokomotiven und Waggons zu bauen. Das war, im letzten Jahrhundert, die Zeit der ersten großen Binnenwanderung. Beim Bau der Eisenbahn nach Kassel waren im Jahre 1853 alleine im Abschnitt zwischen Warburg und Kurhessischer Grenze zwischen 10.000 und 15.000 Arbeiter beschäftigt. Im rechtsrheinischen Teil des Kohlen-

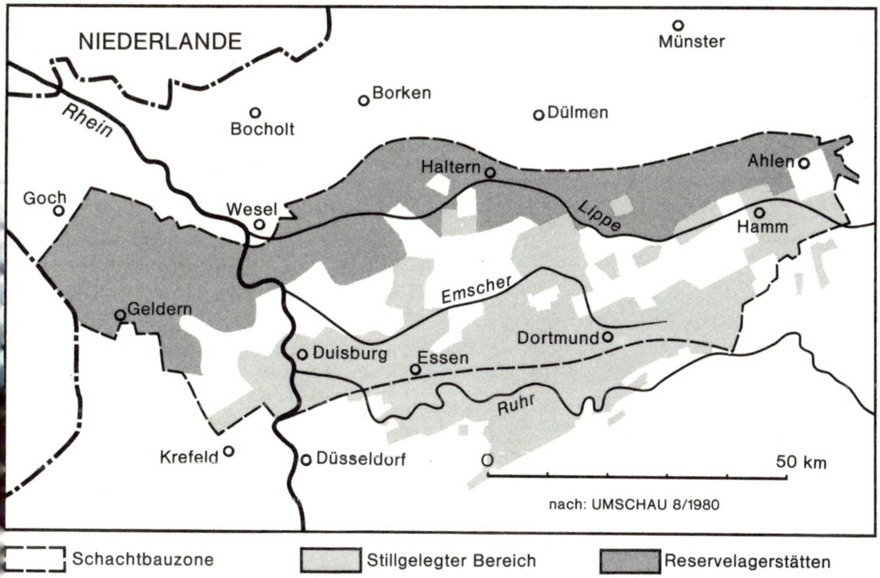

Der Abbau der Kohle hat sich von Süden nach Norden zum Norddeutschen Tiefland hin verschoben. (Zeichnung: Dreher)

potts stieg zwischen 1870 und 1900 die Bevölkerungsziffer um über 200 Prozent.
Der Streik im Waldenburger Kohlenrevier im Jahre 1865 brachte viele dazu, nicht mehr in die Gruben einzufahren, sondern ins Ruhrgebiet überzusiedeln: die Einwanderung aus den preußischen Ostprovinzen nahm mehr und mehr zu. Die niederschlesischen Bergleute zogen Oberschlesier nach – es war ein Marsch von Ost nach West. Ostpreußische Landarbeiter wurden vom goldenen Westen angelockt – zunächst einzeln, ungelenkt, ohne Familie. Dann, als die Industrie das große Geld witterte, in Sonderzügen, angeworben wie in der Neuzeit Gastarbeiter aus Spanien, Jugoslawien, Griechenland oder der Türkei.
Immerhin waren 1874 noch 54 Prozent der Bergarbeiter nicht verheiratet. Eine auffallende Parallele zur modernen Arbeitersklaverei der reichen Industrienationen: Arbeitskräfte sind willkommen, die zugehörige Familie aber schafft nur vielerlei Probleme – im Bereich Wohnung, Versorgung oder Ausbildung der Kinder. Eine Kette nicht endender Einwanderung: Westpreußen, Polen aus der Provinz Posen, Tschechen, Slowaken, Slowenen, Italiener, Holländer – Schmelztiegel Ruhrpott. Dazu kamen noch die Zuwanderer aus den Notstandsgebieten der Rheinprovinz: Eifel, Hunsrück, Weinorte an Rhein und Mosel, dem westlichen Münsterland und dem Fürstentum Lippe.
In Werbeschriften wurden »ostelbische und masurische Landarbeiter« für das Ruhrgebiet angeworben, wie hier im Sommer 1908: *»Masuren! In rheinländischer Gegend, umgeben von Feldern, Wiesen und Wäldern, den Vorbedingungen guter Luft, liegt, ganz wie ein masurisches Dorf, abseits vom großen Getriebe des westfälischen Industriebezirkes eine reizende, ganz neu erbaute Kolonie der Zeche ›Viktor‹ bei Rauxel. Diese Kolonie besteht vorläufig aus über 40 Häusern und wird später auf etwa 65 Häuser erweitert werden. (. . .) Masuren, es kommt der Zeche vor allem darauf an, ordentliche Familien in diese ganz neue Kolonie hineinzubekommen. Ja,*

wenn es möglich ist, soll diese Kolonie nur mit masurischen Familien besetzt werden. So bleiben die Masuren ganz unter sich und haben mit Polen, Westpreußen usw. nichts zu tun. Jeder kann denken, daß er in seiner östlichen Heimat wäre. Es gibt Masuren, die bei der Zeche schon lange tätig sind und sich bei der anständigen Behandlung wohl fühlen. Als Beweis wird in Masuren bald ein solcher Arbeiter als Zeuge erscheinen. (. . .)«

So kam es, daß die Bevölkerungszunahme im Ruhrgebiet um die Jahrhundertwende vor allem auch durch jene arbeitslosen »ostelbischen und masurischen Landarbeiter« mitgetragen wurde: 1893 stammten 45 Prozent der Bevölkerung Gelsenkirchens aus »Ostelbien«, 1899 schon mehr als die Hälfte, nämlich 57 Prozent. Im Jahre 1900 war das Revier zu einem bunten Völkergemisch geworden: Etwa ein Drittel der Gesamtbelegschaft war polnischer, masurischer, litauischer, kaschubischer, tschechischer, slowenischer oder kroatischer Herkunft. *»Die im Zechenauftrag oder auf eigenes Risiko fungierenden Agenten«,* so Franziska Bollerey und Kristina Hartmann in einer Studie, *»warben diese Reservearmee zu Hunderttausenden an.«*

Was sich in Werbeschriften so reizvoll las, erwies sich in der Wirklichkeit des aufstrebenden Ruhrgebietes oft als hartes Brot, wie aus den Worten des Direktors des Hörder Bergwerks- und Hüttenvereins im Jahre 1887 hervorgeht: *»Wir wünschen, daß der Vorzug einer Arbeiterwohnung in unseren Colonien nur solchen Arbeitern ferner zu Theil wird, welche sich stets tüchtig und brav erwiesen und durch die bisherige Arbeitszeit im Dienste des Vereins diejenige Anhänglichkeit an denselben an den Tag gelegt haben, welche wir wünschen müssen, damit nicht die Vortheile einer Wohnung in unseren Colonien, wie es bisher leider der Fall zu sein gewesen scheint, Arbeiter-Familien zu Theil werden, welche dieselben nicht verdienen; überhaupt soll die Bewilligung von Arbeiterwohnungen als ein wirksames Mittel fernerhin betrachtet werden, dem Verein in den vorhandenen älteren Arbeitern einen guten Arbeiterstamm zu erhalten, und aus deren Kindern einen tüchtigen Nachwuchs für diesen Arbeiterstamm fortgesetzt zu erziehen.«*

Der Ruhrpott ist diesen Menschen inzwischen zur Heimat geworden. Das hatte sich ganz besonders gezeigt, als in den Jahren 1966 und 1967 das Ruhrgebiet von der wirtschaftlichen Rezession besonders stark getroffen wurde. Die Menschen wollten das Ruhrgebiet nicht verlassen, ja nicht einmal den Stadtteil, in dem sie jahrelang gelebt und gearbeitet und ihre menschlichen Beziehungen geknüpft hatten. Nicht, weil sie dort Eigenbesitz, ein Häuschen hatten. Das Haus, in dem sie lebten, die oft kärgliche Wohnung, gehörte in vielen Fällen dem Arbeitgeber, der Zeche. Es war die besondere Art des Wohnens und Lebens im Revier, die sie zum Bleiben veranlaßte.

In den sechziger Jahren unseres Jahrhunderts setzte eine neue Wanderbewegung ein, die durchaus vergleichbar mit jener vor hundert Jahren ist. Wieder gab es ein Überangebot an Arbeitsplätzen im Revier. Und im Mittelmeerraum gab es ein Überangebot an freien Arbeitskräften. Und wieder kamen zuerst junge Männer, Männer ohne ihre Familie. Erst viel später – man geht davon aus, daß es nach der Änderung des Kindergeldgesetzes 1974 war – wurden aus Arbeitskräften, aus Gastarbeitern auch ausländische Familien. Ausländische Arbeitnehmer sind gerade im Revier zu einer lebensnotwendigen Gruppe geworden.

1974, als die Zukunft der Steinkohle ungewiß war, deutsche Arbeitskräfte in andere Branchen abwanderten, hatten ausländische Arbeitnehmer im Ruhrgebiet einen hohen Anteil: 15 Prozent der Belegschaft, vorwiegend Türken, wurden gezählt.

Von 1945 bis heute, der Zeit nach dem Zweiten Weltkrieg, läßt sich feststellen:

* Zwischen 1946 und 1958 hat die Bevölkerung des Ruhrpotts um 40 Prozent zugenommen. Vergleich Nordrhein-Westfalen: 30 Prozent.
* Danach zeigten sich unterschiedliche Ent-

Industrieanlagen in Duisburg. Nach dem »Luftreinhalteplan Ruhrgebiet-West« ist es vor allem die Industrie, die Schuld hat an der Luftverschmutzung: sie war mit rund 90 Prozent beteiligt. (Photo: Ruminski)

wicklungen in den einzelnen Regionen. Allgemeiner Tenor: Die Bevölkerungsentwicklung war rückläufig. *»Die Abwanderung von Deutschen«*, so Professor Wilhelm Dege aus Dortmund, *»wird nur teilweise durch die Zuwanderung von Ausländern kompensiert, die starken Geburtenrückgänge bei Deutschen nur teilweise durch die höheren Geburtenzahlen bei Ausländern. Die größten Wanderungsverluste vom Revier traten im Bevölkerungsaustausch mit den übrigen Teilen von Nordrhein-Westfalen auf.«*

Im Klartext: Die kreisfreien Städte des Reviers hatten beträchtliche Bevölkerungsverluste hinzunehmen – Gelsenkirchen 10 und Duisburg 11 Prozent –, die Kreise am Rande des Potts aber konnten auf stolze Zuwachsziffern verweisen: Moers 11, Recklinghausen 13 und Dinslaken 20 Prozent. Der Auszug ins »Grüne« hatte begonnen.

*

Im Gebiet der Ruhr, wo gasarme und kohlenstoffreiche Magerkohlen bis an die Oberfläche kommen, wo vor ein paar hundert Jahren der Bauer mit seinem Pflug das schwarze Gestein umgrub und der Maulwurf nicht viel Mühe hatte, ein paar Brocken nach oben zu schaffen, begann der Run aufs schwarze Gold.

Bis weit in das 15. Jahrhundert hinein baute man Kohle in primitivem Tagebau ab. Man grub einfach Löcher und Gräben und arbeitete sich so lange nach unten, bis anstehen-

Stillgelegte Zechenanlage »Concordia« im Zentrum von Oberhausen. Von der Anlage ist lediglich ein Förderturm übriggeblieben, auf dem umliegenden Gelände entstanden zahlreiche Neubauten. (Photo: Ruminski)

des Grundwasser Einhalt gebot. Das Wasser war damals, da es keine Pumpen wie heute gab, das größte Hindernis des »primitiven Bergmanns«. Später, bis etwa zum Ende des 16. Jahrhunderts, wurde die Technik ein wenig verbessert. Es gelang, einen Pütt zu graben, einen wenige Meter tiefen, brunnenartigen Schacht – die Überbleibsel dieses »Püttenbaus«, eingestürzte kleine Schächte sind heute noch zu sehen. Danach, etwa bis zur Mitte des letzten Jahrhunderts, herrschte der »Stollenbau« vor: Überall dort, wo an geneigten Flächen – Berghängen oder Bachschluchten – ein Flöz offen zutage trat, trieb man Stollen tunnelartig voran, oft mehrere hundert Meter weit in den Berg hinein. Um 1800 zählte man im Gebiet der Ruhr 158 solcher Stollenbetriebe, die zusammen in einem Jahr schon immerhin über 200.000 Tonnen Kohle förderten.

Der »richtige« Kohlenbergbau, die Gewinnung aus der Tiefe aber entwickelte sich erst seit der zweiten Hälfte des letzten Jahrhunderts. Jetzt erst entstand im Umfeld das, was wir heute gemeinhin unter »Ruhrgebiet« verstehen. Die Dampfmaschine machte es möglich, denn nun ließ sich das leidige Problem mit dem Wasser lösen, abgesoffene Gruben und Stollen konnte man abpumpen. Die tiefen Schächte, die Dampfmaschinen mit den Kesselhäusern und die hohen Schachtgerüste verlangten nun erhebliche Kapitalinvestitionen und wesentlich ausgedehntere Abbaurechte und Grubenfelder. Die Folge: Kleine Gruben schlossen sich zusammen – oder mußten es einfach tun, weil sie das Kapital für neue Investitionen nicht aufbringen konnten. Die »Tante-Emma-Schachtanlagen« verschwanden, die Zukunft gehörte den »Supermarkt-Zechen«. Während in der ersten, zweiten und dritten Abbauphase fünf, zehn oder maximal zwanzig Menschen auf einer Grube beschäftigt waren, beim Tiefenbergbau arbeiteten bereits um 1850 in verschiedenen Schachtanlagen 400 bis 500 Arbeiter. Das Zeitalter des Industrieproletariats war angebrochen. Viele Bergleute wurden lohnabhängig von wenigen, die das Kapital hatten.

»Früher«, so schrieb Reiner Korbmann in einer Reportage über die »technische Revolution im Bergbau«, *»beteten sie vor jeder Schicht gemeinsam, krochen auf Knien durch niedrige Stollen, brachen Kohle brockenweise mit der Spitzhacke, später mit Preßlufthämmern aus dem Berg. Heute bewegen sie durch Antippen eines Hebels tonnenschwere Stahlschilde, erhalten gekühlte Luft von Klimaanlagen zugeblasen, räumen mit hochentwickelten Maschinen in Meter-Schritten die Flöze leer. Noch immer läßt sich die Arbeit des Bergmanns nicht mit der Tätigkeit eines Fabrikarbeiters vergleichen, aber nahezu unbemerkt an der Oberfläche hat sich in den letzten Jahren unter Tage eine technische Revolution vollzogen. Aus der unmenschlichen Maloche der Bergleute wurde ein Job für Spezialisten, noch immer hart, aber erträglich und menschenwürdig.«*

*

In der Bundesrepublik Deutschland wurden 1957 – da war Kohle »der« Energieträger – 100 Millionen Tonnen Steinkohle und 5 Millionen Tonnen Heizöl verbraucht. Zehn Jahre später waren es schon 50 Millionen Tonnen Heizöl und nur noch 70 Millionen Tonnen Kohle. Heizöl und Erdöl waren unaufhaltsam im Vormarsch. Der Umbruch, ein Strukturwandel in der gesamten Energieversorgung hatte eingesetzt. Die Kohle hatte ihre Vorrang- und der Ruhrpott seine Monopolstellung verloren. Die goldenen Nachkriegsjahre mit ihrem Höhepunkt 1957, der Zeit der Rück- und Zuwanderungen, der Zeit, da die Kohle der vorherrschende Energieträger war, diese goldenen Jahre sind endgültig und unwiderruflich vorbei.

Daß es der Kohle und dem Bergbau nicht mehr so gut geht wie in früheren Jahren, liegt nicht allein am Öl oder an der über Rotterdam billig einströmenden amerikanischen »Konkurrenzkohle«. Der Fortschritt in der Technik brachte es mit sich, daß man immer weniger Kohle benötigte. Wer fährt heute noch mit einer Dampflok, welcher Dampfer dampft noch? Und jene spezifischen Industriezweige, die übrig geblieben sind, haben inzwischen einen Bedarf, der weit unter dem früherer Jahre liegt: Für die Erzeugung einer Tonne Roheisen benötigte man in einem Hüttenwerk etwa eine Tonne Koks – das war vor dem Krieg. Heute ist es etwa die Hälfte. Die öffentlichen Kraftwerke waren Anfang der fünfziger Jahre zur Erzeugung einer Kilowatt-Stunde auf 580 Gramm Steinkohle angewiesen. Heute ist es etwa die Hälfte.

Der Niedergang des Kohlebergbaus war nicht mehr aufzuhalten, die Zechen starben, eine nach der anderen. Heute gibt es nur noch Großzechen, die mit relativ wenigen Bergleuten auskommen. Und zudem ist die Schichtleistung pro Mann gewaltig gestiegen: Von gut 1.000 auf fast 4.000 Kilogramm Steinkohle. Auch der zweite tragende Wirtschaftszweig des Ruhrpotts hat große Sorgen: die eisenschaffende Industrie. Anfällig gegen Konjunkturschwankungen, nur unzureichend wettbewerbsfähig gegenüber der subventionierten Konkurrenz des Auslandes, ist auch sie zum »kranken Mann« an der Ruhr geworden. Und so sind die beiden einstigen Säulen zu einer ernsthafen Belastung geworden.

Aber gibt nicht die jungste Entwicklung der Kohle wieder eine Chance: die unsichere politische Lage im Nahen Osten, die Preistreiberei mit dem Erdöl, ein schwankender Dollarkurs? Zu alledem kommt noch die Kernenergie. Sie war einmal dazu auserkoren, den Staat vom Öl unabhängig zu machen und

darüberhinaus die Kohle weitestgehend abzulösen. Die Lage ist aber unsicher, der Weg im einzelnen nicht genau zu erahnen.
Fest steht bislang nur, daß die Aktien der Kohle wieder steigen werden. *»Der deutsche Steinkohlenbergbau könnte«*, so Erwin Anderheggen vor dem »Deutschen Atomforum« Anfang des Jahres 1980, *»die Kohleförderung bis zum Jahre 1990 auf rund 100 Millionen Tonnen steigern. Für einen darüber hinausgehenden Mehrbedarf muß, beginnend etwa im Jahre 1985, Importkohle beschafft werden. Da nicht nur die Bundesrepublik, sondern auch andere Industrieländer versuchen, Mineralöl in stärkerem Maße durch Kohle zu ersetzen, muß mit einer Verknappung des Angebots von Kohle auf dem Weltmarkt und mit beachtlichen Preissteigerungen auch für feste Brennstoffe gerechnet werden.«*
Auch wenn in Zukunft mehr Kohle als Energieträger gebraucht wird, hat die Wiedereröffnung einmal stillgelegter Zechen im Ruhrpott kaum eine Chance. Nach Meinung der Industrie können neue Reserven nur durch die Erschließung neuer Lagerstättenbereiche im Norden des Ruhrgebietes mobilisiert werden.

*

»Es stinkt in der Montanstadt«, schrieb 1978 Professor Manfred Schweres – und damit meinte er Duisburg. Mit dem »Luftreinhalteplan Ruhrgebiet-West« lag seinerzeit erstmalig eine geschlossene Darstellung über den Dreck in der Duisburger Luft vor. Danach war es vor allem die Industrie, die die Schuld hatte: sie war mit rund 90 Prozent durch ihre Immissionen an der Verschmutzung beteiligt. Zulässige Grenzwerte der Staubniederschläge wurden in weiten Teilen des Untersuchungsgebietes überschritten. Die Schwefeldioxidbelastung war mehr als bedenklich. Schwermetalle – Blei, Cadmium, Zink – nahmen in Duisburg eine einsame Spitzenstellung ein. Vielfältiger Protest nutzte wenig. *»Das lag nicht nur daran«*, so Manfred Schweres, *»daß die Großindustrie – allen voran die Stahlkonzerne – in schöner Übereinstimmung die Umweltschutzmaßnahmen als ausreichend darstellte. Weitere Auflagen wurden als finanziell nicht verkraftbar, als Gefährdung der Arbeitsplätze abgelehnt. Häufig wurden die Auflagen des Regierungspräsidenten oder die der staatlichen Gewerbeaufsicht von den Unternehmen lieber mit dem Anruf der Verwaltungsgerichte beantwortet, anstatt Abhilfe zu schaffen. Zudem übten sich Kommunalpolitiker und Verwaltung der Städte in ›vornehmer Zurückhaltung‹, wenn es um Fragen des Umweltschutzes ging. Das Ansehen der ›Stadt Montan‹ sollte anscheinend mehr durch Totschweigen als durch handfeste Umweltschutzmaßnahmen verbessert werden.«*
19. August 1981. Der nordrhein-westfälische Arbeitsminister Friedhelm Farthmann teilte stolz mit, die Luft im Revier sei sauberer geworden.
Die Umweltbelastung durch Schwermetalle, Schwefeldioxid, Staub und Schwebstoffe war gegenüber dem Vorjahr erheblich zurückgegangen. Die Auswertung der Ergebnisse aller Meßstationen hatte ergeben, daß der Jahresmittelwert für Schwefeldioxid 1980 um 27 Prozent gegenüber dem Vorjahr zurückgegangen war. Die Gründe, die der Minister anführte: eine günstigere meteorologische Situation als im Jahr zuvor und vor allem ein erheblicher Produktionsrückgang bei der Schwefeldioxid emittierenden Industrie. Der Produktionsrückgang betrug 1980 gegenüber dem Vorjahr in der eisenschaffenden Industrie etwa 9 Prozent und in der Mineralölindustrie fast 17 Prozent.
Daß ein Produktionsrückgang aber alleine nicht zur Verbesserung der Situation beitragen kann, wurde auch deutlich in einer Veröffentlichung des Presse- und Informationsamtes: *»Der Minister hält weitere technische Maßnahmen zur Verringerung der Schwefeldioxid-Belastung allerdings für dringend erforderlich, da diese Belastung in einigen Gebieten nach wie vor an der Grenze der Gesundheitsgefährdung liege.«*

Kulturlandschaft zwischen Schornsteinen – Landschaft nahe Duisburg. Doch die Idylle trügt: Untersuchungen der Luft haben ergeben, daß die zulässigen Grenzwerte der Staubniederschläge in weiten Teilen des Untersuchungsgebietes überschritten wurden. (Photo: Ruminski)

Wie wird es weitergehen an der Ruhr? Wie oft noch wird das Ruhrgebiet sein Gesicht ändern müssen? *»Ich würde den in Gold fassen lassen«,* so Duisburgs Oberbürgermeister Josef Krings vor 4 Jahren, *»der mir einen Tip gibt, wie die abwandernde Bevölkerung aus Duisburg zu stoppen ist.«* Vor allem junge Menschen, qualifizierte Arbeitskräfte, verlassen den Pott. Sie sind noch mobil und schauen sich in gesünderen Gegenden nach gesünderer Arbeit um. Zurück aber bleiben schlecht Ausgebildete, alte Menschen, Frauen, Schwerbehinderte, Ausländer. Oft sind es Problem- und Randgruppen, die aus eigener Kraft nichts ändern können. Im Gegenteil: sie beschleunigen die Talfahrt.

Dabei ist jener Duisburger Teil des Potts, die Rheinschiene, noch eine »bevorzugte Gegend«. Der gesamte Osten ist viel schlimmer dran. Hier geht die Zahl der Beschäftigten noch mehr zurück. Der Westen, der Duisburger Abschnitt, ist zum gesuchten Standort der Großindustrie geworden – und somit trotz aller Nachteile auch zum gesuchten Wohnstandort.

Wenn aber ein Oberbürgermeister aus dem »Goldenen Westen« schon derart klagt, wie viele Klagelieder mußten dann seine Kollegen im Osten anstimmen. Die Entwicklung der nächsten Jahre auf dem Energiesektor wird auch auf den Ruhrpott entscheidenden Einfluß nehmen. Und wieder, da darf man sicher sein, wird das Ruhrgebiet sein Gesicht ändern, wird es ändern müssen.

Mittelgebirge

Die deutschen Mittelgebirge setzen sich aus einer Vielzahl von einzelnen Gebirgsgruppen und Gebirgstypen zusammen. Jeder wird in seiner näheren oder weiteren Umgebung ein Stückchen dieser Mittelgebirgslandschaft kennen – einen Eindruck haben vom Schwarzwald, vom Pfälzer Wald oder dem Taunus, von Odenwald, Rhön oder Bayerischem Wald.

*

Da ist zunächst der mächtigste Brocken, das Rheinische Schiefergebirge, eine einförmige, flachwellige Hochfläche mit steil und scharfkantig eingeschnittenen Tälern. Das Rheinische Schiefergebirge wurde – es ist schon mehr als 350 Millionen Jahre her – gefaltet, über den Meeresspiegel als Hochgebirge herausgehoben und danach zu einer »Fastebene«, einer Rumpffläche, eingeebnet. 300 Millionen Jahre später, im geologischen Zeitalter »Tertiär«, geriet die ganze Gegend in ein gehöriges Durcheinander: große Becken senkten sich ab, die Niederrheinische und Westfälische Bucht entstanden, ebenso das Limburger und Trierer Bekken. Und zu alledem gesellte sich noch eine starke vulkanische Tätigkeit.
In diese Zeit fällt auch die Entstehungsgeschichte des Rheintales und seiner Nebentäler. Hier hat sich ein Relief geformt, wie wir es heute in seinen Grundzügen noch kennen – wobei auch das Rheinische Schiefergebirge wieder einzelne, ganz verschiedenartige Landschaftsteile vorzuweisen hat:

* Da ist die Eifel mit ihren charakteristischen Teilstücken: Kalkeifel, Hocheifel, Schnee-Eifel und Hohes Venn.
* Der Westerwald mit seinem zentralen Basaltplateau umrahmt vom Sauerland und Bergischen Land im Westen und dem Rothaargebirge im Norden.
* Den Süden des Rheinischen Schiefergebirges begrenzen Hunsrück und Taunus, gleichsam ein Steilabfall hinunter in das Einzugsgebiet der Flüsse Rhein und Main. Nicht zu vergessen die Mosel, der längste Nebenfluß des Rheins, dessen eigenwilliges Bett, Mäander an Mäander gelegen, zu den reizvollsten Tallandschaften Deutschlands zählt.

Wenn wir das Rheinische Schiefergebirge in Richtung Norden verlassen, gelangen wir in eine Übergangszone zum Norddeutschen Tiefland: das Niedersächsische Hügelland, das zu den fruchtbarsten und an Bodenschätzen besonders reichen Landschaften der Bundesrepublik gehört. Nur wenige Vorzüge seien hier genannt: Zuckerrübenanbau und -verarbeitung in der Magdeburger Börde, Eisenerzlager um Salzgitter und Peine, Braunkohlenabbau im nördlichen Harzvorland, Kupferschiefervorkommen im Raum Mansfeld und Sangershausen.
Gehen wir weiter auf unserem Rundgang durch die deutschen Mittelgebirge: Das Weserbergland beiderseits der Weser und das Hessische Bergland beiderseits der Fulda weisen Bausteine auf, die im Erdmittelalter zwar ausgebildet, im Tertiär, vor rund 50

Millionen Jahren also, weitgehend zerstükkelt und überformt wurden, ganz besonders durch eine vulkanische Tätigkeit, wie sie auf deutschem Gebiet seitdem nicht mehr passiert ist. Die Rhön ist hierfür in Teilen ein Beispiel, das beste aber der Vogelsberg, der mächtigste erloschene Vulkan Mitteleuropas und gleichzeitig die größte zusammenhängende Basaltfläche dieses Erdteils.
Im Osten, im Grenzbereich zur DDR, treffen wir auf Gebirgslandschaften, die wir uns zuweilen mit unserem Nachbarn teilen, deutsch-deutsche Gebirge also: der geologisch und lagerstättenkundlich äußerst interessante Harz, der Frankenwald, der in seiner Oberflächengestaltung an das Rheinische Schiefergebirge erinnert sowie der Thüringer Wald, der »Park Deutschlands«, der verkehrsmäßig erschlossen ist wie kein anderes Gebirge, was durch die vielen, tief in die Berge eindringenden Täler ermöglicht wird. Gehen wir weiter nach Südwesten. Hier treffen wir auf ein Landschaftselement, das für die gesamte Bundesrepublik, nicht nur in geographischer Hinsicht, schon immer bestimmend war: Rhein und Oberrheinische Tiefebene. Dieser Grabenbruch, der sich in den Süden bis an das Mittelmeer, bis an die

Landschaftliche Gliederung der deutschen Mittelgebirge. (Zeichnung: Dreher)

Naturlandschaft Rhön – hier an der Straße von Seiferts zum Schwarzen Moor: Über die Hälfte alter Siedlungen liegen heute wüst. (Photo: Plass)

Rhonemündung also, in den Norden bis in den Fjord von Oslo verfolgen läßt, wird begrenzt vom Lothringischen Stufenland im Westen und vom Schwäbisch-Fränkischen Stufenland im Osten.

Diese beiden Stufenländer sind in mehrere kleine Gebirgsgruppen unterteilt: das Nordpfälzische Bergland, bekannt durch seine überaus reichen Weinbaugebiete, den Spessart, eine Art Verbindungsstück zwischen Rhön und Odenwald, den Odenwald, der in seinem vorderen Teil aus kristallinen und in seinem hinteren Teil aus Sedimentgestein aufgebaut ist. Der Odenwald gilt als ein »freundliches deutsches Mittelgebirge«, berühmt wegen seiner schönen Wälder und einer noch recht geringen Besiedlung im östlich gelegenen Buntsandsteinteil.

Zwillingsgebirge sind der Schwarzwald und die Vogesen, die sich deshalb auch in vielem gleichen – im Gesteinsaufbau, dem Landschaftscharakter, sogar in der Anordnung der riesigen Gesteinsplatten, aus denen sich die Gebirge zusammensetzen.

Der Schwarzwald läßt sich dreiteilen: in eine nördliche Region, die waldreicher und siedlungsärmer ist als die übrigen und den Charakter einer Hochfläche hat, in eine mittlere Region mit bewegteren Oberflächenformen, durchgängiger, landschaftlich vielgestaltiger und dichter besiedelt, und in eine südliche Region, ein hochflächenartiges Gelände, in dem sich Flüsse und Bäche in reizvollen Schluchten einen engen Weg gesucht haben.

Gehen wir weiter: Das Schwäbische Stufenland, das man auch als »Neckarbergland« beschreiben könnte, ist eine klimatisch außerordentlich günstige Gegend, vergleichbar mit der Oberrheinischen Tiefebene. Beiderseits des Neckars – in den sogenannten

Gäulandschaften – liegen fruchtbare Böden. Im Raum des mittleren Mains stoßen wir auf das Fränkische Stufenland mit der Fränkischen Platte – einer Kornkammer, nicht nur für die Franken. Unweit dieser reichgedeckten Platte stehen wir mitten im landwirtschaftlich ungünstigsten Gebiet Deutschlands, der Regnitzmulde. Weite Sand- und Heideflächen, ausgedehnte Kiefernwälder erinnern an die Mark Brandenburg. Und mitten in dieser »Sandwüste«, am Unterlauf der Pegnitz, entstand einst eine Stadt, die heute die gesamte Region beherrscht und prägt: Nürnberg.

Weiter hinunter in den Süden: Die Schwäbische und Fränkische Alb erstrecken sich als langgezogene Kalkstein-Hochflächen vom Hochrhein bis fast hin zum Fichtelgebirge. Die Alb hat einige Besonderheiten, die erwähnenswert sind. Denn vor fünfzig Millionen Jahren, im Tertiär, waren hier vulkanische, erdinnere Kräfte aktiv. Besonders auffällig sind heute noch die Vulkanschlote im Hegau oder die Maare und Kegel der Uracher Alb. Herausragend aber ist ein anderes Phänomen: das Nördlinger Ries, der Welt größter Meteoritenkrater. Das Ries ist bis zu 200 Meter tief in die Albhochflächen eingesenkt. Jahrzehntelang haben die Wissenschaftler geglaubt, hier sei der Rest eines Vulkankraters zu bestaunen. Erst vor gut zwanzig Jahren wurden Minerale entdeckt, die nur von einem Meteoriten stammen können. Aufgrund der Altersbestimmung dieser Minerale weiß man heute, daß hier vor etwa 15 Millionen Jahren ein mächtiger Meteorit mit einem Durchmesser von 500 bis 1000 Meter auf der Erde eingeschlagen haben muß – es entstand ein Krater von 24 Kilometer Durchmesser.

Deutsche Mittelgebirgslandschaft: Noch bis in das 10. Jahrhundert, im Osten sogar noch 200 Jahre länger, waren fast alle Höhen von ausgedehnten Wäldern bestanden. (Photo: Linker)

Das Nördlinger Ries hat noch einen »kleinen Bruder«: das Steinheimer Becken, ein paar Kilometer südwestlich gelegen, zur gleichen Zeit und durch die gleiche Ursache entstanden. Die Untersuchungen an beiden Einschlagstellen, vor allem mit Hilfe von Tief- und Tiefstbohrungen, sind deshalb von besonderer Bedeutung, weil sie dem gleichen Vorgang, dem gleichen Phänomen ihre Entstehung verdanken wie die zahlreichen Krater auf der Mondoberfläche.

Fast sind wir am Ende unseres Eilmarsches durch die deutsche Mittelgebirgslandschaft angelangt. Erwähnen müssen wir noch das Fichtelgebirge, das den nördlichen Abschluß des Oberpfälzer Hügellandes bildet, sozusagen ein »Gebirgsknotenpunkt«, der die verschiedensten Gebirgsrichtungen des gesamten europäischen Festlandes gleichsam auffängt und in einem Gebirgsklotz vereinigt.

Und dann, am Schluß, bleibt uns noch der Bayerische Wald, das bis heute ursprünglichste Bergland der Bundesrepublik. Lieblich und anmutig ist diese Waldlandschaft gewiß nicht. Aber vielleicht ist es gerade das, was den Bayerischen Wald heute für viele so anziehend macht.

*

Entscheidend für die Anlage des gegenwärtigen Reliefs der Mittelgebirge waren die Ereignisse im Tertiär und Pleistozän, dem Eiszeitalter. Aber im Gegensatz zum Norddeutschen Tiefland, wo allein die Eismassen das bestimmende Element waren, ließen gebirgsbildende Vorgänge die Mittelgebirge in mehreren Phasen zu Schollen zerbrechen, die dann vertikal gegeneinander verstellt wurden.

Während der Eiszeiten waren die Mittelgebirge größtenteils eisfrei, ein Gebirgsklotz zwischen dem nordischen und dem Alpeneis. Nur ein paar kleine »Lokalgletscher« auf den höchsten Gipfeln der Mittelgebirge waren entstanden – etwa auf dem Schwarzwald, dem Harz oder Riesengebirge –, aber diese Gletscher haben nur lokal begrenzte Auswirkungen auf die Mittelgebirgslandschaft gehabt. Kare, von Seen gefüllte ehemalige Eismulden, geben heute davon noch Zeugnis.

Die Mittelgebirge in ihrer Gesamtheit waren nicht von Eis bedeckt, sondern lagen in der »periglazialen Zone«: Das abfließende Wasser grub sich mit Fels und Gestein tief in die Landschaft ein – der Fachmann spricht von »beschleunigter Tiefenerosion« –, und es entstanden die charakteristischen Kerbtäler, die wir heute noch überall finden können. Gegen Ende der Kaltzeiten, als das zu transportierende Geschiebematerial weniger wurde, setzte eine zunehmende Seitenerosion ein. Die Folge waren breitangelegte Mäandertäler – bestes Beispiel ist die Mosel.

*

Die Tal- und Beckenlandschaften der Mittelgebirge sind alter Siedlungsboden. Bereits in frühgeschichtlicher Zeit wurde hier die Naturlandschaft zurückgedrängt, Kulturpflanzen an ihre Stelle gesetzt, und der Mensch übernahm das Kommando. Aber in der Landnutzung bestehen doch erhebliche Unterschiede zwischen den einzelnen Teilen der Mittelgebirge, zwischen Nord und Süd, Ost und West. So ist zum Beispiel Wein, Tabak und Hopfen weitgehend auf die westlichen Regionen beschränkt.

Fast alle Höhen der Mittelgebirge waren bis in das 10. Jahrhundert, der Osten sogar noch 200 Jahre länger, von ausgedehnten Wäldern bestanden. Viele Gebirgsnamen weisen heute noch darauf hin, Pfälzer Wald oder Odenwald. Aber auch Spessart heißt eigentlich nichts anderes als Wald, auch das Erzgebirge wurde in früheren Zeiten Böhmischer Wald genannt.

Der natürliche Waldbestand der Mittelgebirge war im wesentlichen ein Buchenwald. Einen Eindruck davon gewinnt man noch heute im hinteren Odenwald. Allein in höheren und weiter östlich gelegenen Gebirgsteilen war schon immer der Nadelwald die natürliche Vegetationsform.

Bereits im 8. Jahrhundert gingen die Bewoh-

ner der Mittelgebirge daran, ihren Wald zu roden. Das war vornehmlich im Westen der Fall, aber die Aktivitäten dehnten sich in den folgenden Jahrhunderten immer weiter nach Osten und in größere Höhenlagen aus. Aus einer geschlossenen Walddecke wurden einzelne Waldstücke.
Und es ist noch gar nicht so lange her – man schrieb das 19. Jahrhundert –, da mußte die Forstwirtschaft Grubenholz für den Bergbau bereitstellen. Die Folge: Der natürliche Buchenwald – devastiert durch verschiedene Nebennutzung – verschwand weitgehend, die geeigneteren Fichten nahmen seinen Platz ein, die allein den Nährstoffkreislauf wieder in Gang bringen konnten.
Man hat lange geglaubt, die Besiedlung der höhergelegenen Gebirgsteile sei allein auf das Bestreben zurückzuführen, die landwirtschaftliche Nutzfläche auszuweiten. Heute weiß man, daß der Bergbau eine wichtige Triebfeder war. Dieser Bergbau hat auch dazu beigetragen, daß bestimmte Gebirge oder Gebirgsteile die Wüstungsperiode des ausgehenden Mittelalters ohne größeren Schaden überstanden haben. Noch heute bestehen damals begründete Gegensätze: hier der siedlungsdichte Harz, dort die Rhön, wo über die Hälfte der früheren Siedlungen wüstliegen. Auch als in späteren Jahrhunderten der Bergbau nicht mehr rentabel war und aufgegeben wurde, wanderte die Bergbevölkerung nicht ab: Sie intensivierte die bislang nebenerwerblich betriebene Landwirtschaft oder konzentrierte sich auf handwerkliche Einkommensmöglichkeiten. Man stellte alle Art von Holzgerät her, ganz besonders Spielzeug, betrieb Stickerei oder Spitzenklöppelei.
Einen Unterschied zwischen Tal- und Berglandschaften gibt es auch in den verschiedenen Dorfformen. Und betrachtet man allein die Täler, dann unterscheiden sich auch wieder Ost und West. In den Tälern der westlichen Mittelgebirgslandschaft ist das Haufendorf die vorherrschende Siedlungsform, im Osten das Straßen- und Angerdorf. Auf den Höhen dagegen herrscht das Waldhufendorf vor. Eine Ausnahme bildet der Schwarzwald, hier trifft man auf Einzelhofsiedlungen.

*

Der stetige Wechsel zwischen Berg und Tal macht es erforderlich, noch einmal auf die vielen Bäche und Flüsse der Mittelgebirgsregion zu schauen, auf deren hydrologisches System. Alle Gewässer, deren Quelle in den Mittelgebirgen liegt, haben ihren Hochwasserstand zur Zeit der Schneeschmelze, im Frühjahr also, nicht im Sommer. Hier fällt zwar der meiste Niederschlag, aber die Verdunstung und der Verbrauch einer dann üppigen Vegetation zehren ihn fast vollständig auf. Deshalb haben Weichsel, Oder, Elbe und Weser normalerweise im März Hochwasser und im September Niedrigwasser. Da sind Rhein und Donau, die aus den Alpen gespeist werden, schon besser dran. Weil Schnee- und Gletscherschmelze im Sommer ihren Höhepunkt erreichen, führen sie auch dann ausreichend Wasser.
Alle Höhenlagen der Mittelgebirge haben eines gemeinsam: Je weiter sie im Osten liegen, desto weniger Niederschlag weisen sie auf. Die Temperatur aber unterscheidet sich kaum: In der Hocheifel trifft man auf eine durchschnittliche Jahrestemperatur von 13,9 ° C, im östlich gelegenen Erzgebirge auf 15,3 ° C. Die Meßstation in der Eifel lag 659 Meter über dem Meeresspiegel, im Erzgebirge vergleichbare 623 Meter. Dagegen nehmen die jährlichen Niederschlagsmengen von West nach Ost deutlich ab: Hocheifel 1049 mm und Erzgebirge 880 mm. Das vom Atlantik bestimmte Klima im Westen und das von der osteuropäischen Kontinentalmasse beeinflußte im Osten werden hier deutlich. Anders sieht es in den Tal- und Beckenlandschaften aus: Sie unterscheiden sich, wieder West und Ost gegenübergestellt, weniger nach den Niederschlagsmengen, sondern nach den Temperaturverhältnissen. Stuttgart zum Beispiel, 267 Meter über dem Meeresspiegel, kommt auf eine durchschnittliche Jahrestemperatur von

10,0 ° C, im Januar 1,0 ° C und im Juli 19,1 ° C; das im Osten gelegene Glatz, 288 Meter über dem Meer, bringt es nur auf 7,4 ° C, 2,4 ° C im Januar und 16,9 ° C im Juli, eine deutliche Abkühlung also. Dagegen die Niederschlagswerte: 622 mm für Stuttgart und 599 mm für Glatz, in fast gleicher Größenordnung, wie man sieht.

Hier treffen wir also auf einen Übergang zwischen atlantisch und zwischen kontinental bestimmtem Klima. In besonderem Maße kommt dieses Übergangsklima in der Luftfeuchtigkeit zum Ausdruck: Die mittlere Bewölkung ist im Westen meeresbedingt größer als im Osten, und so wächst auch die Sonnenscheindauer kontinenteinwärts. Eine Ausnahme bilden hier noch einmal die Mittelgebirge: Durch deren Höhe und Staueffekt ist die mittlere Bewölkungsdauer eher mit Küstengebieten zu vergleichen, hier wirkt sich die Kontinentalmasse nicht so gravierend aus.

In den Grenzen des ehemaligen Deutschen Reiches hatte Deutschland im Mittel eine jährliche Niederschlagsmenge von 690 mm, der geographische Raum der Bundesrepublik bringt es auf 800 mm pro Quadratmeter im Jahresdurchschnitt.

Raubbau am Grundwasser – Hessisches Ried

28. Mai 1974 – Nachmittag. Eine Landschaft liegt im Sterben. Ortstermin im hessischen Ried, dem Landstrich zwischen Rhein und Odenwald, Main und Neckar. Rund hundert Honoratioren schreiten durch die Wälder. Besorgte Mienen beim Anblick der nackten Baumkronen: Eichen und Buchen, so scheint es, haben kaum noch eine Chance. Das Grundwasser ist unerreichbar. *»Wenn der Raubbau am Grundwasser und die Abholzung zugunsten von Straßen im bisherigen Tempo weitergehen«*, sagt eine engagierte Bürgerin, *»werden wir unseren Kindern und Enkeln bestenfalls das kümmerliche Erbe eines bis auf wenige Hektar zusammengeschrumpften, eintönigen und trockenen Krüppelkiefernwaldes hinterlassen.«*
Ein paar hundert Meter weiter, zwischen verdorrtem Gehölz, taucht schließlich die bange Frage auf, ob man denn eines Tages auf mexikanische Kakteen werde ausweichen müssen. Kakteen im Ried? Wer die Entwicklung dieser Landschaft und ihren Zustand vor fünfzig, oder gar die Verhältnisse vor mehr als hundert Jahren, kennt, kann sich nur wundern. Denn keineswegs klagte man dort immer über Trockenheit – im Gegenteil: Jahrzehnte, ja sogar jahrhundertelang galt das Ried als ein unwirtliches Sumpfland, das seinen Bewohnern allerhand Sorgen bereitete.

*

»Im vorderen Odenwald, in der Nähe von Darmstadt, fand ich an einem Abhang eine große, versumpfte Gemeindewiese liegen. Weder der Bürgermeister noch der Gemeinderat fand sich veranlaßt, da verbessernd einzugreifen. Mit geringen Ausgaben für die Herrichtung von Gräben und für Düngung könnten mit einem Schlage Werte in fünf- bis zehnfachem Betrag der Kosten gewonnen werden.« Es war im Jahre 1928, als dies der Ökonomierat und Vorsteher des Astheim-Erfeldener Entwässerungsverbandes, Gustav Adolf Dehlinger, niederschrieb. Und beinahe beschwörend fügte er hinzu, mit Blick auf das hessische Ried und dessen Bewohner: *»Hier fehlt es nicht am Geld, hier fehlt es am Willen und Verständnis zum Fortschritt!«*
Zu jener Zeit war noch alles ganz anders im Ried: Statt Wassermangel gab es Wasser im Überfluß. Hochstehendes Grundwasser bildete Sümpfe und Moore aus, Überschwemmungen der Riedbäche, und vor allem des Rheins, brachten große Verluste für die Landwirtschaft. Wasser im Überfluß also, das dazu führte, daß die Bauern noch Ende des letzten Jahrhunderts, so heißt es im Volksmund, einen Acker für zwei Laib Brot verkauften.
Dieselben Bauern jedoch nahmen ihre Umwelt als unabänderlich hin und stemmten sich mit aller Macht gegen eine Entwässerung ihres bewirtschafteten Landes, weil, wie sie meinten, die Niederschlagsmenge im Ried zu gering sei. Womit sie nicht Unrecht hatten: das hessische Ried ist eines der niederschlagsärmsten Zonen der Bundesrepublik. Aber der Mensch wollte sich damals noch mit der Natur, mit seiner nächsten Umgebung, mit der Umwelt arrangieren, sich ihr anpassen.
Wie wenig die Riedbauern geneigt waren,

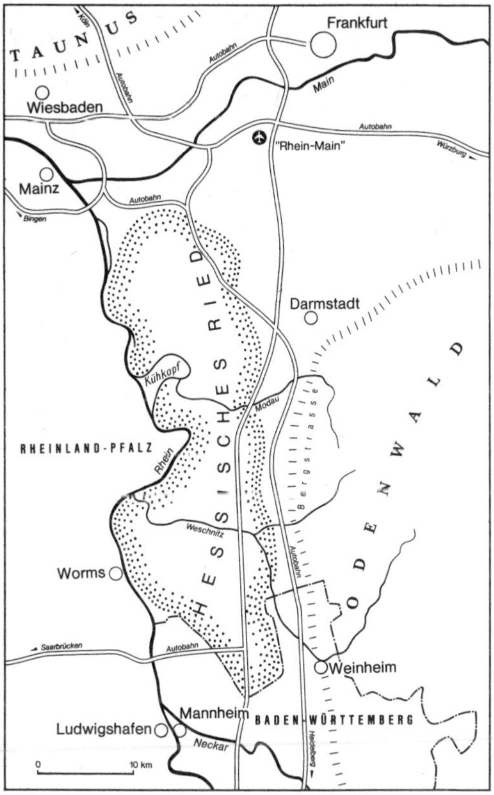

Hessisches Ried: die Landschaft zwischen Odenwald und Rhein. (Zeichnung: Dreher)

ihr nasses Gelände zu verbessern, zeigte die Begebenheit in Griesheim bei Darmstadt im Jahre 1926: Am geschlossenen Widerstand der Landwirte scheiterte die Entwässerung von 2500 Morgen Land.

Und es ist schon gar 750 Jahre her, daß die Brüder des Klosters Erbach im Odenwald mit der rheinnahen Gemeinde Königsstätten im Streit lagen. Die Hofbrüder wollten die versauerten Böden im Rheintal entwässern, wogegen die Königstatter protestierten. Es kam zum Prozeß, den die Riedgemeinde verlor: Sie mußte Entwasserungsgräben anlegen und fortan das gesamte System unterhalten – ein zaghafter Beginn, überschüssiges Wasser in den Griff zu bekommen.

Heute ist das Wasser knapp geworden im Ried, der Grundwasserspiegel oft viele Meter gesunken – die Ursachen sind vielfältig und zudem über Jahrhunderte gestreut:

* Landgraf Georg I. von Hessen-Darmstadt hatte bereits in der zweiten Hälfte des 16. Jahrhunderts mit dem Bau eines »Landgrabensystems« begonnen.
* Der badische Ingenieuroffizier Johann Gottfried Tulla ließ 1820 den Rhein regulieren: die Sohle des Stroms vertiefte sich mit der Zeit um eineinhalb Meter, das Gefälle wurde größer, das Wasser des Rheins legte den Weg in die Nordsee im Eiltempo zurück.
* Das Riedgesetz von 1923, die nachfolgende Gründung des Astheim-Erfeldener Entwässerungsverbandes; und schließlich der 1929 fertiggestellte Generalkulturplan für die »Verbesserung der Wasser- und Bodenverhältnisse« sind Marksteine im Prozeß der Entwicklung dieser Landschaft: Von nun an zog man kilometerlange Gräben, errichtete Pumpstationen, die das »überschüssige« Wasser wieder dem Rhein zuführten.
* Auch siedlungspolitisch hat der Mensch in die Riedökologie eingegriffen: In den dreißiger Jahren wurden Wälder gerodet, Siedlungen entstanden. Die Gemeinden Hessenaue, Allmendfeld, Riedrode und Rosengarten wurden mitten in die Natur gepflanzt. Und die alte Autobahn von Frankfurt nach Mannheim war der Anfang einer heute umstrittenen Verkehrspolitik.
* Seit 1957 wurden viele Flüsse und Bäche eingedeicht – oder gar zugeschüttet –, die Sohle vertieft, der Abfluß »reguliert«, was wiederum nichts anderes heißt, als daß Wasser schnell und ungenutzt abfließt.
* Aber erst 1964 begann die große Offensive. Seit jenem Jahr nämlich werden vor allem nach Frankfurt und Wiesbaden riesige Wassermengen in unterirdischen Rohren transportiert, gefördert von Großwasserwerken in Jägersburg und Allmendfeld. Sie haben das Maß voll und den »unterir-

dischen Wasserspeicher Ried« leergemacht, zumindest so leer, daß viele Bauern regelrecht auf dem Trockenen sitzen, wenn sie ihre Felder beregnen wollen. Denn die üblichen kleinen Pumpen fördern nur Wasser bis zu einer Tiefe von fünf Metern. Was bleibt zu tun, wenn das Wasser 6, 7 oder gar 8 Meter unter Flur steht? Man geht dem Wasser entgegen, gräbt die Pumpen ein paar Meter in den Boden ein, um es zu erreichen – in einem Landstrich, der jahrzehntelang beinahe ersoffen ist.

* Durch den Neubau von Straßen und die Erweiterung von Dörfern und Städten wurde der Boden »versiegelt«, das Regenwasser durch die Kanalisation eingefangen und so dem natürlichen Wasserkreislauf entzogen.
* Die Trockenjahre, besonders 1971, 1973 und 1976, haben weniger Regen gebracht als im langjährigen Mittel üblich. Ein gefundenes Fressen für die Wasserwirtschaftler und Grundwasserförderer, die nun landauf, landab erklärten, nicht die gesteigerte Wasserentnahme, sondern allein die fehlenden Niederschläge seien Schuld an der gesamten Misere.

*

Als Johann Wolfgang von Goethe auf einer Reise in die Schweiz am 25. August 1797, von Heppenheim kommend, wo er gerastet, über Weinheim nach Heidelberg fuhr, kam er an dem sicherlich bedeutendsten Flüßchen vorbei, das das hessische Ried durchquert: die Weschnitz, die im Odenwald entspringt, bei Weinheim Riedboden »betritt«, weiter nach Nordwesten fließt und schließlich nahe Gernsheim in den Rhein mündet. Und Goethe schrieb seinerzeit in sein Tagebuch: *»Man passiert zum ersten Male wieder ein Wasser von einiger Bedeutung, die Weschnitz, die bei Gewitter sehr stark an-*

Dem Wasser entgegengraben müssen die Bauern im Ried ihre Schlepperpumpen, um die Felder beregnen zu können – das Grundwasser liegt bereits in 7 Metern Tiefe. (Photo: Brunnengräber)

schwillt«. Es waren vor allem zwei Gegebenheiten, die den Bewohnern über Jahrhunderte hinweg zu schaffen gemacht hatten: das Hochwasser und das Grundwasser. Zwar führte die Weschnitz zu Normalzeiten nicht mehr Wasser als ein kleiner Bach. Bei Hochwasser aber brachte sie es auf die mehr als fünfzigfache Menge.

Ein Chronist berichtete: *»Eine wahrhaft kuriose Situation hatten wir in unserer Gemarkung. Das Ergebnis war, daß sich die bei Hochwasser ankommende Flut vom Zusammentreffen der beiden Weschnitzarme an, weil das Wasser von dem einen – viel zu kleinen – weiterführenden Weschnitzbett nicht aufgenommen werden konnte, nach Süden in den zwei Weschnitzarmen zurückstaute, bis die Dämme überspült wurden. Dann kam es rasch zu Dammbrüchen im badischen und hessischen Bereich, jedesmal entstand großer Schaden. So war es seit Jahrhunderten grausame Tradition, der bisher nicht auszuweichen war. Und es dauerte Jahrhunderte, bis man das Weschnitzproblem systematisch anging. Erst nach 1800 begann man z. B. die Hochwasser, die zu Schäden und Katastrophen führten, nach ihrem Umfang, also nach den Abflußmengen, aufzuzeichnen. Das war aber erste Voraussetzung, wenn man wissen wollte, was und in welchem Umfange etwas zu tun war. Die Folgen des Hochwassers waren oft verheerend. Wurden im Bergstraßenbereich nur Äcker und Wiesen überflutet und damit die Ernte vernichtet, so kam es im Ried westlich von Einhausen, von wo an sich der Rückstau des Rheins bemerkbar macht, auch noch zu Überschwemmungen der Ortschaften, so daß die Bewohner bis weit in das 19. Jahrhundert hinein immer wieder flüchten mußten.«*

Das Hochwasser kam oft, ein paar sollen hier erwähnt werden – wobei wichtig ist, zu wissen, daß die Weschnitz normalerweise etwa 2 bis 3 Kubikmeter Wasser pro Sekunde Richtung Rhein transportierte:

1729 Dammbruch in Biblis, der Ort muß zur Hälfte von der Bevölkerung geräumt werden.

1732, 1734 bis 1736 An den Kurfürsten von Mainz wird gemeldet: »Alles ersäuft« in der Bibliser Gemarkung.

1797 zwei Hochwasser, am 6. April und 2. Juli: Der Damm bricht in Hemsbach, Heppenheim und Lorsch.

1800 Dammbruch in Heppenheim.

1803 Winterhochwasser am 2. Februar: Die Dämme brechen in Weinheim, Hemsbach und Heppenheim.

1806 am 4. Januar und 12. März bricht der Damm in Weinheim, Hemsbach und Heppenheim.

1821 Dammbruch bei Einhausen, Überschwemmungen bis Biblis und Groß-Rohrheim.

1827 ein Jahr, in dem drei Mal ein Damm brach, zuletzt am 22. Dezember in Heppenheim.

1850 Dammbrüche bei Biblis und Wattenheim.

1870 im Herbst drei Dammbrüche auf badischem Gebiet.

1871 1. August: Dammbruch in Baden.

1883 am Neujahrstag bricht der Damm bei Heppenheim. 120 Kubikmeter pro Sekunde sind abgeflossen.

1909 4. Februar: In Weinheim und Heppenheim bricht der Damm, 170 Kubikmeter pro Sekunde, die größte Wassermenge, die je gemessen wurde, tritt über die Ufer der Weschnitz.

1922 Dammbruch bei Heppenheim.

1924 Dammbruch bei Heppenheim.

1948 Neujahrstag: Die Dämme brechen oberhalb und unterhalb der hessisch-badischen Landesgrenze in der Gemarkung Lorsch, 100 Kubikmeter pro Sekunde fließen ab.

Katastrophenhochwasser, Dammbrüche, überflutete Wiesen und Felder, mit Wasser gefüllte Keller: ein Bild, das beinahe jedes Jahr im Ried zu beobachten war. Die Feuerwehren waren zu Katastrophenzeiten ständig in Bereitschaft. Die bescheidene menschliche Kraft versuchte, Naturgewalten zu bändigen – oft genug erfolglos.

Das letzte große Hochwasser mit 70 Kubikmetern pro Sekunde stellte sich am 2. und 3. März 1956 ein. Danach kamen die Regulierungsmaßnahmen, Rückhaltebecken und sonstige menschliche Eingriffe voll zum Tragen: Von da an ging's mit dem Wasser im Ried bergab. Der Chronist schreibt: »*Das letzte Hochwasser floß am 2. und 3. März 1956 gelegentlich einer Schneeschmelze ab. Dabei sind nach Angaben des Wasserwirtschaftsamtes Darmstadt etwa 70 cmb/sec. gemessen worden. Ein Bruch des westlichen Weschnitzdammes, der etwa 50 cm niedriger liegt als der östliche, kurz oberhalb der Brükke Lorsch/Heppenheim, konnte mit größten Anstrengungen und durch den Einbau von ca. 2000 Sandsäcken gerade noch verhindert werden. Das Wasser der vereinigten Weschnitz hatte auf der Westseite die Dammkrone bis auf 10 cm erreicht. Die Brückendurchlässe waren gerade bis obenhin voll.*«

Im hessischen Ried gibt es zwar noch viele Landgräben – aber die meisten liegen trocken. Die Möglichkeit besteht nun, über dieses Grabensystem das Land zu bewässern: Funktionsumkehr nach Jahrhunderten. (Photo: Schüler)

Die Angst der Menschen vor dem Wasser war groß. Zum Hochwasser kam noch das hochstehende Grundwasser, mit dem man sich tagtäglich herumzuärgern hatte. Es schwankte zwischen einem Meter unter Flur und der Erdoberfläche, in Bodenwellen hielten sich ständig Wasserlachen. Den Bauern wurde das Düngen der Äcker und Wiesen verleidet, das Wasser schwemmte alles weg. Neben der immer vorhandenen Überflutungsgefahr minderte dies den Wert und den Ertrag der landwirtschaftlichen Nutzfläche.
Der Ingenieur und Oberleutnant Eickemeyer schreibt in einem Bericht vom 6. Mai 1782 an seine Vorgesetzen: »*Die Weschnitz kann nicht als ein Wasser angesehen werden, das den anliegenden Gemeinden durch Schifffahrt, Mühlen und dergl., was es hier alles nicht gibt, irgendeinen Vorteil brächte, was denselben hierdurch die Mühe ersetzte, welche sie auf deren Unterhaltung verwenden müssen. Dieser Fluß ist vielmehr als ein allgemeiner Feind zu betrachten, von dem die Anlieger fast gar keinen Vorteil ziehen, dagegen immer auf ihrer Hut sein müssen, um nicht von ihm in die beträchtlichsten Schäden versetzt zu werden.*«

*

Heute, 200 Jahre später, herrscht auch die Angst. Die Angst, daß es immer weniger Wasser geben, daß die unterirdische Talsperre Ried, die über Jahrhunderte hinweg übervoll war, bald leergepumpt sein würde. Grund genug ist vorhanden.
Erinnern wir uns noch einmal: 1923 wurde das »Ried-Gesetz« erlassen, der »Astheim-Erfeldener Entwässerungsverband« gegründet und wenig später der »Generalkulturplan für die Verbesserung der Wasser- und Bodenverhältnisse« fertiggestellt, wurden Landgraben-Systeme errichtet.
Die Bewohner jedoch blieben weiterhin skeptisch. Zwar waren die Landwirte inzwischen von der »hervorragenden Wirkung« der Entwässerung überzeugt, äußerten sich aber ablehnend – vor allem deshalb, weil es

ihnen damals nicht gelang, größere Kosten des Unternehmens auf den Staat abzuwälzen. Sie mußten nämlich ganz gehörig in den eigenen Geldbeutel greifen.
Die Resonanz bei Parteien, Verbänden und der Presse war da schon weit günstiger. So schreibt das »Darmstädter Tagblatt« in seiner Ausgabe vom 19. Oktober 1927: *»Die Teilnehmer der Besichtigung hatten den unbedingten Eindruck, daß im Ried ganz Außergewöhnliches geleistet, daß mit dieser Urbarmachung ausgedehnter, vorher versumpfter Flächen eine wirtschaftliche Großtat ausgeführt wurde. Wo in früheren Jahren Sumpf und unwirtschaftliche Landstriche waren, befinden sich – allerdings noch in geringer Ausdehnung – Gärten, trockene Wiesen, üppige Kartoffelfelder auf fruchtbarem, jungfräulichem Boden. Es ist vorauszusehen, daß auf diesem Neuland in den kommenden Jahren erhebliche Produktenmengen aller Art gewonnen werden. Eine große Tat wurde bewältigt und ein Schritt vorwärts getan zur Ernährung aus eigener Scholle.«*
Wie wunderlich dies alles heute klingt. Ein halbes Jahrhundert nach jenen »großen Entwässerungstaten« muß man sich jetzt Gedanken machen, wie das Wasser wieder herbeizuschaffen ist: Landwirte klagen über sinkende Erträge, in der Forstwirtschaft schielt man nach neuen Baumarten, die mit weniger Wasser auskommen, und die Wasserwerke, jene »Großsäuger«, sollen das Grundwasser um viele tausend Liter weniger anzapfen.
Stehen wir also vor dem Ausverkauf einer Landschaft? Wenn die Frage gestellt wird, wer denn nun eigentlich schuld sei, schimpft einer auf den anderen: Politiker und Wasserwerksbetreiber erinnern an so manches Trockenjahr mit wenig Niederschlägen, Landwirte und Gartenbesitzer zeigen auf die Großwasserwerke, andere wiederum monieren die Flußbegradigungen und die Befestigungen des Bachbetts.
Rechenmodelle aus dem Computer sollten endlich Klarheit schaffen. Der Beregnungs- und Bodenverband Rhein-Main beauftragte Ende 1975 das Koblenzer Ingenieurbüro Björnsen, ein Gutachten über die »Gewinnung und Verteilung von Wasser für die landwirtschaftliche Beregnung im hessischen Ried« zu erstellen.
Etwa zur gleichen Zeit gab der Darmstädter Regierungspräsident eine Studie zur »Untersuchung der Grundwasserverhältnisse« in Arbeit. Die seither als »Björnsen-Gutachten« bekannte Untersuchung ist schon oft in die Diskussion geraten.
Zu welchen Ergebnissen kam Gerhard Björnsen in seiner Studie? Da steht gleich auf der ersten Seite des Gutachtens zu lesen, daß die Entwicklung der Grundwasserstände in den vergangenen Jahren durch die Modellrechnung bestätigt werde – was auch nicht anders zu erwarten war. Allerdings, und das ist zunächst das Interessante, sei die Absenkung nur in gewissem Umfang klimatisch bedingt, die Hauptlast müßten die Wasserwerke tragen. *»Während vor Errichtung der Großwasserwerke«,* so schreibt Björnsen, *»vor allem im mittleren Teil des hessischen Rieds das Grundwasser im Mittel zwei bis drei Meter unter Gelände stand, haben in den vergangenen Jahren großräumige Absenkungen stattgefunden, die örtlich mehr als drei Meter betragen.«*
Mit einer weiteren Ausdehnung des Absenkungsbereichs müsse auch in den Jahren gerechnet werden, die ganz normale klimatische Ausgangsbedingungen haben. Besonders nach mehrmonatigen Trockenperioden soll dann das Grundwasser in einem Großteil des Rieds um weitere ein bis eineinhalb Meter fallen – wo man schon heute an vielen Stellen mehr als 5 Meter tief graben müßte, um den wertvollen Rohstoff zu erreichen.
Genau diese 5 Meter sind für die Landwirtschaft so etwas wie eine magische Zahl. Viele Bauern bewässern heute noch mit eigenen, beweglichen Schlepperpumpen, die zwar in der Regel eine Förderhöhe von rund 10 Metern haben, unter Berücksichtigung der Reibungsverluste und anderer Faktoren das Wasser aber nur aus maximal 5 Metern Flurabstand nach oben bringen können.

Nicht nur fallendes Grundwasser trägt zur Landschaftszerstörung im Ried bei. Nördlich von Viernheim befindet sich seit Jahren ein Panzerübungsgelände der amerikanischen Armee. (Photo: Schüler)

In Zukunft, so weiß Björnsen zu berichten, liegt das Heil der Landwirte und damit ihrer landwirtschaftlichen Erträge nicht mehr in diesen alten Schlepperpumpen oder Dieselaggregaten: Allein die »teilortsfeste Beregnung« wird helfen können, die Riedböden ackerbaulich zu nutzen.
Teilortsfeste Beregnung, was ist das eigentlich? Man kann sich dieses System wie eine große Wasserleitung oder einen Gartenschlauch vorstellen, bei dem sich die Wasserhähne an verschiedenen Stellen montieren und auswechseln lassen. Mit anderen Worten: Diese Betriebsform ist dadurch gekennzeichnet, daß die Pumpenaggregate sowie die Haupt- und Verteilerleitungen fest installiert, die Regnerleitungen zu und auf den Feldern dagegen beweglich sind. Die Wasserentnahme aus den unterirdisch verlegten Verteilerleitungen erfolgt zu Hydranten, deren Abstände voneinander aus beregnungstechnischen Gründen in der Regel 90 Meter betragen müssen.
Die Björnsen-Berechnungen haben nun ergeben, daß der Landwirtschaft in Trockenjahren gut 1 Kubikmeter Beregnungswasser pro Hektar und Stunde bereitgestellt werden muß. Damit ergibt sich für die Beregnungsfläche des Untersuchungsraumes – das sind fast 10.000 Hektar – ein Wasserbedarf von 9,12 Millionen Kubikmeter: Das entspricht einer Menge, die in rund 5000 Schwimmbädern Platz hat – und dies nur, um die Landwirtschaft in Gang zu halten. Aber woher nehmen? Das Grundwasser soll künftig nicht mehr in Frage kommen – denn das will man allein der Trinkwasserversorgung vorbehalten. Da wäre noch das Oberflächenwasser, also das Wasser der Flüsse und Bäche dieses Raumes: Aber weder Modau und Landgraben noch Winkelbach oder Weschnitz haben hier sowohl quantitativ als auch vor allem

Überall in den Wäldern des Rieds trifft man, wie hier in der Nähe von Biblis, auf abgestorbene Bäume, Zeichen eines immer weiter absinkenden Grundwassers. (Photo: Schüler)

qualitativ Ausreichendes zu bieten. Vereinzelt könnten an manchen Orten allenfalls Kiesgruben eine gewisse Bedeutung erlangen.
Inzwischen ist klar: Eine größere Gewinnung ist nur aus dem Wasser des Rheins möglich. Natürlich muß dieses Wasser aufbereitet, also gereinigt werden. Neben der Möglichkeit, das Wasser direkt aus der »fließenden Welle« zu nehmen, bestünde noch eine zweite: In unmittelbarer Nachbarschaft zum Rhein werden Brunnen gebohrt, die das sogenannte »Uferfiltrat-Wasser« anzapfen.
Im Björnsen-Gutachten werden nun verschiedene Möglichkeiten durchgespielt und schließlich zwei favorisiert: zum einen die Gewinnung aus der fließenden Welle des Rheins im Biebesheimer Rheinbogen, zum anderen die Gewinnung von Uferfiltrat im Bereich der Hammeraue südlich von Gernsheim.
Björnsen schlägt vor, den nördlichen Teil des Planungsraumes mit den Gemarkungen Biebesheim, Stockstadt, Crumstadt und Hahn, sowie die bereits teilortsfest erschlossenen Gemarkungen Pfungstadt und Eschollbrücken, nach der ersten Möglichkeit, also mit »Original-Rheinwasser« zu versorgen.
Der südliche Teil mit den Gemarkungen Allmendfeld, Gernsheim, Klein- und Groß-Rohrheim, Einhausen, Riedrode, Hähnlein, Langwaden, Schwanheim und Fehlheim soll durch 17 Uferfiltratsbrunnen, die sich südwestlich von Gernsheim aufreihen, mit Beregnungswasser gespeist werden. Wobei bereits dieses Gutachten einen *»negativen Einfluß«* auf ein nahegelegenes Naturschutzgebiet nicht ausschließt. Eine Kombination wird also vorgeschlagen: im Norden die fließende Welle und im Süden das Uferfiltrat.
Von der Möglichkeit, das Grundwasser wie-

der so weit anzuheben, damit die Landwirte in der herkömmlichen Weise ihre Felder beregnen könnten, wird erst gar nicht mehr gesprochen.

*

»Ist das der Todesstoß fürs Ried«? fragte die »Frankfurter Allgemeine Zeitung« Anfang des Jahres 1979. Damals nämlich wurde bekannt, daß im Ried zusätzlich mehr als eine halbe Million Kubikmeter Wasser im Jahr zu fördern sei. Das waren Überlegungen des damaligen hessischen Umweltministers Willi Görlach, der damit die Wasserknappheit einiger Taunusgemeinden lindern wollte. Der »Bund Umwelt und Naturschutz« sprach angesichts des drohenden Wasserverkaufs von einem *»neuen Umweltskandal im Ried«*. Und im Umgang mit Umweltskandalen waren hessische Umweltminister seit jeher besonders geschickt.

Die »Frankfurter Allgemeine« warnte: *»Grundwasserschäden zeigten sich in Ansätzen bereits Ende der sechziger Jahre, haben aber erst vor 3 bis 4 Jahren, vor allem im Raum Jägersburger Wald/Groß-Rohrheim, bedenkliche Ausmaße angenommen. Bedenken gegen weitere Wasserentnahmen haben auch die Landtagsabgeordneten aus dem Kreis Bergstraße beim zuständigen Minister geäußert.«*

Die Lage spitzte sich zu: Das Wasser wird knapp – sitzen wir bald auf dem Trockenen, fragten Fernsehleute im frühabendlichen TV-Programm. Tenor und Schlußfolgerung: Wasser ist genug da, wir müssen nur vernünftig haushalten.

Um den Umgang mit dem Wasserhaushalt ging es denn auch in einem »Verein«, der den Kampf gegen sinkende Grundwasserstände und absterbende Bäume konsequent führen sollte: die »Arbeitsgruppe Ried (AGR)« wurde auf Anordnung des hessischen Umweltministers beim Regierungspräsidenten in Darmstadt als ein interdisziplinäres Gremium ins Leben gerufen. Aber wie in vielen interdisziplinären Gremien, so wurde auch hier viel geredet – und wenig getan. Was nicht wundert, wenn man die Zusammensetzung der Arbeitsgruppe kennt: Landesämter und Ministerien, Wasserwerke, Land- und Forstwirtschaft, Landkreise und Kommunen. Wo aber waren die anderen: die Bürgerinitiativen, die Bauern, die Kleingärtner, die Betroffenen, deren Häuser Risse hatten, weil das gefallene Grundwasser das gesamte Gleichgewicht im Boden durcheinandergebracht hatte?

Immerhin: Zu einem öffentlichen Informationsabend der »Aktionsgemeinschaft südliches Ried« in Biblis hatte die Arbeitsgruppe Ried einen Vertreter gesandt, Regierungsdirektor Herzberg. Und der brachte denn auch gleich einen ganzen Packen Gutachten mit, die die Arbeitsgruppe in Auftrag gegeben hatte – womit bereits ihre eigentliche Aufgabe beschrieben ist.

Aber gerade bei Gutachten ist man im Ried vorsichtig geworden.

In verschiedenen Rahmenplänen nämlich wurde jahrelang verkündet, das Grundwasser des Rieds sei in verschiedenen Stockwerken gelagert, die nicht miteinander in Verbindung stünden. Und da die Großwasserwerke aus einer der tieferen Etagen abpumpten, habe dies an der Erdoberfläche keine negativen Auswirkungen. Weshalb auch der Gernsheimer Bürgermeister Georg Schäfer bei jenem Informationsabend verbittert von sich gab: *»Vor zehn Jahren hat man uns erzählt, daß die Wasserwerke nur das Grundwasser abpumpen, das ungenutzt vom Odenwald zum Rhein fließt.«* Im Ried herrschte rundum Mißtrauen.

»Soll Wald und Flur bestehen, müssen wir auf die Barrikaden geh'n« –

»Des Wasserwerkes ganzer Stolz – trockenes Laub und dürres Holz« –

»Atomkraftwerk und Wasserwerk – eine feine Gesellschaft zur Erhaltung der Natur« –

Transparente, mitgeführt auf einer großen Traktordemonstration von Groß-Rohrheim in den Jägersburger Wald. Dort nämlich, nordwestlich von Einhausen, steht einer je-

Der Landgraben, 1535 von Pfalzgraf Ludwig V. zur Entwässerung des Riedes angelegt, wurde inzwischen verrohrt und zugeschüttet; auf seinem Bett – wie hier in der Gemarkung Lorsch – entstand ein »Promenadenweg« für Spaziergänger. (Photos: Schumacher)

ner Großsäuger: das Wasserwerk Riedgruppe Ost.

*

Der unterirdischen Talsperre Ried werden jährlich mehr als 150 Millionen Kubikmeter Grundwasser entnommen. Die Großwasserwerke Riedgruppe Ost im Jägersburger Wald, Riedgruppe West in der Nähe der Gemeinden Dornheim und Allmendfeld – alle erbaut in den sechziger Jahren, um das Rhein-Main-Gebiet mit Trinkwasser zu versorgen – sind dabei, dem Ried den Todesstoß zu versetzen. Nun kann man fragen: Was hat dazu geführt, daß diese Großwasserwerke überhaupt gebaut werden mußten. Denn immerhin gab es vorher genügend andere »Zapfstellen« – kleinere Werke der Städte Darmstadt, Bürstadt, Worms und Mainz – oder auch die schon mehrfach erwähnte landwirtschaftliche Beregnung: Alle zusammen brachten es bereits auf jährlich 100 Millionen Kubikmeter. War das nicht schon genug?

Das schnelle Wachstum der Ballungsräume Rhein-Main – und eben auch Rhein-Ried – machten eine vermehrte Bereitstellung von Trinkwasser notwendig. Denn wir alle verbrauchen immer mehr. Nehmen wir einmal Frankfurt, die Stadt, die einen Großteil ihres Wassers aus dem Ried bezieht: In den letzten zehn Jahren ist der Verbrauch hier um mehr als ein Drittel gestiegen. 1960 noch verbrauchte jeder Einwohner durchschnittlich an einem Tag 117 Liter, 1970 waren es schon 146 Liter, 1980 über 170. Je besser es uns geht, um so häufiger drehen wir den Wasserhahn auf. Der Wasserexperte Hans Wirth hat das in einer wissenschaftlichen Abhandlung einmal so erklärt: *»Im Hinblick auf die langfristige Bedarfsentwicklung dürfte mit* *einer weiteren Zunahme des Individualverbrauchs zu rechnen sein, da die allgemeine Erhöhung des Lebensstandards auch eine Erhöhung der hygienischen und sanitären Bedürfnisse und eine entsprechende wasserverbrauchsintensive Ausstattung der Haushalte zur Folge haben wird.«*

Wasserverbrauchsintensiv: das heißt nichts anderes, als daß wir immer bequemer werden: Toilette mit Wasserspülung, ein Bad mit fließend Warm- und Kalt-Wasser, Waschmaschine, Spülmaschine und was sonst noch alles kommen wird. Für diese Annehmlichkeiten müssen wir einen Preis zahlen. Aber schaufeln wir uns nicht unser eigenes Grab, wenn wir diesen Preis auf Kosten unserer Umwelt, auf Kosten unseres Lebensraumes zahlen wollen? Denn die Spirale dreht sich weiter: Im Jahr 2000, so hat man errechnet, wird ein Mensch, der in einer »normalen Komfortwohnung« lebt, über 200 Liter Wasser an einem einzigen Tag verbrauchen. Ganze 88 waren es noch 1956.

*

»Sanierungsplan« war das Stichwort für die »Arbeitsgruppe Ried«, die sich an den Björnsen-Plan und andere Gutachten erinnerte, um *»die Sicherung der Wasserversorgung«* zu ermöglichen. Mit dem Bau einer »Wasserfabrik« in der Nähe von Biebesheim wurde begonnen. Aus der »fließenden Welle« des Rheins soll Wasser entnommen, gereinigt und dem Boden zugeführt werden – »künstlicher Regen« also. Gut 60 Millionen Kubikmeter will die Wasserfabrik einmal jährlich bereitstellen.

Warnende Stimmen werden laut: Ist es denn überhaupt möglich, das Kloakenwasser von Altvater Rhein – den wir in einem früheren Kapitel bereits unter die Lupe genommen haben – so zu klären, daß es für Mensch, Tier und Pflanze ungefährlich ist? Denn die Rheinwasseraufbereitung wird in ihrer Kapazität nach den allseits bekannten Kriterien des »technischen Standes« und der »Wirtschaftlichkeit« ausgelegt. Es wird also eine rein polititische Entscheidung sein und nicht eine, die die absolute Umweltverträglichkeit ins Auge faßt. Die Kritiker führen zudem ins Feld, daß ein sodann bereitstehendes größeres Wasserangebot eine weitere Ausdehnung der Siedlungs- und Industrieflächen ermöglicht. Beides zusammen führe in absehbarer Zeit zu einer erneuten Umweltkrise im Ried.

Die Lage ist ernst – nicht nur im Ried. An vielen anderen Orten der Bundesrepublik sind ähnliche Gefahren vorhanden. Und solange Politiker entscheiden, die in erster Linie nicht nach ökologischen, sondern – scheinbar – wirtschaftlichen Gesichtspunkten vorgehen, wird die Lage ernst bleiben. Der ehemalige hessische Umweltminister Willi Görlach gab 1977 während eines Interviews folgende Antwort: *»Sehen Sie – ich bin Politiker und kein Fachmann in diesem Bereich. Ich lass' mich auch gar nicht in einen Streit ein, ob es nun an den Niederschlägen allein gelegen hat oder an zu hohen Wasserentnahmen oder an beiden. Ich kann nur registrieren: Der Grundwasserspiegel ist radikal gefallen, und ich muß mit meinen Möglichkeiten etwas dagegen unternehmen. Soll ich mich stundenlang oder wochenlang oder monatelang in einen Streit einlassen? Das sollen die Fachleute entscheiden. Ich mußte schnell handeln. Als dritte kurzfristige Maßnahme kommt zu den vorhin genannten noch hinzu: der Schadensausgleich für aufgetretene Schäden in diesem Raum, zum Beispiel für Gebäudeschäden oder Schäden in der Forstwirtschaft. Das sind Dinge, die zunächst einmal sehr schnell so aus der Hüfte gemacht werden müssen.«*

So also wird in Deutschland Umweltpolitik gemacht – aus der Hüfte.

Landwirtschaft und Chemie

Helikopter versprühen jährlich viele tausend Tonnen Chemikalien über Felder und Wälder – 30.000 Tonnen sind es insgesamt, die ausgestreut werden. Mensch, Tier, Boden, Wasser und Pflanze sind in höchstem Maße gefährdet. Wissenschaftler der Universität Kiel haben kürzlich ermittelt, daß sich überall dort, wo »moderne Landwirtschaft« betrieben wird, innerhalb weniger Jahrzehnte die Artenvielfalt von Flora und Fauna auf bis zu 15 Prozent verringert.

Landwirtschaft – das bedeutete jahrhundertelang eine starke Abhängigkeit des Menschen von der Natur, bis die industrielle Revolution auch den Bauernhof erfaßte. Technik und Chemie brachen in den Kreislauf der Natur ein. Mit immer raffinierteren Methoden produzieren Landwirte heute Erträge, die ihre Väter noch für undenkbar gehalten haben. Ohne den massiven Einsatz von Chemikalien wäre eine solche Entwicklung nicht möglich gewesen. Landwirtschaft und Chemie sind heute eine enge Bindung eingegangen – eine Ehe, die vielen immer unheimlicher geworden ist.

Noch vor gut fünfzehn Jahren war das Ideal der Landwirte der sogenannte »geschlossene Betriebsorganismus«. Auf den Feldern folgten verschiedene Pflanzen aufeinander, die man zum Teil an Nutztiere verfütterte, deren Mist wiederum als Dünger verwertet wurde. Dieser Kreislauf kam mit relativ kleinen zusätzlichen Düngermengen aus, um Produkte für den Markt zu erzeugen.

Die moderne Landwirtschaft arbeitet anders. Ackerbau und Viehzucht werden immer stärker voneinander getrennt. Viele Höfe haben kein Vieh mehr, andere wiederum spezialisieren sich auf die reine Massenhaltung von Schweinen – industrielle Nahrungsproduktion. Man setzt bestimmte »Betriebsmittel« ein – Kraftfutter, Dünger oder Pflanzenschutzmittel – und versucht so, große Mengen zu produzieren. Der dabei entstehende Abfall wird nicht innerhalb des Produktionssystems verbraucht, sondern muß gesondert weggeschafft werden und belastet nicht selten die Umwelt.

Die Spezialisierung auf wenige Produkte machte zudem den Einsatz von großen und immer komplizierteren Maschinen möglich und nötig. Erst wenn der Bauer nur noch ein oder zwei verschiedene Kulturen anbaut, lohnt sich oft die Anschaffung teurer Maschinen, die dann auch auf entsprechend großen Flächen eingesetzt werden können.

Ein weiterer Trend ist auch in der Bundesrepublik schon seit langem zu beobachten: Auf immer größeren Feldern arbeiten immer weniger Menschen. Viele junge Leute aus alteingesessenen Dorffamilien wandern in die Städte ab, suchen Arbeit in der Fabrik.

Gefragt ist in der Landwirtschaft nur noch, was den größten Profit abwirft. Seit 1965 haben sich die landwirschaftlich nicht mehr genutzten, unrentablen »Brachflächen« verdoppelt. 1985 werden es, so schätzt man, 500.000 Hektar sein.

*

Über 1500 verschiedene Pflanzenschutzmittel sind inzwischen auf dem Markt. Der

Ein konventioneller Bauer beim Säen: Das Saatgut ist bereits mit Chemikalien vermischt. 30.000 Tonnen Chemikalien werden jährlich über Wiesen und Felder ausgestreut – Gefahr für Mensch, Tier, Boden, Wasser und Pflanze. (Photo: Brunnengräber)

Durchschnittsbauer hat längst den Überblick verloren. Er kann sich nur noch auf Berater verlassen – und die vertreten zumeist die Interessen der Industrie. Daß aber nicht erst beim »Verbraucher«, beim Bauern, einiges schief laufen kann, soll das folgende Beispiel zeigen: Hier geht es um Pannen, die bereits beim Hersteller passiert sind. Um den ganzen »Vorfall« richtig verstehen zu können, ist es nötig, ein wenig die Entwicklung der Pflanzenschutz- und Schädlingsbekämpfungsmittel zu verfolgen.

Die Anfänge von Pflanzenschutz- und Schädlingsbekämpfungsmitteln sind in der Mitte des letzten Jahrhunderts zu suchen. Bis dahin waren anorganische Substanzen wie Kupfersulfat, Kalk oder Schwefel die gebräuchlichsten Mittel im Kampf gegen Insekten, Milben, Pilze und »Unkraut«. Es war viele Jahre lang nicht leicht, genügend Ernte einzubringen, vor allem auch, und heute noch, in den Ländern der Dritten Welt.

Als dann schließlich in den vierziger und fünfziger Jahren dieses Jahrhunderts das Insektizid DDT zum weltweiten Einsatz kam, schienen die Probleme ein für allemal gelöst. Der Schweizer DDT-Entdecker und Chemiker Paul Müller wurde dafür sogar 1948 mit dem Nobelpreis für Medizin ausgezeichnet. Allerdings wußte man seinerzeit noch kaum etwas über das Verhalten des DDT in der Pflanze, im tierischen und menschlichen Körper. Das weite Feld der Rückstandsbildung war noch nicht beackert. Und so kam es, daß die frühe Euphorie in Ernüchterung umschlug: DDT ist seit 1973 in der Bundesrepublik verboten. Es hatte sich, wie durch genauere Untersuchungsmethoden nachgewiesen werden konnte, in der Nahrungskette angereichert – ökologische Negativfolgen stellten sich ein.

Ein ähnliches Schicksal hatte das Pflanzenschutzmittel HCH, das im folgenden beispielhaft behandelt werden soll. Dieses HCH, die Abkürzung für Hexachlorcyclohexan, wurde bereits 1825 von dem Chemiker Faraday erstmals beschrieben, aber erst über hundert Jahre später in seiner insektiziden Eigenschaft erkannt. Und schließlich merkte man, daß ein Teil des HCH besonders radikal wirkte, wenn man es noch von den Restbeständen »säuberte« und das Gamma-HCH übrigblieb. Dieses Gamma-HCH wirkt als Fraß-, Kontakt- und Atmungsgift auf die meisten Insektenarten tödlich – vom Kartoffelkäfer bis zu den Moskitos. Gerade drei Gramm benötigt man, um eine Tonne Heuschrecken, ein Zehnbillionstel Gramm, um eine Fliege zu vernichten.

In unseren Klimabreiten hat man bislang vielfach darauf geachtet, HCH-Präparate vor der Blüteperiode oder nach dem Abfall der Blüten auszubringen, da sie für Bienen ein starkes Berührungs- und Magengift sind. In der Humanmedizin wiederum – etwa bei Kopfläusen – und in der Tiermedizin findet das Gamma-HCH heute noch Verwendung. So wird die Krätze der Schafe in Australien gerne mit HCH behandelt. Eine vom Wollfett jener Schafe hergestellte Salbe nehmen bei uns viele Bauern zur Behandlung von Euterkrankheiten ihrer Kühe – und auf diesem Weg gelangte das chemische Gift schon oft in die Milch.

Von 1969 bis 1973 hat das Institut für Hygiene der Kieler Bundesanstalt für Milchforschung 1000 Proben pasteurisierter Trinkmilch aus zwanzig Versorgungsgebieten der Bundesrepublik untersucht. Das Ergebnis: hohe HCH-Werte.

Besonders problematisch wird es bei der Muttermilch. Da sich Giftstoffe wie HCH bei Säugetieren und Menschen besonders gerne und nachhaltig im Fett und in der Milch ablagern, sind Schädigungen beim Säugling nicht mehr auszuschließen. Untersuchungen in den vergangenen Jahren in der Bundesrepublik haben ergeben:

* Nicht eine einzige Frauenmilchprobe war frei von Rückständen der Pflanzenschutzmittel.
* Im Vergleich zu anderen »Lebensmitteln« hat die Frauenmilch die höchsten Rückstände.

Aber was heißt hier »Lebensmittel«: Die Muttermilch gilt nicht als Lebensmittel, wird daher auch nicht gesetzlich erfaßt und unterliegt keiner Kontrolle – im Gegensatz zur Kuhmilch. Dabei stellt die Muttermilch das wichtigste Nahrungs- und Lebensmittel dar, das dem Menschen in der ersten Phase seines Lebens zur Verfügung steht. Trotz aller Bedenken scheut sich die Deutsche Forschungsgemeinschaft nicht, das Stillen weiterhin zu empfehlen, weil die Vorteile die möglichen gesundheitlichen Nachteile aufheben sollen.

Doch zurück zum HCH. Bei der Herstellung des Gamma-HCH (Handelsname »Lindan«) fallen riesige Mengen Abfallstoffe an, nämlich die anderen Isomere Alpha-HCH, Beta-HCH, Delta-HCH und Epsilon-HCH, die heute noch in einem Gemisch, dem sogenannten »Technischen HCH«, verkauft werden – in die Länder der Dritten Welt.

Diesen hochgiftigen Chemiemüll hatte die Darmstädter Firma E. Merck in der Nähe der südhessischen Kleinstadt Gernsheim in Halden gelagert. Der Wind trug das Gift auf benachbarte Felder. Mensch und Tier wurden vergiftet. Die Substanz war in überhöhter Dosis im Blut vieler Anwohner nachweisbar. Die Schlagzeilen der Lokal und Regionalpresse hatten monatelang nur ein Thema: *»Die Firma Merck nennt die Lindan-Rückstände weniger giftig als Kochsalz«; »Milchverseuchung bereits 1972 registriert«; »Auch das Schlachtvieh will keiner mehr haben«; »Keine akute Gesundheitsgefährdung für die*

Riedbauern«. Der zuständige hessische Minister entließ kurzerhand einen leitenden Beamten seines Hauses und ordnete eine gründliche Untersuchung des Vorfalls an.

Etwa zwanzig Jahre lang hat das Chemie-Unternehmen in Gernsheim HCH-Produkte gefertigt. Dabei sind, laut Werksangaben, insgesamt über 120.000 Tonnen Rückstände angefallen: über 85.000 davon wurden auf Werksgelände deponiert – teilweise zur Befestigung des Parkplatzes in unmittelbarer Nachbarschaft zum Rhein. Die Auffüllung des Parkplatzes hatte eine Uferveränderung im Überflutungsbereich zur Folge und mußte aus diesem Grunde sogar wasserrechtlich genehmigt werden.

Was schließlich von den freiliegenden Halden auf die Felder verweht wurde, ließ sich durch systematische Bodenuntersuchungen abgrenzen und bestimmen. Dies war wichtig für die Anbauplanung, denn viele Landwirte hatten Verträge mit Lebensmittelherstellern. Daß es die Bauern da nicht einfach hatten, mußte auch der hessische Landwirtschaftsminister zugeben: *»Zum gegenwärtigen Zeitpunkt* [das war Anfang des Jahres 1979] *kann davon ausgegangen werden, daß auf den hochkontaminierten Flächen vom Anbau landwirtschaftlicher Nutzpflanzen, welche der Gewinnung von Nahrungsmitteln oder Futtermitteln dienen, abgeraten werden muß. Auf den weniger kontaminierten Flächen muß auf jeden Fall auf den Anbau von Futter für Wiederkäuer und auf empfindliche Gemüsearten wie Karotten verzichtet werden. Dagegen ist der Anbau von Getreide möglich, wenn auf die Nutzung des Strohs für Futter und Einstreuzwecke verzichtet wird, da die Getreidepflanze chlorierte Kohlenwasserstoffe in erster Linie im Stroh einlagert, so daß im Korn fast nur geringe Rückstandswerte gefunden werden. Auch der Anbau von Zuckerrüben ist möglich, wenn auf die Futternutzung des Rübenblattes verzichtet wird.«*

Damit nicht genug: Der betroffenen Bevölkerung wurde eine medizinische Untersuchung angeraten. Bei neun Personen wurde ein überhöhter HCH-Gehalt im Blut ermittelt. Aufgrund all jener Unsicherheiten schlugen Wissenschaftler des Berliner Bundesgesundheitsamtes vor, unbedingt eine weitere Überwachung – etwa durch das Messen von Blutspiegeln – bei der betroffenen Bevölkerung durchzuführen. Bei Personen gar, die mehr als 20 Mikrogramm HCH in einem Liter Blut hatten, sollten neurophysiologische Untersuchungen gemacht werden, beispielsweise ein EEG.

Das Zweigwerk der Darmstädter Firma E. Merck in Gernsheim: Das Bild ist von dem Parkplatz her aufgenommen worden, der seinerzeit mit HCH-Abfällen aufgefüllt wurde. (Photo: Brunnengräber)

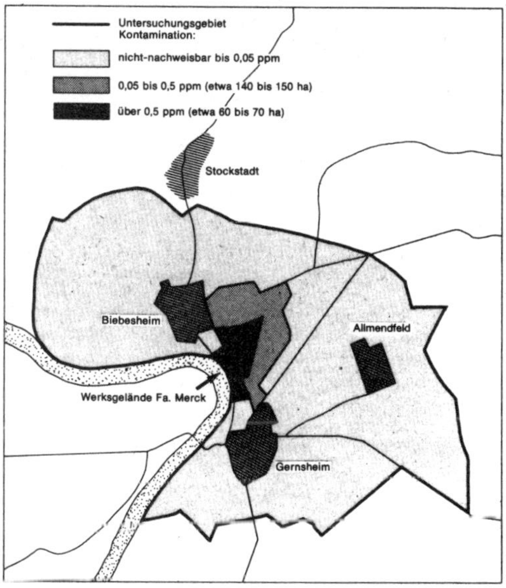

Bodenuntersuchungen rund um das Werksgelände der Firma E. Merck haben gezeigt, daß die stärkste Kontamination nordöstlich und östlich der Werksanlage mit Werten zwischen 0,05 bis über 0,5 ppm HCH-Rückstände vorlag – mit Werten also, die über der zulässigen Höchstgrenze liegen. (Zeichnung: UMSCHAU 11/1979)

Die Merck-HCH-Geschichte steht nicht allein. Im größten Blumen- und Gemüseanbaugebiet Norddeutschlands, in den Vierlanden nahe Hamburg, wurde das gleiche Gift entdeckt: Die Kuhmilch auf einem Bauernhof, 10 Kilometer entfernt vom Chemiewerk Boehringer, wies einen HCH-Gehalt auf, der um das 20- bis 30fache über der zugelassenen Höchstmenge lag.
Oder gehen wir zehn Jahre zurück: zwischen Lörrach und Freiburg wurde in der Kuhmilch Gamma-HCH entdeckt, zwanzig Mal mehr als zulässig. Den Bauern wurde untersagt, die Milch zu verwerten. Wenig später mußte der gesamte Milchkuhbestand auf Anordnung des Regierungspräsidenten von Südbaden notgeschlachtet werden. Das Gift war durch Windverwehung aus dem elsässischen Hüningen herangeweht worden, der Besitzer der Chemiefabrik wurde 1975 vom Landgericht Freiburg zur Einstellung der Produktion und zu einer Schadensersatzleistung von über einer Viertel Million Mark verurteilt.
Weit mehr zu denken aber geben Messungen des Umweltbundesamtes: Nicht nur in der unmittelbaren Nähe der Chemiefabriken ist es gefährlich geworden. Innerhalb von wenigen Jahren hat sich der Anteil von Gamma-HCH in der gesamten Bundesrepublik verzehnfacht – auch in Gebieten, die bislang als »unberührt« und »natürlich« gegolten haben.
Dabei ist das Hexachlorcyclohexan, das HCH, nur *ein* giftiger chemischer Stoff. Viele wären noch zu nennen. Und die heimtükkische Art, mit der Chemiegifte Pflanze, Tier und Mensch erkranken lassen, ist durchaus mit den Seuchen früherer Jahrhunderte zu vergleichen, obgleich die chemische Industrie hier einwendet, daß gerade sie ein Großteil dazu beigetragen habe, die »wirklichen Seuchen« wie Pest, Pocken, Diphterie, Cholera und Typhus erfolgreich zu bekämpfen oder gar auszurotten. Aber hat da nicht der Teufel den Beelzebub ausgetrieben?

*

Doch es gibt noch eine andere Gruppe von Bauern, die sich von den Chemielandwirten grundlegend unterscheiden: die Öko-Bauern, etwa 1000 sollen es inzwischen in der Bundesrepublik sein, 20.000 in den USA. Und glaubt man statistischen Erhebungen, dann werden es Jahr für Jahr mehr. 20.000 Hektar werden inzwischen in der Republik nach Bio-Methoden bewirtschaftet. Das ist noch nicht viel, es entspricht nicht einmal 0,2 Prozent der landwirtschaftlichen Nutzfläche der Bundesrepublik. *»Zurück in die Zukunft – Jährlich entsagen siebzig deutsche Landwirte der Chemie«* schrieb das Umweltmagazin »natur«. Die Tendenz scheint steigend.
Und der »Weltbund zum Schutze des Lebens« philosophierte unter dem Stichwort »Die grüne Reformation«: *»Die technische Fortschrittseuphorie unseres Jahrhunderts er-*

weist sich in diesen Tagen als der größte Irrtum und Irrweg, den die Menschheit in ihrer Geschichte gegangen ist. Skepsis und Resignation verbreiten sich vor allem in der jungen Generation. Verantwortungsbewußte Fachleute und Wissenschaftler auf allen Gebieten fordern übereinstimmend, den verhängnisvollen Irrweg materialistischer Denkungsart zu verlassen und in einem totalen Umdenkungsprozeß die praktischen Entscheidungen zu treffen, die erforderlich sind, um eine Katastrophe für die Menschheit zu verhindern.«

Aber, so muß man fragen, hat denn eine »alternative Landwirtschaft« überhaupt eine Chance? Ist sie, wie viele ihrer Kritiker meinen, nur das Privileg einer kleinen Minderheit, die alternativen Landbau mehr als Hobby denn als Grundlage der Versorgung und der Existenz betreibt? Ist alternativer Landbau nicht einfach ein Luxus, der die privilegierte Stellung der westlichen Industrienationen gegenüber den Ländern der Dritten Welt nur noch unbarmherziger offenlegt? Diejenigen, die alternativen Landbau betreiben, sind da ganz anderer Meinung.

Wobei man noch darüber streiten kann, ob »alternativer Landbau« wirklich die richtige Bezeichnung ist. Die gängigste Umschreibung ist wohl »biologischer Landbau« – eine Formulierung, die nicht ganz glücklich ist, was sogar Verfechter einräumen. Denn, so geben sie zu, einerseits wirkten auch die synthetischen Dünger auf Pflanzen und Tiere »biologisch«, und andererseits seien alle natürlichen Substanzen ebenfalls chemische Stoffe. Das ist richtig. Man sollte deshalb dazu übergehen, von einer »ökologischen Landwirtschaft« zu sprechen. Ökologische Landwirtschaft beschreibt den Kern der ganzen Sache: Der Bauer muß hier sehr viel wissen über die Natur, über das Verhalten von Pflanzen und Bodentieren, über Wind und Wetter, über Boden, Gestein und Wasser – und das Wichtigste: über das Ineinandergreifen und die Zusammenhänge all jener Faktoren. Von diesem Wissen ist die Mehrzahl unserer Landwirte heute entfernt. Die Natur interessiert sie wenig, an oberster Stelle steht der Ertrag. Dabei ist ökologische Landwirtschaft alles andere als neu. Der eigentliche Aufschwung aber kam erst zu Beginn unseres Jahrhunderts – als Reaktion auf die zunehmend industrialisierten Landwirtschaftsmethoden.

Was Justus von Liebig den deutschen Bauern – und nicht nur denen – einmal in gutem Glauben bescherte, nimmt heute immer schlimmere Formen an. Mit der erkauften Fruchtbarkeit auf den Feldern hat der Bauer nach und nach seine Fähigkeiten und Kenntnisse über die Zusammenhänge in der Natur verloren. Zu Beginn des Jahrhunderts, als der Chemieeinsatz noch recht bescheiden war, kamen schon die ersten warnenden Stimmen – und die ersten Methoden ökologischer Anbauweisen wurden bekannt.

Einer der ersten war Sir Albert Howard, ein englischer Pflanzenpathologe. Howard, landwirtschaftlicher Berater in Indien, beobachtete dort die Methoden einer »ursprünglichen Landwirtschaft.«

Die Bauern dort kannten keinen Kunstdünger, trotzdem aber hatten sie Erfolg mit ihrer Anbaumethode. Howard arbeitete jahrelang mit ihnen zusammen – und entwickelte ein eigenes Kompostierverfahren. Er war einer der ersten, der zeigte, daß man auch ohne Pflanzenschutzmittel – allein mit natürlicher organischer Düngung – ein gesundes Wachstum und hohe Erträge erzielen kann.

Der Anthroposoph Rudolf Steiner – Naturwissenschaftler und Philosoph – schuf um 1920 Richtlinien für eine Landwirtschaft, die auf die Entfaltung der Kräfte in der Natur ausgerichtet waren: Er ist der Initiator einer »biologisch-dynamischen Bewegung«. Für Steiner schien es wichtig, die Kreisläufe in der Natur anzuregen. Kompostierung, eine ausgewogene Fruchtfolge, Gründüngung und andere natürliche Maßnahmen waren die Grundlage seines landwirtschaftlichen Erfolges.

Etwa zwanzig Jahre später entwickelte der Emmentaler Bauernsohn Hans Müller den »organisch-biologischen Landbau«. Er legte

das Schwergewicht auf die Gesundheit des Bodens, verwendete ein bestimmtes Bakterienpräparat und führte regelmäßig Bodenuntersuchungen durch.
Alle Richtungen ökologischen Landbaus haben eines gemeinsam: sie gebrauchen keinen synthetischen Stickstoff und falls organischen, dann diesen nur in kompostiertem Zustand. Darüberhinaus lehnen Öko-Bauern jedes Unkraut- und Schädlingsbekämpfungsmittel ab, jede Form von Antibiotika und Hormonen in der Zucht und Viehhaltung.
Ein Landwirt aus Oberhessen, der unter bestimmten Umständen ökologischen Landbau betreiben würde, den aber die wirtschaftliche Notwendigkeit zwingt, die »unheimliche Ehe mit der Chemie« notgedrungen fortzusetzen, nahm zu diesen Fragen Stellung. Hier ein Auszug aus dem Gespräch:
Frage: Die meisten Bauern in der Bundesrepublik betreiben eine Landwirtschaft, die sich sehr stark an chemische Produkte hält. Wie sehen Sie das Problem »chemische Landwirtschaft«?
BAUER: Zunächst möchte ich meinen Betrieb einmal vorstellen. Ich bewirtschafte gemeinsam mit meiner Frau einen 25-Hektar-Betrieb, teils Grünland, teils Ackerbau. In der Familie, einer Großfamilie, leben noch unsere beiden Kinder und mein 80jähriger Vater. Meine Frau und ich haben zunächst einmal sehr viele Probleme durch die Arbeit, die wir nur mit Hilfe von verschiedenen Maschinen schaffen. Das heißt, um maschinengerecht arbeiten zu können, brauchen wir auch Chemie. Ohne Chemie ist ein maschinengerechtes Arbeiten nicht möglich. Ein Beispiel: Um einen Mähdrescher zur Getreideernte einsetzen zu können, brauchen wir einen vollständig unkrautfreien Acker, sonst würde der Mähdrescher nicht mehr ordentlich und zur Zufriedenheit arbeiten. Es würde ein großes Mehr an Arbeit geben und sehr viel Ärger bedeuten.
Frage: Ist die Chemie also »allein seligmachend« für einen Bauern?

Der Bauer Kurt Linker, der seinen Hof inzwischen nur noch als Nebenerwerbslandwirt betreibt. (Photo: Brunnengräber)

BAUER: Von Seligmachen kann überhaupt keine Rede sein. Denn wegen der Seligkeit wird kein Landwirt Chemie anwenden, ich auch nicht. Allerdings sehe ich ein, daß ein Großteil der von uns eingesetzten Chemie doch etliche Nachteile für die Natur und für uns Menschen hat. Wenn beispielsweise Düngemittel ausgebracht werden, dann kommt es immer wieder vor, daß Bäche und Flüsse mit Schadstoffen angereichert werden. Beim Spritzen im Frühjahr kommt es oft vor, daß Gelege oder brütende Vögel im Feld genauso wie junge Hasen und säugende Häsinnen mitbesprüht werden, was zum Teil zu Krankheitserscheinungen und auch zum Tod dieser Tiere führen kann.
Frage: Tut es deshalb nicht weh, allein aus wirtschaftlichen Erwägungen Chemie anwenden zu müssen?

BAUER: Das tut sehr weh, die Frage ist vollkommen richtig. Es ist wirklich schade, daß wir Landwirte diese Chemikalien in so verstärktem Maße anwenden müssen. Und zwar jedes Jahr mehr, denn es gibt schon viele Arten von Unkrautbekämpfungsmitteln, gegen die die Pflanzen resistent sind.
Frage: Nun gibt es in der Bundesrepublik pro Jahr rund 70 Landwirte, die vom chemischen Gebrauch abgehen und ökologische Bauern werden. Haben Sie sich einmal überlegt, ökologischen Landbau zu betreiben?
BAUER: Ich habe schon oft darüber nachgedacht und habe mich auch schon verschiedentlich bei solchen Bauern informiert. Allerdings sehe ich für mich folgende Schwierigkeiten: Erstens eine weit höhere manuelle Bearbeitung des Bodens und der Feldfrüchte, weitaus niedrigere Erträge, mehr Unkraut auf den Feldern. Das heißt, meine Frau und ich müßten weitaus mehr arbeiten oder könnten sogar die Arbeit nicht mehr schaffen, alleine nicht mehr. Zweitens muß man für diese biologisch erzeugten Güter einen weitaus höheren Preis zahlen. Da wir in einem ländlichen Raum zuhause sind, ist der Absatz nicht sichergestellt. Ganz anders sähe das aus, wenn wir in Stadtnähe wohnten, dort läßt sich das schon viel leichter durchführen.
Frage: Gibt es einen Ausweg aus der derzeitigen Situation?
BAUER: Das Allernächste wäre einmal, daß man weniger Düngermittel anwendet. Das Zweite: daß man das, was man spritzen muß, um überhaupt mit der Landwirtschaft existieren zu können, wirklich so anwendet, wie es unumgänglich ist, das heißt mit geprüften Spritzgeräten, die keine Übermengen ausstoßen und daß man dabei sehr vorsichtig und nach Vorschrift vorgeht. Das wäre ein Schritt, um die Chemieanwendung nicht ganz so gefährlich werden zu lassen, denn gerade Überdosierung – das ist die Gefahr, die von uns ausgeht und mit der wir uns zur Zeit, wenn auch unbewußt, besonders schuldig machen.
Frage: Wie schätzen Sie Ihre Kollegen und Mitbauern hier im Dorf ein?
BAUER: Von den meisten glaube ich, daß sie einfach den Nutzen dieser Chemikalien hervorheben und daß sie sich ganz alleine nach den Einnahmen, die damit zu erzielen sind, richten.«
Als das Gespräch mit dem Bauern aus Oberhessen geführt wurde, war er noch Vollerwerbslandwirt. Wenige Monate später gab er seinen Hof in dieser Form aus Rentabilitätsgründen auf und arbeitet seitdem tagtäglich in einem Molkereibetrieb. Seine Frau und sein achtzigjähriger Vater machen weiter – mit einem verringerten Milchkuhbestand, mit anderer Zielsetzung. Der ehemalige Vollerwerbsbauer hilft nur noch mit – am Feierabend, am Wochenende und während des Urlaubs: das Schicksal vieler deutscher Bauern.
Muß es also zwangsläufig dabei bleiben, bei der »unheimlichen Ehe zwischen Landwirtschaft und Chemie«? Zumindest werden,

Konventionelle Bauern beim Spritzen der Felder im Frühjahr. (Photo: Brunnengräber)

Der Dottenfelder Hof in der Nähe von Bad Vilbel: ein etwa 150 Hektar großes Gut, das seit Jahren biologisch-dynamisch bewirtschaftet wird. »Unter dem Strich bleibt alles in allem ein größerer Gewinn«. (Photo: Brunnengräber)

aus Unsicherheit und existentieller Angst, die meisten Bauern den Weg ihres Kollegen aus Oberhessen gehen. Dabei liegen inzwischen die Ertragszahlen im ökologischen Landbau nachgewiesenermaßen nur zwischen 5 und 10 Prozent niedriger als im herkömmlichen Chemie-Landbau. Demgegenüber spricht die Industrie von einer vierzig- bis fünfzigprozentigen Einbuße. Frederic Vester hat kürzlich in dem Filmbericht »Kehrtwende – Landwirtschaft ohne Gift« dazu Stellung genommen: *»Die Falschinformation, bei einer ökologischen Landwirtschaft würde die Menschheit verhungern, muß endlich vom Tisch. Denn in Wirklichkeit ist es ja so, daß die Methoden der industriellen Agrarchemie und die von ihr propagierten Monokulturen das Welthungerproblem nur verschärfen. Sehen Sie, es ist doch so, daß in den reichen Ländern der Fleischverzehr regelrecht durch Werbeagenturen angeheizt wird. Das Vieh wird jedoch in unseren Massentierhaltungen vielfach durch importiertes Kraftfutter gemästet. Wenn man sich klarmacht, wieviel Getreidefrüchte, Sojabohnen und Mais auf diesem Umweg über den Tiermagen für die Fleischerzeugung verschwendet werden, dann erschrickt man. Zehnmal so viel Menschen könnten auf der gleichen Agrarfläche ernährt werden, würde man die dort angebauten Feldfrüchte direkt verspeisen. (...) Es geht aber auch anders. Das zeigen jahrelange Untersuchungen der National Science Foundation an über dreißig Großfarmen des amerikanischen Getreidegürtels und deren Bilanzen, was kürzlich nochmal durch einen Bericht des US-Landwirtschaftsministeriums an über hundert Betrieben bestätigt wurde, die sich auf organischen Anbau umgestellt haben.«*

Es scheint, als arbeite die Zeit für den ökologischen und gegen den konventionellen Landbau. Konventionelle Bauern werden mehr und mehr zu Erfüllungsgehilfen der Industrie. Zwar ist es noch nicht so weit wie in einigen Ländern der Dritten Welt, wo man oft Saatgut nur noch in Verbindung mit Dünge- und Spritzmitteln kaufen kann – zum Mehrfachgewinn für die Herstellerfirmen. Aber auch in der Bundesrepublik muß der Landwirt in zunehmendem Maße den erwirtschafteten Überschuß sofort wieder in Industriegüter investieren. Der Mehrertrag auf den Feldern – erzwungen durch eine immer ausgefeiltere Manipulation von Boden und Pflanze – und steigende Betriebskosten sind zu einem Teufelskreis geworden, der einer ständig steigenden Zahl von Landwirten verdächtig wird. Es ist deshalb nicht verwunderlich, daß der »Forschungsring für Biologisch-Dynamische Wirtschaftsweise« in Darmstadt bereits eine Warteliste mit potentiellen »Aussteigern« führt, weil die Forschungsring-Berater überlastet sind.

Der Dottenfelder Hof, 150 Hektar groß, im Norden Frankfurts am Rande von Bad Vilbel gelegen, arbeitet bereits seit 14 Jahren nach der biologisch-dynamischen Wirtschaftsweise. Seine Erfahrungen faßt der promovierte Landwirt Manfred Klett zusammen: *»Ein biologisch-dynamisch ausgerichteter Hof steht wirtschaftlich auf gesünderen und stabileren Füßen als ein konventioneller Hof. Die meisten Betriebsmittel können wir uns selbst erwirtschaften und sind so in weit geringerem Maße auf die Industrie angewiesen.«* Den Einwand konventioneller Bauern, geringere Erträge gefährdeten die Existenz des Hofes, läßt Klett daher nicht gelten: *»Sicherlich werden die ersten Jahre nach der Umstellung nicht einfach sein, denn biologisch-dynamische Wirtschaftsweise erfordert ein größeres Arbeitskräftepotential. Aber unter dem Strich bleibt uns alles in allem ein größerer Gewinn.«*

Wer nach Anbau-Programmen vorgeht, die von einer industrieorientierten Wissenschaft entwickelt werden, wird sicherlich seinen Ertrag sichern und steigern können. Wird er aber noch das sein können, was man sich unter einem Bauern vorstellt – ein Landmann, der die Gesetze der Natur kennt und kennen muß, der eigene Entscheidungen trifft und sich selber als Teil eines ökologischen Systems versteht?

Wald – nur noch die Summe aller Bäume

Im Jahr 2000, so warnte vor einiger Zeit Professor E. F. Watt vor einem Ausschuß des amerikanischen Repräsentantenhauses, werden Bäume etwas sein, an das sich viele Menschen nur noch dunkel erinnern. Schwarzmalerei oder bald Wirklichkeit? Eigentlich, so könnte man meinen, ist alles halb so schlimm. Denn die Waldfläche in der Bundesrepublik hat in den letzten Jahren sogar zugenommen – um 1 Prozent.
Aber das ist nicht so wichtig. Wald expandiert nämlich nur dort, wo er nicht unbedingt gebraucht wird, weitab von Städten und Ballungsräumen, weitab vom täglichen Lebensraum des Menschen. Wem nutzt der Wald im Gebirge? Denen, die ihn wirtschaftlich ausbeuten, nämlich der Forstwirtschaft. Unter diesem Gesichtspunkt wird Wald heute in erster Linie angepflanzt. Aber das ist nur eine der Aufgaben, die normalerweise zu erfüllen sind, die Produktion von Holz. Der Wald hat noch andere, wichtige Funktionen: Er soll das Grundwasser sauberhalten, die Bodenabspülung verhindern, das Klima günstig beeinflussen, Schadstoffe in der Luft auffangen; der Wald soll dem Menschen Erholung bieten, Wohn- und Nahrungsraum für Tier- und Pflanzenwelt sein. Eine ganze Menge ist das. Kein Wunder, wenn es da zu Konflikten kommt, zu Interessenskonflikten zwischen Ökologie und Ökonomie.

*

Der Wald hat in unserem Land eine bewegte Geschichte durchmachen müssen. Vor 2000 Jahren war das gesamte Germanien, mit Ausnahme kleiner Berggipfel und der Überschwemmungsgebiete großer Flüsse, von einem fast undurchdringlichen Naturwald geprägt. Viele hundert Jahre später, im 8. und 9., dann im 12. und 13. Jahrhundert, galt es als eine kulturhistorische Tat, den Wald zu roden. Brauchbare Flächen für die Landwirtschaft mußten geschaffen werden. Ein trauriges Bild, was den Wald betrifft, bieten noch heute die Länder rings um das Mittelmeer – Landschaften, die viele zur Urlaubszeit bereisen, Italien, Spanien, Griechenland: Nicht ein ungünstiges Klima, wie die meisten irrtümlich annehmen – allein das kurzsichtige Handeln des Menschen hat dort den Wald fast restlos vernichtet.
In Deutschland war das nicht viel anders. Noch vor zweihundert Jahren verdiente auch die Masse der deutschen Bestände eher den Namen Heide als Wald. Aber aus der Not wurde zunächst eine »Tugend« gemacht: es entstand eine Bewirtschaftung des Waldes, die Forstwirtschaft. Seit dem 19. Jahrhundert wird systematisch geplant. Aber Fehler blieben nicht aus. Das gab in einem Gespräch auch der Leiter der Hessischen Forsteinrichtungsanstalt in Gießen, der leitende Forstdirektor August Henne, zu. Einzelne häßliche Waldbilder, so Henne, seien das Ergebnis kurzsichtiger, weil kurzfristiger Optimierung oder einseitiger Betonung einzelner Funktionen des Waldes.
Die Forstleute, so scheint es mancherorts, wollen sich bemühen, aus den Versäumnis-

Waldverlust durch Autobahnbau: immer mehr Wald geht für Straßen, Häuser und Industrieansiedlung verloren. (Photo: Brunnengräber)

sen vergangener Jahre zu lernen. Die »Bodenertragslehre«, die lange Zeit die Richtung bestimmte, soll in Zukunft nicht allein mehr maßgebend sein. Wenn man heute neue Anpflanzungen plant, sollen an erster Stelle die ökologischen Überlegungen stehen: Klima- und Standortsfragen sollen Vorrang haben. Mit anderen Worten: Jede Baumart wird dort angepflanzt, wo sie sich am »wohlsten fühlt«, am besten gedeiht. Also nicht »Fichte über alles und überall hin«, sondern allein dort, wo beispielsweise Buche oder Eiche wegen ungünstiger Bodenverhältnisse nur in Krüppelform aufwachsen könnten. Hier gehen Ökologie und Ökonomie Hand in Hand. Ein kümmerlicher Waldstrich nämlich mit schief gewachsenen Bäumen zahlt sich weder wirtschaftlich noch »kulturell« aus: Kaum jemand wird am Sonntagnachmittag dort Erholung suchen wollen.

Bei diesen Standortsfragen ergeben sich aber nicht geringe Schwierigkeiten: Oft ist erst nach Generationen eine Beurteilung darüber möglich, ob der Anbau einer bestimmten Holzart standörtlich richtig war. Ein Landwirt hat es da viel einfacher: Er kann beim jährlichen Vergleich von Wuchs und Ernte den Erfolg oder Mißerfolg einfacher und schneller feststellen. Genaue wissenschaftliche Kenntnisse, vor allem in der Bodenkunde, müßten deshalb heute in der Forstwirtschaft die Grundvoraussetzung für eine wirkungsvolle Planung sein.

Es geht aber nicht nur um die Frage, wo welcher Baum am besten wächst. Wichtig ist auch, welche anderen Funktionen er noch haben soll. Nicht überall muß der Wald alle Aufgaben erfüllen. Daß er viele haben kann, wurde bereits einleitend gesagt. Aber in der dicht besiedelten Bundesrepublik ist es nahezu ausgeschlossen, die Funktionen des

Waldes – wie es beispielsweise in den USA geschieht – räumlich trennen zu wollen. In der Nähe eines Ballungsraumes beispielsweise wird zwar vor allem die Naherholung einen breiten Platz einnehmen; andere »Dienstleistungen« aber erfüllt der Wald in gleichem Maße nebenbei: er filtert das in seinen Boden eindringende Regenwasser, er bietet einen Lärmschutz etwa zwischen Autobahnen, Schnellstraßen, Flugplätzen und städtischen Siedlungen, und er ist darüberhinaus noch wichtigster Sauerstoffproduzent.

Eines ist sicher: wer heute Forstwirtschaft betreiben will, muß auf vielen Gebieten Fachmann sein.

Allein langfristige Planung gewährleistet eine sinnvolle Forstwirtschaft. Wenn der Wald sich selbst überlassen bliebe: das Land Hessen zum Beispiel würde dereinst zum größten Teil eine eintönige Buchenlandschaft sein – eben die natürliche Waldgesellschaft dieser Gegend, ebenso natürlich wie in Nordeuropa die riesigen Nadelwälder.

*

Für Menschen, die tagtäglich der Hetze, dem Lärm und Schmutz einer hochindustrialisierten Umwelt ausgesetzt sind, scheint der Wald immer noch ein Überbleibsel aus vergangener Zeit zu sein, ein Fleckchen Erde, wo Erholung und Entspannung möglich sind, in das sich reine und gesunde Luft aus besseren Tagen hinübergerettet hat.

Aber gerade den leicht zugänglichen, siedlungsnahen Wald haben die Menschen in den letzten Jahren mehr und mehr in eine große Mülltonne verwandelt. Das Bild ist schon vertraut: der Abfall von Familie Schulze im Straßengraben, Maiers alter VW zwischen Hecken und Gebüsch und Müllers ausgedientes Schlafzimmer unter den Fichten gleich neben dem Trimm-Pfad. Erholung im Wald – im Gestank brennender Autoreifen.

Vor fast 10 Jahren wurden bei einer Aktion »Saubere Landschaft« allein in Hessen 35.000 Kubikmeter Müll eingesammelt, eine Menge, die eine halbe Million Mülleimer füllt – oder 700 Eisenbahnwaggons.

Ein Drittel seiner Freizeit verbringt der Bürger der Bundesrepublik durchschnittlich außerhalb seiner vier Wände. Allein im Frankfurter Stadtwald hat man an einem einzigen Tag immerhin schon 70.000 Menschen gezählt.

Dennoch haben auch hier Auto, Eisenbahn und Flugzeug Vorrang. Gibt es überhaupt noch eine Möglichkeit, gerade in dicht besiedelten Gebieten den Bau von Straßen, Autobahnen und Flugplätzen einzuschränken?

Bereits 1973 hat die »Schutzgemeinschaft Deutscher Wald« gefordert, den Frankfurter Flughafen nicht auszubauen. 150 Hektar Wald, so die Warner, müßten fallen für die Verlängerung der bestehenden Startbahnen Nord und Süd, weitere 250 für eine neue Startbahn West.

*

Um den Wald in seiner heutigen Funktion

Der Wald als Holzproduzent. (Photo: Brunnengräber)

und Verbreitung besser verstehen zu wollen, muß man auch seine Vergangenheit kennen. Nicht nur der Wald, die gesamte Pflanzenwelt in ihrer heutigen Ausdehnung, ist erdgeschichtlich sehr jung. Denn während der Eiszeiten war pflanzliches Leben nur auf wenige eisfreie »Inseln« beschränkt – als weiträumige Tundrenlandschaft. Letzte Reste eines solchen »subarktischen Bewuchses« lassen sich heute sogar noch antreffen: auf Berggipfeln und in Hochmooren. Denn als sich die Eismassen aus Deutschland langsam zurückzogen, ging mit ihnen auch die Tundra Richtung Norden – heute noch großflächig anzutreffen in den kalten Regionen Schottlands, Skandinaviens und der Sowjetunion.

All das, was heute hier wächst, kam erst nach der letzten Eiszeit: aus dem Osten, dem Süden und dem Westen. Was die Bäume betrifft, da wanderte zuerst die Birke aus West- und die Kiefer aus Osteuropa ein. Dann folgten die Hasel und der Eichenmischwald. Als die Hasel zurücktrat, kam die Fichte – aus den Ostkarpaten, vielleicht auch aus der Poebene. Bis in die Gegenwart können wir solche Einwanderungen beobachten – wobei der Mensch des öfteren ein wenig nachgeholfen hat: die Römer brachten die Edelkastanie nach Mitteleuropa, und vor wenigen Jahrzehnten schafften tüchtige Forstleute die nordamerikanische Douglasie, ein der Fichte ähnlicher Baum, nach Deutschland – um den Gewinn zu maximieren, denn die Douglasie wächst gut und vor allem schnell.

Für die frühe Besiedlung des mitteleuropäischen Raumes hatte der Wald, neben Flüssen und Bächen, die zentrale Bedeutung. Die Steppenheiden, licht bestockt und daher leicht zugänglich, lockten schon frühzeitig Siedler an. Heute weiß man, daß in der Jüngeren Steinzeit, vor etwa 4000 bis 6000 Jahren, zwei Regionen dem Menschen besonders geeignet schienen:

Waldverlust zugunsten von Hochspannungsmasten und Autobahnen (Im Hintergrund die Flughafenautobahn Richtung Wiesbaden). (Photo: Brunnengräber)

* der süd-/südwestdeutsche Raum: niedere Teile des Alpenvorlandes, Teile des Oberrheingrabens, Höhen der Schwäbischen und Fränkischen Alb, das Neckarland, der mittlere Main und das Moseltal.
* das Hügelland am Nordrand der Mittelgebirge, ganz besonders das spätere Thüringen und Sachsen.

Ansonsten bedeckte Urwald den deutschen Boden – fast die gesamte Fläche, zu dicht gewachsen und undurchdringlich, um darin auf Dauer leben zu können. Waldfrei waren allein die Marschen und die Überschwemmungsgebiete großer Flüße, die damals noch die Möglichkeit hatten, ihr Bett selber zu suchen. Noch hatte der Mensch nicht in die Natur eingegriffen, allenfalls in so bescheidenem Maße, daß davon wenig zu spüren war. Aber bereits seit der Zeit der Völkerwanderung, etwa vor 1500 Jahren, war das anders: Wald wurde gerodet, riesige Gebiete, vor allem im ostdeutschen und osteuropäischen Raum, »kolonisiert«. Die Folge: Ausbreitung und Zusammensetzung der Pflanzendecke Mitteleuropas waren im Laufe der Zeit nicht wiederzuerkennen – von den ursprünglichen Vegetationsgemeinschaften ist nicht mehr viel geblieben.

*

Viele Eigenschaften des Waldes und auch viele seiner »Leistungen« lassen sich mit den Sinnen nicht wahrnehmen. Denn was sich in den Bäumen selbst, in ihren Blättern und Wurzeln a bspielt, im Boden, auf dem sie wachsen – dies alles ist auf den ersten Blick nicht erkennbar. Gemeint ist das Wasser, das als Regen auf den Wald niedergeht und auf oft geheimnisvollen Wegen und Kanälen in den Boden gelangt – und von dort über die Blätter wieder an die Atmosphäre abgege-

Waldverlust zugunsten des Flugverkehrs – hier an der umstrittenen Startbahn West des Rhein-Main-Flughafens. Eine Betonmauer soll den Fortgang der Erweiterungsarbeiten ermöglichen. (Photo: Brunnengräber)

ben oder vom Menschen für den Trinkwasserbedarf erschlossen wird. Der Wald – ein riesiger Wasserspeicher?

Es ist falsch anzunehmen, allein durch Aufforstung könnten Wasserprobleme im Handumdrehen gelöst werden. Die Gleichung: »Mehr Wald ist gleich mehr Wasser« stimmt nicht. Denn der Wald bringt in dieser Hinsicht auch große Nachteile mit sich. Gerade in den Vegetationsmonaten, im Sommer also, nehmen die Verdunstungsraten der Waldflächen enorm hohe Werte an. Bei einem Jahresniederschlag von beispielsweise 600 Millimetern gibt der Wald etwa 450 Millimeter, also drei Viertel, wieder ab. Nackter Boden dagegen bringt es allenfalls auf gut 200 Millimeter. So weist eine einzelne Buche immerhin eine Blattoberfläche von 1600 Quadratmetern auf. Ihre Blätter atmen und schwitzen – sie verdunsten Wasser. Die Natur versorgt sich also zuerst einmal selbst, um, besonders in den heißen Monaten, zu überleben. Allein was übrig bleibt, kann der Mensch nutzen.

Sowohl die Bedeutung als auch die Funktion, die dem Wald für die Wasserwirtschaft zukommen, sind bisher kaum richtig eingeschätzt worden. Zumindest war der Wald so gesehen lange Zeit ein Stiefkind von Wissenschaft und Forschung. Erst seit gut 15 Jahren versuchen deutsche Forstleute, diese Lücke zu schließen.

Auch in der Wald- und Forsthydrologie hat man erst aus Fehlern und Versäumnissen früherer Jahre gelernt. Nach den großen alpinen Waldverwüstungen des 19. Jahrhunderts haben mehrere europäische Staaten strenge Waldgesetze erlassen. Der Schweizer Forscher Engler wies erstmals in den Sommermonaten des Jahres 1900 die besondere Bedeutung des Waldes für die Wasserwirtschaft nach, indem er stark und weniger stark bewaldete Flächen miteinander verglich. Zu Beginn des 20. Jahrhunderts verlagerte sich das Experimentierfeld mehr in die USA: Überschwemmungen und Bodenabspülungen, Folgen einseitiger Waldabholzung, gaben damals den Anstoß zu verstärkter Anstrengung und genauerer Untersuchung.

Eine der wenigen »Versuchsstationen« in der Bundesrepublik ist der Stadtwald im Süden von Frankfurt. Dort hat man in einer ersten Versuchsphase bei Eiche und Buche, Fichte, Kiefer und Lärche den monatlichen Niederschlag am Waldboden gemessen, die Werte miteinander verglichen und in Beziehung gesetzt zu den auf benachbarten waldfreien Flächen gewonnenen Regenmengen. Natürlich schnitt der Wald dabei schlechter ab. Den Fehlbetrag, den der Wald gegenüber dem Ackerland aufweist, nennen Fachleute die »unproduktive Verdunstung«. Denn das Wasser, das auf Baumkronen und Boden fällt und sich dort nach relativ kurzer Zeit gleichsam wieder »in Luft auflöst«, ist weder für den Nährstoffhaushalt der Pflanzen von Nutzen, noch kann der Mensch damit etwas anfangen.

Bei der »produktiven Verdunstung« sieht das schon anders aus. Denn das Wasser, das der Baum mit seinen Wurzeln aufnimmt und über die Blätter wieder abgibt, ist lebensnotwendig für die Pflanze, sozusagen ihr täglich Brot.

So erklärt es sich, daß im Frankfurter Stadtwald in einem Normaljahr zwischen Mai und September kein Grundwasser neu gebildet werden kann. Die Gesamtverdunstung des Waldes ist während dieser Zeit meist noch höher als der Niederschlag, das heißt: im Boden entsteht sogar ein Feuchtedefizit. Demnach kann sich nur in vegetationsfreien Monaten Grundwasser neu bilden, also vornehmlich im Herbst und im Winter.

Aufschlußreich sind die Zahlen, die bei den Stadtwalduntersuchungen ermittelt wurden: In einem Jahr wurden in Roteichebeständen 230 Liter Grundwasser pro Quadratmeter neu gebildet. Bei der Buche waren es nur noch 168 Liter. Und die Kiefer brachte es nur auf 133 Liter, also auf annähernd 100 Liter weniger als die Roteiche. An diesen wenigen Zahlen wird deutlich, wie wichtig für den Forstraum und die Wasserwirtschaft die richtige Wahl der Baumart sein kann.

Man stelle sich vor: Wäre der gesamte Frankfurter Stadtwald mit Roteiche bestockt – in einem einzigen Jahr würden sich sieben Millionen Kubikmeter mehr Grundwasser bilden als bei voller Bestockung mit Kiefer.
Nun kann niemand fordern, aus dem gesamten Stadtwald einen »Roteichewald« zu machen. Denn gerade die geographische Lage eines stadtnahen Waldes erfordert die besondere Berücksichtigung seiner sozialen Funktionen.
Hat der Wald denn überhaupt gute Eigenschaften? Er verbraucht doch im Sommer sehr viel Wasser für sich selbst, mehr als er durch den Regen erhält? Die hohe Verdunstungsrate des Waldes ist einfach ein Preis, den man zahlen muß. Einmal für die ausgleichende Wirkung, die der Wald ganz besonders bei Starkregen oder während der Schneeschmelze schafft: Hochwasser kann nicht mehr so stark auftreten, kann womöglich vermieden werden. Denn die durchwurzelte Bodenschicht unter einem einzigen Hektar Wald speichert in einem Meter Tiefe bis zu zwei Millionen Liter Wasser und – das ist wichtig – gibt es gleichmäßig und langsam wieder ab.
Zum anderen muß man zahlen für die besondere Qualität des Wassers, das der Wald liefert. Die oft zentimeterdicken Humusschichten, die lange Verweildauer in einem lockeren Bodenmaterial, und vor allem die fehlende Düngung, garantieren in den meisten Fällen eine gute Trinkwasserqualität. Bäche, die aus einem landwirtschaftlich genutzten Einzugsgebiet kommen, sind sehr viel höher mit Schadstoffen belastet. Gerade heute, wo sauberes Wasser immer knapper wird, ist dies wichtig.
Für den Forstman ist die Bewirtschaftung eines bewaldeten Niederschlagsgebietes eine neue und zukunftsorientierte Aufgabe. Vielleicht könnte einmal in absehbarer Zeit der Wasserertrag in manchen Waldungen von größerer volkswirtschaftlicher Bedeutung sein als der Holzertrag.

*

Die Erde ist zu mehr als einem Drittel mit Wald bedeckt. Aber nur 8 Prozent dieses Gesamtwaldes werden wirtschaftlich genutzt. Die Bundesrepublik ist zu 29 Prozent mit Wald bestockt. Und dieser Wald wird zum allergrößten Teil wirtschaftlich gewartet. Daran ist schon die Denkweise zu erkennen, mit der bei uns Forstwirtschaft betrieben werden muß. Gute Statistiken, steigende Erträge, immer mehr Geld und Gewinn – das sind die Maximen der Forstleute. Auch wenn von offizieller Seite immer wieder versichert wird, die »Multifunktionalität« des Waldes werde respektiert, sie stehe an erster Stelle aller Überlegungen.
Es ist richtig, daß die Waldfläche im Bundesgebiet in den vergangenen Jahrzehnten zugenommen hat. Trotzdem hat in den letzten hundert Jahren der Waldanteil pro Einwohner nach und nach abgenommen: im letzten Jahrhundert, etwa im Jahre 1878, waren es 0,32 Hektar auf einen Einwohner; 1927 0,20 Hektar und 1980 nur noch 0,10 Hektar.
Die Zunahme des Waldes hat dort stattgefunden, wo er seit eh und je stark vertreten war, in den Mittelgebirgen. Und dort wird er nicht einmal unbedingt benötigt. Im Gegenteil: Er verschandelt oft genug die schönsten Täler und Auen. Und dabei herrschen meist standortsfremde Nadelgehölze vor.
Dort aber, wo Wald so dringend benötigt wird, im Bereich von Städten, von Industrie- und Verdichtungsgebieten, geht immer mehr an wertvollem Waldbestand verloren, fällt er Straßen, Autobahnen, Neubaugebieten sowie Industrie- und Gewerbeansiedlungsflächen zum Opfer. Hier hat der Wald heute, in einer Zeit überindustrieller Ausrichtung, die wertvollsten – für die Menschen wertvollsten – Aufgaben zu erfüllen: hier wird er dringend für die Naherholung benötigt.
Die Waldfläche, die durch die Industrie kaputtgemacht oder geschädigt wurde, wird für die Bundesrepublik auf über 50.000 Hektar geschätzt. Den Löwenanteil davon nimmt der Raum des Ruhrgebietes ein. In Nordrhein-Westfalen sind es 33.000 Hektar Wald-

fläche, die als »rauchgeschädigt« und 40.000 Hektar, die als »rauchgefährdet« bezeichnet werden müssen. In einer Region also, die überfüllt ist mit Menschen, Autos und Fabriken.

Der Wald ist, wie alle Pflanzen, am meisten durch Immissionen gefährdet. Er kann seinen Standort nicht wechseln, Mensch und Tier können dagegen ausweichen. Die industriellen Einflüsse, vor allem die Luftverunreinigung, sind natürlich gerade in Ballungsräumen ganz erheblich. Und gerade hier sollte der Wald »die letzte Idylle« für den streßgeplagten Großstadtbürger sein. Diese Idylle nämlich erwarten die meisten Menschen vom Wald: Nicht umsonst ist auch heute noch der Traumberuf der deutschen Männer der des Jägers. Einer der anerkanntesten und bedeutendsten deutschen Naturschützer und Landschaftspfleger, der Bonner Professor Gerhard Olschowy, schreibt das warnende Wort: *»Die durch Immissionen verursachten Schäden reichen von geringen Nekrosen an den Blättern über verminderten Zuwachs und Kümmerwuchs bis zum totalen Absterben von ganzen Waldbeständen.«*

Das Absterben hat bereits begonnen, schwefelhaltiger Säureregen setzt vor allem dem anfälligen Nadelgehölz, Tannen und Fichten, zu. Nach einer Meldung des »Spiegel« sind weite Teile Nordrhein-Westfalens bedroht, vor allem das nördliche Ruhrgebiet, Haar und der Staatsforst Wesel. In Hessen sind bereits 3000 Hektar erkrankt. In Bayern, so ermittelte der »Bund Naturschutz«, sind 55.000 Hektar am Ende: Innerhalb von zwei Wochen starben in der Nähe von München sogar hundertjährige Fichten ab. In Baden-Württemberg sind Tannen auf einer Fläche von 64 Hektar und Tausende von Fichten erkrankt. *»Das Umwelt-Übel«*, so schrieb »Der Spiegel« Ende des Jahres 1981, *»scheint dem deutschen Wald mehr zu schaden als die Summe jener Gefahren, die der Forstwirtschaft seit eh zu schaffen machen: Rotfäule und Rüsselkäfer, Waldbrand und Wildverbiß. Für Forstexperten addieren sich die Schadensmeldungen zu einem Krankheitsbild, das manchen schon den Zusammenbruch des gesamten Ökosystems befürchten läßt.«*

Wissenschaftler der Forsteinrichtungsanstalt Gießen in einem durch Säureregen geschädigten Wald: Durch Messungen will man ermitteln, inwieweit der Boden bereits kontaminiert ist.

Der Säureregen, hervorgerufen durch eine immer größere Luftverschmutzung, durch das Schwefeldioxid aus Ölheizungen, Auspuffrohren, Kraftwerken, Erzhütten und Raffinerien, soll zwar eine Gesetzesnovelle über die »Technische Anleitung zur Reinhaltung der Luft (TA-Luft)« nach sich ziehen, doch diese wird bereits vom Deutschen Forstwirtschaftsrat als unzureichend abgelehnt: *»Das seit Jahren schon fast überall in deutschen Waldgebieten auftretende Baumsterben wird weitergehen und sich noch erheblich verstärken, wenn nicht durchgreifendere Maßnahmen zur Emissionsverminderung getroffen werden, als diese Novelle vorsieht.«*

Spekulation und Sanierung – Beispiel Frankfurt

In den sechziger und siebziger Jahren – damals, als das Frankfurter Westend nach und nach »saniert«, von Spekulanten aufgekauft, von Hausbesetzern instandgesetzt und von Polizeischaren überwacht wurde, war man mitten drin in der Wohnraumzerstörung, in der Miettreiberei, im Banken- und Bürowachstum. Von Frankfurt sagen viele, es sei die ehrlichste Stadt dieser Republik. Hier werde nichts verheimlicht, hier offenbarten sich alle Tugenden der kapitalistischen Wirtschaft – und ganz besonders die Untugenden. Wenn Frankfurt wirklich die ehrlichste Stadt der Republik ist, dann ist das Westend ein Paradebeispiel.

*

Von der Mitte des achtzehnten Jahrhunderts an hatten sich außerhalb Frankfurts, außerhalb eines breiten barocken Bastionssystems, drei voneinander isolierte Bezirke herausgebildet. Alle drei Bezirke lagen westlich der Stadt. Das nördliche und südliche Mainufer waren die bevorzugten Wohngebiete, erst später erlangte auch der dritte Bezirk, das heutige Westend, mehr an Bedeutung. Vor dem Bockenheimer Tor entlang der Chaussee lag eine geschlossene Reihe von Zier- und Lustgärten. Eine »suburbane Villenkultur« präsentierte sich recht eigenwillig: Gartenhütten, Landhäuser und Gutshöfe standen unvermittelt nebeneinander.

Das Frankfurter Westend, seine Entstehung und Gestaltung, ist ganz bestimmten Gruppen aus der Oberschicht zuzuschreiben: Es war nicht das Patriziat, das hier einen neuen Lebensstil entfaltete, es waren vor allem jene, die jahrhundertelang nur ihrer großen wirtschaftlichen Bedeutung wegen in der Stadt geduldet worden waren: die Reformierten, die Italiener und die Juden.

Die »Gartenvorstadt Westend« entwickelte sich zunächst entlang der alten Wälle und der drei Chausseen nach Mainz, Bockenheim und Eschersheim. Dazwischenliegende Feldwege wurden allmählich zu Straßen und stellen heute noch das Grundnetz der Straßenführung dar. Gelände war damals noch genug vorhanden, und so verschwanden die Häuser im Grün ihrer Gärten. Deshalb wird die Zeit bis 1815 auch die Westendepoche der »Garten- und Landhäuser« genannt.

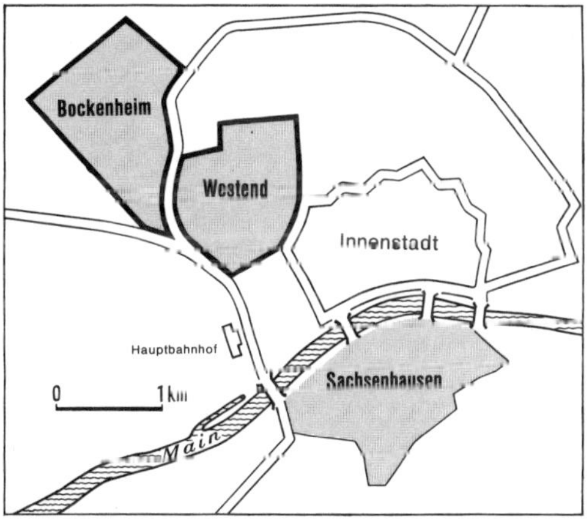

Frankfurt-Bockenheim und Westend (Zeichnung: Dreher)

Bereits 1809 kannte das Westend seine ersten Reglements: Die Dalbergsche Bauordnung enthielt eine strenge Fluchtlinienbestimmung – aber kaum jemand scherte sich darum. So entstand bis zum Ende der dreißiger Jahre des letzten Jahrhunderts eine weitläufige Bebauung, die eher an eine englische Parklandschaft als an eine Vorstadt erinnerte. Dann allmählich sah man die ersten geschlossenen Häuserzeilen.
So nach und nach, etwa seit 1840, siedelten sich auch die Mittelständler an, schmale Einfamilienhäuser auf engen Parzellen bewohnten sie, vor allem in den Nebenstraßen. Nun wurde die »Frankfurter Gartenvorstadt« mehr und mehr zum »Frankfurter Westend«. Und jetzt, es war die Zeit, da die Nationalversammlung in Frankfurt tagte, wurden auch aus deutschnationalen Gründen die Wallpromenaden in Anlagen und die Chausseen in Landstraßen umbenannt.
Seit der Mitte des letzten Jahrhunderts wurden die alten Feldwege und Chausseen mit Nebenstraßen verbunden, im Rastersystem angelegt und so neues Wohngebiet für das mittlere Bürgertum erschlossen. An den Kreuzungspunkten legte man Plätze an, als gartenähnliche Inseln ausgespart. Sie sollten als öffentliche Anlagen die mehr und mehr zusammenschrumpfenden Privatgärten ersetzen.
Mietshäuser entstanden nun in jenen »Rasterstraßen« im Süden und Nordosten des Westends, meist von Bauunternehmen errichtet. Bereits jetzt konnte man ein Phänomen erkennen, das man eigentlich erst viel später erwarten sollte: Diese Bauunternehmer konnten oft lange Zeit ihre Häuser nicht vermieten, da die Etagenwohnungen zu luxuriös und zu teuer waren. Und wer genug Geld hatte, der baute sich dann doch lieber eine Villa um die Ecke in der alten Chaussee.
Der Status einer Vorstadt – einer Gartenvorstadt als Übergang zur umliegenden Landschaft – ging endgültig 1866 mit der Einverleibung Frankfurts in den preußischen Staat verloren. Nun war das Westend ein ganz normaler Frankfurter Stadtteil.
Und so wandelte sich die alte Hauptachse des Westends, die Bockenheimer Landstraße, zu einer biederen Wohnstraße: die großen Gärten wurden parzelliert, Villen und Landhäuser abgebrochen und durch eine geschlossene Reihe von Mietshäusern ersetzt. Das war in der Zeit zwischen 1866 und 1872 – eigentlich die erste Zerstörung innerhalb des Westend-Areals.
Um diese Zeit kam beim Frankfurter Großbürgertum auch ein neuer Trend auf. Man baute nicht mehr seine Villen, sondern man ließ Unternehmen bauen und suchte sich dann ein Objekt aus. Wie sich die Bilder gleichen: Auch damals schon waren Wohnungen und Häuser zu teuer, fanden keinen Mieter und Käufer, standen lange leer. Das Frankfurter Westend war wohl schon immer ein Pflaster, das auf das große Geld eine besondere Anziehungskraft ausgeübt hat.
Diese »hohen Wohnqualitäten« hatten noch einen anderen Ursprung: im 18. und auch im 19. Jahrhundert konnte es sich die Stadt Frankfurt erlauben, die Ansiedlung von Fabriken zu verhindern. Man verwies die Unternehmer mainauf- und abwärts, nach Offenbach und Höchst. Die Stadt, und im besonderen der Stadtteil Westend, erhielten sich somit eine hohe Wohnqualität – nicht zuletzt deshalb, weil sie »lästiges« Fabrikarbeiterproletariat vermieden. Wen wundert's, daß die Stadt am Main um die Jahrhundertwende als die reichste ganz Preußens galt.
Bereits 1884 trat eine neue Bauordnung in Kraft; sie hob die bisherigen auf, einen Unterschied zwischen inneren und äußeren Stadtteilen gab es nun nicht mehr, dichte Bebauung konnte überall praktiziert werden. Mietshausfronten – das war nun auch im Westend das bestimmende Bild, wenngleich einzelne Villen, im Park gelegen, noch erhalten blieben – bis heute. Die Westendarchitektur um die Jahrhundertwende fand ihren Ausdruck in einem »maßvollen Neubarock«.
Die nachhaltigste Zerstörung des Westends begann nicht mit den Bomben des Zweiten

Weltkrieges, sondern mit der Vertreibung der jüdischen Mitbürger nach 1933, die im späten 19. Jahrhundert den Stadtteil wie keine andere Gruppe geprägt hatten. Die bereits erwähnten reformierten Franzosen und Italiener waren längst in das städtische Bürgertum integriert worden, die Juden nicht, sie waren eine Sonderform der Frankfurter Gesellschaft geblieben.
Die nächste Zerstörungswelle kam mit dem Zweiten Weltkrieg, ganze Straßen und Plätze wurden ausgelöscht und dem Erdboden gleichgemacht. Seit den sechziger Jahren unseres Jahrhunderts aber, im Zuge der »City-Erweiterung«, verbunden mit einer rücksichtslosen Spekulation, wird das Westend von der dritten und bislang schwersten Zerstörungswelle heimgesucht.

*

Das Problem Westend, schreibt der Chronist, läßt sich kurz so erläutern: In Frankfurt ist die seit Kriegsende herrschende Wohnungsnot nicht beseitigt. Trotzdem wurde und wird hier viel gebaut. Gebaut werden vor allem Bürohäuser, Banken, Versicherungen, Niederlassungen US-amerikanischer Konzerne. Die City dehnt sich immer mehr nach Westen, zum Westend hin aus, ein Umstand, der Spekulationen geradezu provoziert. Eine Reihe cleverer Geschäftsleute erkannte die Entwicklung früh und kaufte systematisch Häuser im Westend auf. In einem Gespräch mit dem Evangelischen Pressedienst meinte 1970 der Ingenieur und Architekt Otto Fresenius, daß in den zurückliegenden zehn Jahren bereits 10.000 der 40.000 Einwohner den Stadtteil verlassen mußten. Mit der Umstrukturierung des Westends zu einer erweiterten City vollzog sich unter Verlust des Wohncharakters eine Vertreibung auf moderne Art, die besonders die Einkommensschwachen, die Alten und kinderreichen Familien traf.
Um auf die mittlerweile von niemandem mehr bestrittenen Zustände im Frankfurter Westend – das zum Eldorado für Spekulanten geworden war – hinzuweisen, besetzte in der Nacht zum 19. September 1970 eine Gruppe von kinderreichen Familien, ausländischen und deutschen Arbeitern, Studenten und Lehrlingen das Haus Eppsteiner Straße 47. Text eines Flugblattes: *»Wir haben dieses Haus besetzt, um zu verwirklichen, was Regierung und Magistrat immer nur versprechen. Deshalb werden wir dieses Haus selbst verwalten. Wir meinen das nicht nur als Demonstration. Wir sind dabei, das Haus wieder einigermaßen instandzusetzen. Wir sind bereit, mit den Hausbesitzern wegen einer vernünftigen Miete zu verhandeln.«* Die *»Instandbesetzung«* begann also nicht erst im Berlin der achtziger, sondern bereits im Frankfurt der siebziger Jahre.
Die Aktion in der Eppsteiner Straße war der Anfang einer großen Konfrontation. Der

»Verehrte Gäste – Wegen Abriß dieses Hauses mußten wir leider schließen« – ehemalige Gaststätte im Kettenhofweg. (Photo: Brunnengräber)

Widerstand wuchs. 1971 beschloß der Magistrat der Stadt Frankfurt einen Strukturplan, um das Westend als allgemeines Wohngebiet zu sichern. Aber es änderte sich nichts. Schlagzeilen aus der damaligen Tagespresse: *»Im Westend zahlen Gastarbeiter Wuchermieten«. »Auch Keller werden zu Wohnungen.« »Schutzwürdigen Gebäuden droht weiter der Abbruch.« »Die Polizei räumt die ersten Häuser.«*

Am Ende des Jahres 1971 befinden sich zehn Häuser in der Hand eines Kollektivs. Die Lage spitzte sich zu; Ende 1972 erhielt das Westend ein weiteres Hochhaus mit 28 Stockwerken.

Zeitungsbericht vom 29. März 1973: »Stra*ßenschlacht tobte im Westend. Der jahrelange Kleinkrieg um das besetzte Haus Kettenhofweg 51 wurde am Mittwoch zu einer bürgerkriegsähnlichen Straßenschlacht: fünf Hundertschaften der Polizei versuchten den Tag über mit Wasserwerfern und Tränengas, sich gegen die schätzungsweise 800 Rebellen durchzusetzen. Fast an jeder Straßenecke lieferten sich Hausbesetzer und ihre Sympathisanten mit der Polizei erbitterte Gefechte. Auf beiden Seiten gab es mehrere Schwerverletzte.«*

Weitere heftige Zusammenstöße folgten. Am 5. April wurde das Haus Kettenhofweg 51 von der Polizei gewaltsam geräumt. Räumung und Zerstörung des Hauses wurden sogar von Teilen der Parteien im Römer verurteilt.

1974 bahnte sich der Höhepunkt der Konfrontation an. Man könnte dieses Jahr als das Jahr der Räumungen und Straßenschlachten bezeichnen. Die Häuser Schumannstraße 69/71 und Bockenheimer Landstraße 111/113, bereits seit zweieinhalb Jahren besetzt, wurden geräumt. Die Besetzer, im Schlaf überrascht, leisteten keinen Widerstand. Der kam dann wenig später: Am 25. Februar tobte im Westend eine der heftigsten Straßenschlachten, fünfzig Personen wurden zum Teil schwer verletzt und etwa 170 Demonstranten vorübergehend festgenommen.

März 1974 – der Tag des Frühlingsanfangs könnte in die Westend-Geschichte als »Tag einer zementierten Kehrtwende« eingehen: Der Bauausschuß der Stadt Frankfurt billigte einstimmig einen Bebauungsplan, der das Fundament dafür legte, daß in diesem Bereich Superbauten und Grundstücksspekulationen endgültig Einhalt geboten wird. Baudezernent Hans Adrian teilte mit, von nun an verzichte die Stadt darauf, das Westend in irgendeiner Form als City-Erweiterungsgebiet zu betrachten – ab jetzt würden zusätzliche Baurechte nicht mehr verliehen.

Das hörte sich so an, als seien strenge Bauregeln aufgestellt worden, nach denen sich jeder zu richten habe. Daß dem nicht so war, beschreibt Jürgen Roth in seinem Buch »z. B. Frankfurt: Die Zerstörung einer Stadt«: *»Sicher ist jedenfalls: Die höchsten Bürohochhäuser oder die Bürohochhäuser, bei denen baurechtliche, zwingende Vorschriften verletzt wurden, gehören im wesentlichen den Spekulanten Selmi, Bubis, Buchmann, Preisler, Markiewicz. Die gleichen Spekulanten haben gute Beziehungen zur Bauverwaltung. Wie hoch eventuelle Korruptionszuwendungen waren, läßt sich in etwa an Vergleichsfällen messen. Zum Beispiel daran, mit welchen Summen man diejenigen kaufen wollte, die nur indirekt Mitspracherecht hatten, wie zum Beispiel führende Mitglieder des SPD-Ortsvereins Westend. Es war derjenige Ortsverein, der von Anfang an am massivsten gegen die Zerstörung des Westends protestiert hatte und entsprechend politischen Einfluß geltend machte. Der ehemalige Vorsitzende dieses Ortsvereins erzählte über den Spekulanten Markiewicz folgendes: (...) Und die kamen, um ein Gespräch mit mir zu haben. Und da draußen standen dann Pakete. Ich kriegte Weihnachten etwas und habe dann gesagt, die haben Sie wohl vergessen mitzunehmen. Ich kriegte einen Blumenstrauß oder einen Scheck über 500 Mark, um bei Loray* [Porzellangeschäft in Frankfurt] *einkaufen zu gehen, und es kamen Pakete an ...«*

Im Jahre 1975 wurden insgesamt 51 zugemauerte Häuser und Teilruinen registriert.

Abbruchhäuser sind im Westend – wie hier an der Ecke Kettenhofweg/Niedenau – keine Seltenheit. Immer wieder kam es hier zu heftigen Auseinandersetzungen zwischen Hausbesetzern, Sympathisanten und der Polizei. (Photo: Brunnengräber)

Die Lage entspannte sich. Und ein Jahr später wurde von Seiten der Stadt eine Entscheidung getroffen, die aufhorchen ließ: An der Südwestecke der Kreuzung Mendelssohnstraße/Kettenhofweg durfte ein vorgesehenes achtzehngeschossiges Bürohochhaus nicht gebaut werden.
Notiz in der Presse am 17. September 1976: *»An der Häuserkampffront wird es ruhiger. Bei den Studenten und Schülern hat sich Resignation breitgemacht. Nur noch zwei besetzte Häuser. Die oft blutigen Auseinandersetzungen um besetzte Spekulationshäuser im Frankfurter Westend gehören der Stadtgeschichte an.«*
Das bleibt abzuwarten. Jedenfalls ist die einstige Gartenvorstadt für das Bürgertum wieder attraktiv geworden, das Westend auf einmal wieder »in«. Die Bilanz vor vier Jahren: 284 Geschäfte, Läden, Boutiquen, 29 Friseure, 34 Restaurants, 11 Tante-Emma-Läden, 8 Apotheken, 8 Schneidereien, 10 Reinigungen, 10 Metzger, 9 Bäcker, groß das Angebot von Ärzten und Rechtsanwälten. Die Mediziner sind meist spezialisiert, Zahnärzte und Internisten an jeder Ecke.

*

Sachsenhausen Schiller-Schule, Gymnasium 11. Klasse, Grundkurs Geographie: Probleme der Stadtgeographie am Beispiel Bokkenheim stehen auf dem Stundenplan. Die Schüler erarbeiten sich die Situation.
Laut Planungsamt ist Bockenheim der am schlechtesten erhaltene Stadtteil von Frankfurt: nördlich der Friesengasse beispielsweise fehlen in über 30 Prozent der Wohnungen noch Bad und WC, jährlich kehren mehr als 1000 Bockenheimer ihrem Stadtteil den

Die Leipziger Straße, Bockenheims wichtigste Einkaufsstraße, so wie sie nach den Vorstellungen der Stadtplaner aussehen soll . . . (Zeichnung: Stadt Frankfurt)

Rücken. Die Gesamtbevölkerung verringerte sich von 1961 bis 1974 von 44.000 auf 36.000. Seit 1970 hat sich der Ausländeranteil mehr als verdoppelt. Im Kernbereich Bockenheims sind Arbeiterfamilien sehr stark vertreten, hier liegen die Zahlen wesentlich höher als im Frankfurter Vergleich. *»Frankfurt plant die Erneuerung Bockenheims«* heißt es in einem Prospekt. Die Bürger des Stadtteils wollte man aufklären. Nach den Erfahrungen im Westend war man vorsichtiger geworden. Trotzdem rechnete schon damals ein Magistratsmitglied mit gut hundert Bürgerinitiativen. *»Das Leben in den Häusern und Wohnungen soll angenehmer werden«,* versprachen die Stadtväter, *»auf keinen Fall werden ganze Straßenblöcke abgerissen, und kein Bockenheimer soll Bokkenheim wegen der Sanierung verlassen müssen. Bockenheim muß Bockenheim bleiben. Deshalb muß auch der kleine Betrieb im Hof bleiben und der Laden und die Wirtschaft um die Ecke auch.«*

Und die Mieten? Der Klasse 11 der Schillerschule war einiges dubios, was die Stadtväter da versprachen. Die Schüler planten eine Umfrage in einer der betroffenen Straßen, der Landgrafenstraße, einer Seitenstraße der »Leipziger«, Bockenheims »kleiner Zeil« und wichtigste Einkaufsstraße. Die Ergebnisse waren gewiß nicht repräsentativ, gaben aber doch ein gutes Stimmungsbild ab:

* 70 Prozent hielten die Sanierung zwar für notwendig, aber nur 38 Prozent glaubten, daß sie dadurch Vorteile haben würden.
* Als möglichen Nachteil nannten die allermeisten: höhere Mieten, viele Baustellen, mehr Lärmbelästigung und die Zerstörung Alt-Bockenheims.

... und wie sie heute aussieht: heute verkehrsreiche Durchgangsstraße und morgen »beruhigte« Fußgängerzone für den gehobenen Anspruch? (Photo: Brunnengräber)

* Auf die Frage: »Fühlen Sie sich wohl in Bockenheim?« antworteten 88 Prozent mit Ja. 65 Prozent fühlten sich in ihrer Wohnung wohl und wollten nicht wegziehen, auch wenn sie Gelegenheit hätten. Die Hälfte der Befragten gab an, die Freizeit in Bockenheim zu verbringen.
* Auf die Frage »Fühlen Sie sich allein hier in Bockenheim, oder kennen Sie genug Leute, mit denen Sie reden oder etwas unternehmen konnen?« antworteten 80 Prozent: »Kenne genug Leute«.

Die Angst des Bürgers vor der Bürokratie war spürbar, die Angst vor der »Erneuerung Bockenheims«. Nur allzu gut hatten die Bockenheimer die Vorgänge im benachbarten Westend aus nächster Nähe miterleben können.

Bockenheim ist sicher nicht Westend, der Trend aber bei beiden, wenn auch aus unterschiedlicher Ursache vergleichbar, ist der Trend zu höheren Mieten. Was zur Folge haben wird, daß Einkommensschwache wieder in andere, billigere Regionen ziehen müssen.

Angesichts der Erfahrungen, die die Bürger mit ihrer Stadt gemacht haben, sind die leerklingenden Aussagen des Planungsamtes wie blanker Hohn: Die Wohngebiete sollen erhalten bleiben, besonders für Leute mit mittleren und niedrigen Einkommen. Auf lange Sicht sollen Deutsche und Ausländer gut zusammenleben können. Das Wohnen wird kinder- und altenfreundlicher. Kleingewerbe und Kleinhandel haben auch weiterhin Existenzmöglichkeiten. Den Bewohnern werden mehr soziale Einrichtungen angeboten. Mehr Freiflächen sollen in den dicht bebauten Wohngebieten sein. Der Verkehr soll weniger und das Wohnen ruhiger werden.

Solche »Bausubstanz« soll es künftig nicht mehr geben: Hinterhof im Sanierungsgebiet Bockenheim. (Photo: Brunnengräber)

Das »Krebsgeschwür Westend« legte letztendlich seine Baupolitik- und Spekulanten-Metastasen in der ganzen Stadt ab. Die Fäden waren überall verteilt und liefen bei wenigen zusammen. Einer war der Spekulant Bubis. Er wurde einmal gefragt: »Wie ist es mit der Korruption bei Ihren Aktivitäten?« Darauf sagte Bubis: »Dazu gehören immer zwei, dazu gehören immer zwei.« Und weiter, ob sich denn die Freundschaft zu dem – inzwischen ermordeten – hessischen Wirtschaftsminister Heinz Herbert Karry bezahlt mache: »So stellt sich das Lieschen Müller vor.« Was sich Lieschen Müller vorstellt, hat bislang in Rathäusern, Banken und Chefetagen ohnehin niemand gekümmert.

Während einer Podiumsdiskussion im Mai 1981 beim »Jugend forscht«-Bundeswettbewerb im nahegelegenen Schwalbach nahm auch Baudezernent Hans Küppers zur Baupolitik Stellung. Küppers verschanzte sich allerdings hinter der Behauptung, die Bürger Frankfurts hätten ihre Stadt gern. Und auch das Wort Stadtflucht sei falsch, denn die allermeisten blieben ja Frankfurt treu – sie suchten eben nur eine schönere, bessere Wohnung, mehr Grün im Umland. Da meinte postwendend einer: Allein die wirtschaftliche Abhängigkeit halte die Leute in der Stadt, nicht die Liebe zu Frankfurt.

Es fragt sich eben nur, ob das, was Küppers seinerzeit propagierte, denen nützt, die es eigentlich am nötigsten hätten. Küppers Originalton: *»Wir machen eine Verbesserung des Bestandes, eine qualitative Verbesserung.«* Worunter zu verstehen ist: Neuaufbau und Renovierung der Alten Oper, Verschönerung des Museumsufers in Sachsenhausen, Bundesgartenschau am Ende der achtziger Jahre oder auch »Sanierung Bockenheim« und »Wiederaufbau Westend«. Alles Projekte, die sicherlich die Mieten und Preise nicht fallen lassen oder wenigstens auch für Geringerverdienende erträglich machen werden.

Eine schleichende »Spekulation« ist es allemal, die sich in Bockenheim lautloser und geschickter manifestiert als jene vielgeschossigen Hochbauten im Frankfurter Westend.

Alpen und Alpenvorland

Betrachtet man Länder wie die Schweiz, Österreich oder auch Frankreich, so ist der deutsche Alpenanteil flächenmäßig recht unbedeutend. Die Höhenkette der deutschen Alpen beginnt östlich des Bodensees mit den Allgäuer Alpen, geteilt durch das obere Illertal. Der Lech wiederum, weiter westlich, ist der Grenzfluß zu den Bayerischen Alpen, die sich in mehrere Einzelgebirge gliedern lassen: Das Ammergebirge etwa bis zur Loisach oder das Mangfallgebirge zwischen Isar und Inn. Dazu kommt ein Stückchen Wettersteingebirge und im Osten schließlich bilden die Salzburger Kalkalpen die Begrenzung.

Nach Norden hin bis zur Donau erstreckt sich ein Vorland, dem wieder einmal das Eis den letzten Schliff gegeben hat: denn auch die Alpen waren während der Eiszeiten vergletschert, die Eismassen stießen fast bis zur Donau vor – das gesamte mittlere Deutschland war praktisch von Norden und Süden her vom Eis eingeschlossen – und das Jahrtausende lang.

Es muß ein imposantes Schauspiel der Natur gewesen sein, das sich da vollzog. Fünf Riesen-Eislappen bewegten sich aus den Alpentälern heraus nach Norden: der Salzach-Gletscher beiderseits der Salzach, der Inn-Chiemsee-Gletscher zwischen Traun und Mangfallknie, der Isar-Loisach-Gletscher in seiner Nachbarschaft bis hin zum Lech, daneben der Iller-Lech-Gletscher und schließlich, zwischen Iller und der Schwäbischen Alb, der Rhein-Gletscher. Jeder einzelne Gletscher gliederte sich wieder in mehrere Eisströme, die durch sogenannte Mittelmoränen, Wälle aus Sand und Geröll, voneinander getrennt waren. Schmelzwässer flossen in Richtung Donau in breiten Rinnen ab.

*

Die gesamte alpine Region ist das jüngste Stück, das an Europa angeschweißt wurde. Das Mittelmeer war vor 70 Millionen Jahren um ein Vielfaches größer als heute und bildete die Südgrenze der variskischen Landmasse. In diesem Meer nun wurde der Grundstein gelegt für die späteren Alpen. Es spielten sich hier die gleichen Vorgänge ab wie beim Werden der Skanden und der Mittelgebirge: Geröll, Schutt und Sand wurden von den Flüssen in das Meer transportiert, zusammengepreßt, gefaltet und schließlich als Landmasse herausgehoben.

*

Die Entstehung der Alpen ist ein räumlich wie zeitlich komplexer Vorgang. Man hat sich schon früh über die »Geburt« dieses Gebirgssystems Gedanken gemacht. Bereits im 18. Jahrhundert stritten sich die sogenannten »Neptunisten« und »Plutonisten«: die Neptunisten verteidigten die Lehre, daß sämtliche Gesteine der Erdrinde aus dem Wasser »abgesetzt« worden seien. Die Plutonisten dagegen vertraten die Auffassung, daß die

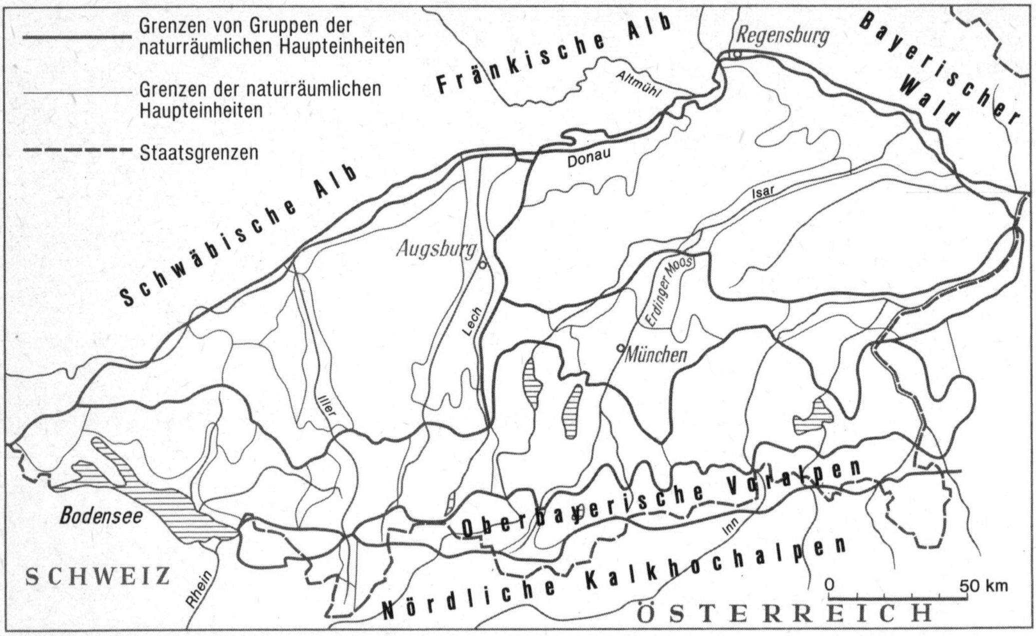

Nur gering ist der Anteil der deutschen Alpen am gesamten Massiv. Das Alpenvorland erstreckt sich vom Nordrand der Alpen bis zur Donau. (Zeichnung: Dreher)

wesentlichen Gestaltungskräfte der Erde, so etwa auch die Gebirgsbildung der Alpen, aus dem Erdinnern, gleichsam aus einem zentralen Feuer, kämen. Von diesem Feuer ließen sich nach ihrer Meinung Härtung und Verfestigung der Gesteine, ihre Faltung und ihr Zerbrechen, das Werden ganzer Gebirge und Kontinente und auch das Aufdringen feuriger Schmelzen ableiten.

Heute weiß man, daß es im Alpenraum verschiedene Tröge, große Becken gegeben haben muß. In jedem dieser Tröge lagen Gesteinsmassen, der Geologe spricht von »Deckensystemen«, die sich unter dem Druck aus dem Erdinneren von ihrer »Verankerung« gelöst und nach Norden über dort lagernde Gesteinsschichten und sich selbst wieder ineinander verschoben haben.

Es kommt vor, daß sich abgerissene Platten erst wieder nach mehr als hundert Kilometern wiederfinden lassen – und dann vielleicht in einer Höhe oder Tiefe, die man ursprünglich gar nicht für möglich halten konnte. Es ist eine sehr schwierige Aufgabe für Geologen und Geographen, dieses »Super-Puzzle« zu einer Lösung zu bringen.

Darüberhinaus gibt es auch noch große Unterschiede zwischen den Alpen im Westen und den Alpen im Osten. Der Westteil ist stark ineinander verknetet, der Ostteil dagegen in seinem Bau einfacher gehalten.

Interessant für das Gebiet der Bundesrepublik Deutschland sind vor allem die Nördlichen Kalkalpen. Diese Gesteinsdecken la-

Unterhalb des Gipfels der Kampenwand südlich des Chiemsees ist der Schneehang durch den Föhn eigenwillig gestaltet worden. (Photo: dpa)

gern ebenfalls nicht mehr am Ort ihrer ursprünglichen Sedimentation, sondern sind von Süd nach Nord verschoben worden.
Nun darf man sich nicht vorstellen, daß die Alpen schon immer diesen »imposanten Alpencharakter« heutiger Tage hatten. Es gab Zeiten, die einige Millionen Jahre zurückliegen, da sahen Teile der Alpen tatsächlich aus wie eine sanftwellige Mittelgebirgslandschaft. Erst nach und nach, zeitlich und örtlich völlig differenziert, fand eine stärkere Hebung statt und eben auch eine Zerschneidung, die Bildung von engen Schluchten und Tälern durch Wasser und Geröll.
Ein morphologisch besonders bedeutsamer Faktor war das Eis. Wie der Norden, so war auch der Süden der Alpen während der Eiszeiten »eigenvergletschert«. Vier Eiszeiten werden allgemein unterschieden: Günz, Mindel, Riß und Würm. Es gibt allerdings auch Wissenschaftler, die noch zwei ältere »Vorgünzeiszeiten« entdeckt haben wollen: eine Donau- und eine Bieberkaltzeit. Die einzelnen Kaltzeiten wurden, wie bereits beim Norddeutschen Tiefland gesehen, durch Warmzeiten unterbrochen.
Die weiteste Verbreitung und die größte Mächtigkeit hatte das Eis der Alpen während der Rißeiszeit. Allerdings bildeten hier das Gebiet von Iller und Isar eine Ausnahme: Sie erlebten das Maximum bereits eine Periode früher, nämlich in der Mindelkaltzeit. Die Schneegrenze lag damals um mehr als tausend Meter unter dem heutigen Niveau.
Als die Eiszeiten vorüber und das Klima wieder wärmer geworden war, war noch lange nicht alles vorüber. »Postglaziale Gletschervorstöße« haben die durch die großen Vereisungen geprägten Landformen immer wieder verändert und neue Moränen aufgebaut. Die Folge: Bergstürze in übersteilten Tälern führten zur Bildung von Seen, Flüsse sägten Klammen in die Talstufen. Und auch die weitere Entwicklung des Alpenreliefs stand unter der Einwirkung eines extremen Klimas, dessen Wirkung, wie Morphologen sagen, »durch die Steilheit des Reliefs beschleunigt wurde«. Dazu kam, in späteren Zeiten bis hin zum heutigen Tag, der Mensch, der durch ausgedehnte Rodungen der Wälder im Alpengebiet die Abtragung und somit die Veränderung des Reliefs in ganz entscheidendem Maße beeinflußt hat.
Die heutige Vergletscherung der Alpen tritt nur inselhaft auf. Man hat errechnet, daß derzeit nicht einmal mehr 2 Prozent der Gesamt-Alpenfläche von Eis dauernd bedeckt ist. Aber diese scheinbar kleine Menge reicht aus, die Alpen zum Spitzenreiter in Europa werden zu lassen: Sowohl absolut als auch relativ sind die Alpen das am stärksten vergletscherte europäische Gebirge.
Von den 35 größten Gletschern sind alleine 24 in den Westalpen zu finden. Ein Zeichen dafür, daß der westliche Teil des Gebirgsmassivs höher, massiger ist und daher auch wesentlich mehr Niederschläge hat als der Ostteil.
Die meisten Gletscher bringen es heute auf nicht mehr als 10 oder 20 Quadratkilometer Eisfläche: Der größte mit über 100, der Aletschgletscher, liegt im Aaremassiv der Berner Alpen. Weit kleiner mit etwa 50 Quadratkilometern ist La Mer de Glace in der Mont Blanc-Gruppe. Größter Gletscher des »benachteiligten« Ostalpenteils ist die Pasterze in der Glockner-Gruppe, er hat nicht einmal ein Viertel der Größe des Aletsch-Riesen. Die Zungen, die letzten Ausläufer vieler Gletscher, stoßen auch heute noch in Gebiete vor, die von Menschen in Besitz genommen wurden – nämlich in, wie es in der geographischen Fachsprache heißt, den »Dauersiedlungsraum«.
Die Alpengletscher waren im Laufe der Jahrzehnte und Jahrhunderte erheblichen Schwankungen unterworfen. Aus der neueren Zeit sind drei große Gletschervorstöße um 1600, 1820 und 1850 bekannt. Vor dieser Zeit, also vor 1600, waren die Eismassen noch weiter in die Hochregionen zurückgezogen als heute. Man hat entdeckt, daß Goldbergbaustätten aus dem 15. und 16. Jahrhundert noch heute unter Eis liegen – in der Goldberg- und Sonnblickgruppe der Ho-

Wie ein Gemälde wirkt die Voralpenlandschaft und der Ort Antdorf nahe Murnau auf diesem Bild, das zum Winteranfang des Jahres 1979 entstand. (Photo: dpa)

hen Tauern. Seit den dreißiger Jahren sind die Gletscher wieder stark auf dem Rückmarsch. Man vermutet, daß die außerordentlich warmen und strahlungsreichen Sommer von 1928, 1929 und 1930 sowie stark verminderte Niederschläge zwischen 1942 und 1948 verantwortlich sind.

*

»Übersteigen wir zur Winterszeit einen unserer Alpenpässe, so erstaunen wir über die gewaltigen Massen von Schnee, die an mehreren Stellen aufgehäuft und vom Sturmwind zusammengeweht worden sind. Besuchen wir dieselbe Gegend wenige Monate später, so erkennen wir sie kaum mehr. Jetzt finden wir bedeutende Felswände, voneinander getrennt durch Schutthalden und Weideplätze, an derem zwar kurzem, aber würzigen Grase die Schafe sich erlaben. Wie, fragen wir, wodurch ist in diesen Höhen eine so rasche, fast unglaubliche Verwandlung möglich? Das tut der Föhn, antwortet uns der Hirt.« Mit solch blumenreichen Worten würde heute kein Erdwissenschaftler mehr über Schnee und Eis sprechen, wie dies Heinrich Dove im Jahre 1867 noch getan hat. Für ihn bestand ein enger Zusammenhang zwischen warmem Föhnwind und dem Abtauen der Gletscher. Er glaubte sogar, eine neue Eiszeit könne heraufziehen, falls der Föhn einmal ausbliebe. Dabei ist gerade die Frage nach den Ursachen einer Eiszeit besonders schwierig. Verschiedene Hypothesen lassen viele Antworten zu, auch heute noch. Gerade in den letzten Jahren wurden immer wieder Spekulationen genährt, wonach eine neue Eiszeit praktisch vor der Tür stehen soll. Grundsätzlich kann man von zwei Möglichkeiten aus-

Während vor Garmisch-Partenkirchen noch die Kühe weiden, ist auf dem Zugspitzmassiv und der Alpspitze (im Hintergrund links) überraschend früh der Winter eingekehrt. (Photo: dpa)

gehen: entweder wir befinden uns noch immer in der ausklingenden letzten Eiszeit, einer Warmzeit also, die vor 10.000 Jahren ein Abtauen der Gletscher bewirkte oder die Vermutung mancher Zeitgenossen bestätigt sich wirklich, und wir steuern auf eine neue Eiszeit zu. Dazu der Frankfurter Geologe Professor Hans Murawski in einem Gespräch: *»Die Frage, ob eine neue Eiszeit kommen wird, ist von seiten der Wissenschaft kaum zu beantworten. Seit vielen Jahrzehnten bemüht man sich darum, solche Ergebnisse zu finden, die eine Aussage machen könnten, ob eine Eiszeit kommt oder ob wir uns von der Eiszeit wegbewegen. Was geschieht, wenn die Eiszeit beendet ist. Die Temperaturen im Jahre erhöhen sich, und somit schmilzt Schnee und Eis ab. Die Wassermassen werden durch die Flüsse zum Meer transportiert und der Meeresspiegel hebt sich nach und nach. Wenn wir annehmen könnten, daß alle Schnee- und Eismassen auf der Erde einmal wegschmelzen würden, sowohl die an den Polen – Nordpol und Südpol – als auch im Gebirge, würde sich der Meeresspiegel um fünfzig bis sechzig Meter heben. Das würde bedeuten, daß eine Reihe von Küstenstädten vom Meere überflutet wäre. Auf der anderen Seite lastet das Eis, etwa in Grönland, mit einer Dicke von zwei- bis zweieinhalb Kilometern schwer auf der Erdrinde auf. Wenn es wegschmilzt, würden sich die Gebiete dort langsam heben und aus dem Meer immer weiter herausragen.*

Wenn wir andererseits auf eine Eiszeit zugehen, würden langsam in vielen Hunderten von Jahren die Eismassen zunehmen. Von den Polen her würde das Eis immer weiter nach Süden und nach Norden gehen. Die Gebirge würden vergletschern, und wir würden

einen sehr viel kleineren Lebensraum haben, als er jetzt im Augenblick zu beobachten ist. Die Wissenschaft sucht an die Dinge heranzukommen durch Sammeln von Daten, durch Benutzung von Computern, durch alle möglichen geologischen Untersuchungen. Alle Aussagen, die bisher gemacht worden sind, sind Hypothesen und Spekulationen.
Wir sind aber sicher, daß uns noch eine ganze Menge an Datenmaterial fehlt, um endgültige Aussagen machen zu können. Man sollte abwarten, ob neue Impulse beispielsweise von seiten der Datenverarbeitung kommen. Oder Impulse, die dadurch hervorgerufen werden, daß wir etwas besser über unsere Atmosphäre und die Schwankungen des Klimas Bescheid wissen. Eine endgültige Aussage ist zur Zeit unmöglich.«

*

Die ältesten »Einwohner« der Alpen waren Jäger in der Hochregion, Höhlenbärenjäger, die bereits zwischen der Riß- und Würm-Kaltzeit hier Wohnung bezogen hatten: im Drachenloch bei Vättis – im Taminatal in 2445 Metern Meereshöhe –, in der Wildkirchlihöhle in den Appenzeller Alpen, in der Drachenhöhle im Röthelstein bei Mixnitz im Murtal. Aber – kaum war das warme Klima vorüber und die Würmeiszeit begann, da waren die Alpen wieder menschenleer. Und immer, wenn das Eis sich zurückgezogen hatte, kamen die Jäger zurück, erste Dauersiedlungen entstanden schließlich.
Und schließlich die Römer: Fünfzehn Jahre vor unserer Zeitrechnung hatten sie die Alpen erobert, und sie gingen daran, das Gebirgsmassiv in ihr Reich einzugliedern. Aber den Römern ging es weniger um die Alpen als um die Straßen durch die Alpen, um so die nördlich gelegenen Provinzen besser erreichen und unter Kontrolle halten zu können. Aber mit den Römern kamen auch neue Kulturelemente. Besonders das westliche, das rätische Gebiet wurde vollkommen romanisiert. Und die mächtigen Herren von damals überzogen das Gebirge, so weit sie es nicht umgehen konnten, erstmalig mit einem recht weitmaschigen Straßennetz – mit Stationen und Militärlagern als Knotenpunkte. Sie haben dadurch die Hauptlinien des heutigen Verkehrsnetzes vorgezeichnet. Die römische Provinzeinteilung der Alpen ist in den Kirchen- und Diözesangrenzen bis heute erhalten geblieben. Alles in allem hielt sich die Eigenart der breiten bäuerlichen Schicht über Jahrtausende hinweg – trotz wechselnder Herrschaftsverhältnisse, denn nach den Römern kamen die Germanen, und auch nach den Germanen sind viele Herrscher gekommen und wieder gegangen.

*

Das Klima der Alpen ist vielfältig wie ihr geologischer Aufbau. Der Norden und Osten liegen im Bereich eines mitteleuropäisch ausgerichteten Klimas, vorherrschend mit Westwinden und Niederschlägen zu allen Jahreszeiten. Der Süden dagegen läßt bereits die Nähe des Mediterranraumes erahnen: Hier ist es milder, im Sommer recht trocken und im Herbst sehr regnerisch. Der Westen dagegen hat, wie bereits erwähnt, eine Sonderstellung, und die wiederum ist vor allem bedingt durch die größeren Höhen der einzelnen Gebirgsketten. Hier fallen, unter ozeanisch-atlantischem Einfluß, mehr Niederschläge, und die Temperaturen sind wesentlich niedriger als in anderen Alpenregionen.
In der meisten Zeit des Jahres fallen hier die Niederschläge als Schnee. Und Schneemassen gehen, gerade an steilen Hängen, immer wieder als Lawinen ins Tal. Es gibt hier schon richtige »Grundlawinen« in sogenannten »Lawinengassen«, die die einheimische Bevölkerung kennt, die daher berechenbarer sind. So gesehen richten diese Grundlawinen, obwohl sie oft sehr große Energien besitzen, sehr viel weniger Schaden an als andere, die, kleiner zwar, an Hängen auftreten, die jahrzehnte- und jahrhundertelang von Lawinen verschont geblieben worden waren.
Das Pflanzenkleid der Alpen ist wie das Kli-

Voralpenlandschaft: Blick auf Oberstdorf und das Illertal. Das Eis hat dem Voralpenland den letzten Schliff gegeben, Gletscher lagen bis zur Donau. (Photo: dpa)

ma sehr mannigfaltig. Es wird ebenso beeinflußt im südlichsten Teil vom Mittelmeer, im westlichen Teil vom Atlantischen Ozean und im östlichen Teil von der Landmasse des mitteleuropäischen Kontinents. Am Ost- und Südostrand der Alpen lassen sich sogar noch »Pflanzenüberbleibsel« aus den Voreiszeiten antreffen. Mit dem Gletscherrückzug gelangten Zirben und Lärchen als »Vertreter« der europäisch-sibirischen Waldflora in die Alpen und ebenso Vertreter der subarktischen Moos- und Hochsteppenflora, die heute noch unter dem Namen »arkto-alpine Flora« die Hochgipfel in vielen Bereichen besiedeln.

Das entscheidende Charakteristikum der heutigen Alpenflora aber ist ihre höhenstufenartige Anordnung – von der klimagünstigsten, der wärmsten Stufe, in der Getreide, Obst und Wein angebaut werden kann bis hinauf über die Baumgrenze in den Bereich des ewigen Schnees, wo kein Baum mehr wächst, wo sich höchstens ab und an ein Zwergstrauch noch halten kann.

Die Alpen vor dem Ruin

Eine der letzten naturnahen Großlandschaften der Bundesrepublik sind die Alpen – noch. Aber wie es scheint nicht mehr lange – der Landschaftsfresser Tourismus hat bereits zugeschlagen, die Entwicklung ist nicht zu stoppen, der Verfall nicht aufzuhalten: Fern- und Panoramastraßen, Bergwalderschließung und Almsanierung, Gletscherskigebiete, Zweitwohnungsbau, Feriencenter, Campingplätze, Wasserkraftwerke, Stauseen und so fort und so fort.
Im Frühjahr des Jahres 1980 trafen sich erstmals Vertreter von alpinen Verbänden, Bürgerinitiativen und Umweltschützer in Oberammergau, um Informationen auszutauschen. Das Ergebnis war niederschmetternd: Die Alpen stehen vor dem Ruin.

*

Luis Trenker 1980: *»Das sind eben zwei fürchterliche Gegensätze: Auf der einen Seite die Reinheit der Natur, besonders in unseren Alpen, zu erhalten, auf der anderen Seite, den Leuten zu helfen, die draußen Erholung suchen. Mein Gott, die ganze Woche in diesen Fabriken, Betrieben, diesen Löchern, und immer diese Hast und keine Ruhe. Der Mensch rennt sich ja selber zu Tode.«*
Luis Trenker 1980: *»Die Menschen, die heute in die Natur gehen, die wollen sich doch erholen und dann helfen sie aber fleißig mit, alles zu zerstören, was sie gern hätten. Und die Bauern und jeder kleine Bürgermeister sagt dann: Ja, freilich, wir soll'n bauen. Die sollen eher an ihre Heimat denken, sonst werden die Bauern ein Volk von Kellnern, Stubnmadln und Liftschubser. Das muß man doch sehr versuchen zu bremsen, abgesehen davon, daß man die Natur ruiniert. Wenn man denkt, was die Lifte und diese Pisten in der Landschaft zerstören, das ist ja enorm. Und vor allem muß man die Einheimischen, die Bürgermeister und die Gemeinderäte, die ihre Geschäfte haben und nur Geschäfte wollen, warnen.«*

Luis Trenker 1980: *»Die Leute kommen aus den Großstädten und haben den gleichen Luxus auf der Hütte, das ist so lächerlich. Da muß man dann auch radikal sagen, die Alpenvereine dürfen das nicht machen. Solche Unterhaltungsbuden raufzubauen, wo früher einfache Schutzhütten waren. Die Schutzhütten brauchen wir, aber einfache. Wir haben in Südtirol noch etwa 6000 Bauernhöfe, die noch kein elektrisches Licht haben. Hotels dagegen haben wir überall genug«.*

Luis Trenker 1980: *Wenn der Hannibal über das Stilfser Joch nach Italien einmarschiert wär und mit seinen zehntausend Elefanten drei Jahre da oben für die Überquerung gebraucht hätte, hätte er nicht so viel zerstören können, wie jetzt in ein paar Jahren zusammengehauen worden ist mit Draht und Blech, Kabel und Beton. Es ist also grauenhaft, auf den paradiesisch schönsten Plätzen steht so ein Protzkasten. Sie bauen einfach zuviel, sehr oft mit fremdem Geld. Jetzt sehen sie es schon langsam ein, aber es ist allerhöchste Zeit. Wo man heute auch in den Alpen hin-*

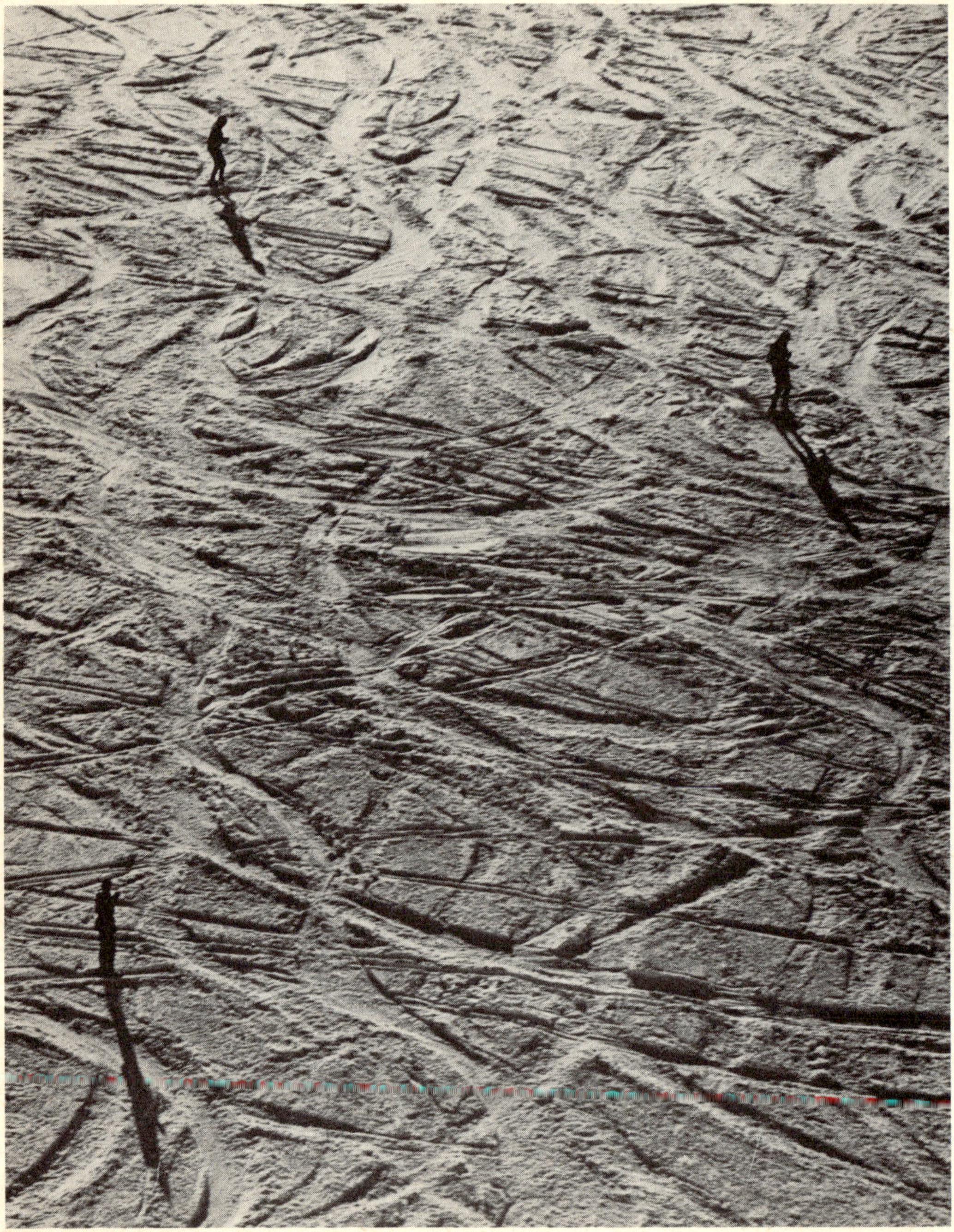

Deutschlands höchster Berg, die Zugspitze, ist fest im Griff des Menschen. Vor allem der Tourismus hat das Gebirgsmassiv vollends erobert. Im gesamten Alpenraum ist der Fremdenverkehr der bedeutendste Wirtschaftsfaktor. (Photo: dpa)

schaut: Zerstörung! Die Bergsteiger und Naturfreunde müssen noch energischer werden, die Zeiten sind hart. Da müßt ihr auch hart vorgehen. Die Schönheit der Alpen zu retten, das ist ein guter Kampf!«

Luis Trenker, in einem Interview mit dem »Umweltforum«, ist entsetzt: »*Ich bin teilweise schuld am Fremdenverkehr. Hätte ich doch lieber die Bapp'n g'haltn!«*

Geographen haben schon seit einigen Jahren in der Diskussion über Freizeit und Tourismus ihre Stimme erhoben – aber nicht sehr erfolgreich. Die Lobby der anderen ist mächtiger. »*In der gegenwärtigen Entwicklungsphase der Industriegesellschaft«*, so der Münchner Geographieprofessor Karl Ruppert, »*nimmt die Bedeutung der Freizeit immer mehr zu und damit auch ihr Anspruch an die Gestaltung unserer Umwelt.«*

Und überhaupt: Im gesamten Alpenraum ist der Fremdenverkehr heute Wirtschaftsfaktor Nr. 1. Das merkt man zur Genüge. Für viele Bauern in den Bergen ist der Tourismus eine willkommene, zusätzliche Einkommensquelle. Aber ist sie auch notwendig? Da sind auch Geographen geteilter Meinung. Es herrscht einerseits die Ansicht vor, daß ein Großteil der Bergbauern nur durch die Einnahmen aus dem Fremdenverkehr existenzfähig und damit auf den Höfen bleiben kann. Andere vertreten die Auffassung, daß gerade den Bergbauernbetrieben aus dem ganzen Touristenrummel nur ein geringer Gewinn zufließe.

Der Wintersport, Alpenfeind Nr. 1, hat sich seit Jahren rücksichtslos der Alpen bemächtigt und die Natur zerstört. (Photo: dpa)

Mehr und mehr wird Winterurlaub zum Zweiturlaub: das Bild entstand auf der Terrasse des Schneefernerhauses auf der Zugspitze. Dabei ist der Nutzen des Massentourismus für die einheimische Bevölkerung nach wie vor umstritten. (Photo: dpa)

Denn in erster Linie gehört zu den Folgeerscheinungen des Fremdenverkehrs in den Alpen ein Phänomen, das mit den Bauern wenig zu tun hat: Die Verstädterung. Der vormals ländliche Raum wird zersiedelt, Spekulation und Gigantismus halten Einzug. Stadtbewohner aus nah und fern rücken an und bauen oder mieten sich Zweitwohnungen, ein Phänomen, das besonders die Nordalpen trifft.

Dieser Verstädterung in den Tälern und niedrig gelegenen Regionen steht im hohen Gebirge eine Entvölkerung entgegen: Menschen wandern ab, weil der Verdienst in der Stadt besser ist oder der Fremdenverkehr in der eigenen Heimat nicht »modisch« geworden war. Diese Tendenz konnte vor allem in den romanischen Alpenteilen festgestellt werden: Im Hinterland von Nizza beispielsweise hat die Bevölkerung in den letzten 120 Jahren um etwa die Hälfte abgenommen. Vor allem um die Jahrhundertwende war die Flucht aus den Bergen in die Städte ganz besonders stark. Eine ähnliche Entwicklung hat auch im Zentral-Tessin und anderen Teilen der italienisch sprechenden Alpen stattgefunden. Hier stieg die Entvölkerungsrate nicht selten auf über 60 Prozent. Zwischen 1850 und 1960 sind in der Schweiz insgesamt 22 Dauersiedlungen aufgegeben worden – davon alleine 20 im Tessin.

Skisport als Massentourismus: Tausende drängen in jedem Winter in die Berge, der Skilift wird zur Sammelstelle. (Photo: dpa)

Landschaftsfresser Tourismus: Wie hier auf der Staiger Alp bei Sonthofen entstehen überall in den Alpen Fremdenverkehrszentren. Der »Allgäu Stern« ist mit rund 80 Millionen Mark eines der aufwendigsten Hotelprojekte der Bundesrepublik. Man erwartet rund 100.000 Übernachtungen pro Jahr. (Photo: dpa)

Was macht man – oder was macht der Staat gemeinhin, wenn Wirtschaftsland aufgegeben wird? Er forstet auf, das bringt noch ein paar Mark in die Kassen. Durch diese Aufforstung ist in vielen Teilen der Alpen das wirtschaftliche Gleichgewicht empfindlich gestört worden. Die Landwirtschaft ging teilweise sehr stark zurück oder konnte nur noch extensiv betrieben werden.

Im bayrischen Alpengebiet ist ein Rückgang der landwirtschaftlichen Betriebe um 30 bis 50 Prozent festgestellt worden. Rund um den Comer See wurden langjährige Intensivkulturen fast völlig aufgegeben.

Zu ganz anderen Ergebnissen ist der Geograph Hans Frei gekommen, der die Auswirkungen des Fremdenverkehrs auf die Gemeinde Damüls in Vorarlberg im Detail untersucht hat: Der Fremdenverkehr, so sagt er, sei hier zur Existenzgrundlage der landwirtschaftlichen Betriebe geworden. Der Fremdenverkehr erfülle hier für die Bevölkerung eine doppelte Funktion: Für aus der Landwirtschaft ausscheidende Familienmitglieder schafft er neue Berufe und Arbeitsplätze, die Menschen können also in ihrer nächsten Umgebung wohnen bleiben. Andererseits bringt der Tourismus für viele Landwirte überhaupt erst die Existenzfähigkeit, der Hof kann weitergeführt werden. *»Über diese Schlußfolgerung«*, so Frei, *»sind sich auch die meisten Damülser Bauern im klaren. Sie begrüßen übereinstimmend jede Maßnahme, die zur Förderung dieses Wirtschaftszweiges beitragen kann. Sie wissen aber auch, daß die Landwirtschaft als Wirtschaftsgrundlage damit nicht ersetzbar ist. Die gegenwärtige Mischform der Erwerbs-*

tätigkeit auf dem primären und tertiären Sektor soll ihrer Meinung nach erhalten bleiben.« Also doch? Die Bauern ein Volk von Kellnern, Stubnmadln und Liftschubsern?
Bei dem bereits erwähnten Treffen in Oberammergau im Frühjahr 1980 wurde eine Resolution verabschiedet, in der folgendes zu lesen war:
»Die Vertreter der alpinen Verbände, Umweltschutzorganisationen und Bürgerinitiativen stellen mit großer Betroffenheit fest, daß angesichts des Versagens der bisherigen Politik alle Mahnungen und Bitten, die Alpen als Lebens- und Erholungsraum zu bewahren, bisher nicht beachtet wurden.«
Mit dieser Resolution bekräftigten rund hundertfünfzig Alpenschützer, die immerhin eine Million Bergfreunde repräsentierten, ihren Widerstand gegen *»weitere sogenannte Erschließungen, die substantielle Verluste des Lebens- und Erholungsraums nach sich ziehen.«*
Ist es nicht schon zu spät? Da ist zum Beispiel Garmisch-Partenkirchen, Deutschlands größtes Altersheim. Mehr als ein Drittel allen Wohnraums gehört Auswärtigen, fast alle zählen zur »Oberschicht« – kein Wunder: Der Preis für einen Quadratmeter Land liegt über der Tausendmarkgrenze.
Dabei hat der Zweitwohnungsboom in der Bundesrepublik erst begonnen. Und noch zieht es den Bundesdeutschen eher ins Ausland als in die Berge oder ans Meer: Allein in Spanien, so schätzt man, sollen 100.000 Deutsche ihr Geld in ein Zweitheim investiert haben. Die Schätzungen gehen weiter davon aus, daß derzeit 2 bis 3 Millionen Interessenten auf der Käuferliste für Zweit- und Ferienwohnungen stehen. Bei einem möglichen Landbedarf von 1000 Quadratmetern pro Zweitwohnung wären dies rund 4 Prozent der bewaldeten Fläche der Bundesrepublik. *»In besonders kaufkräftigen Bevölkerungskreisen«*, meint Jost Krippendorf, *»zeichnet sich sogar ein Trend zum Drittwohnsitz ab: ein Haus in der Stadt, eines am Meer, ein drittes in den Bergen.«*
Der Schweizer Experte T. Walz schätzt, daß künftig ein Viertel des Bauvolumens der Großstädte in Form von Zweitwohnungen auf dem Lande noch einmal entstehen wird. Für den Alpenraum rechnet man bis 1985 mit einer Verdreifachung des Flächenverbrauchs für den Zweitwohnungsbau innerhalb von nur 10 Jahren.
»Zweitwohnungen und die Flucht der Städter aufs Land«, warnte das »Umweltforum«, *»verbreiten den Siedlungsbrei in idyllische Gegenden. Wer heute von der Kampenwand im Chiemgau ins Land blickt oder von der Hochries nach Bad Aibling, weiß, was deutsche Bausparer schaffen können: zumindest die Landschaft.«*
Dabei sind diese Wohnungen bei den Standortgemeinden nicht einmal unumstritten. Nach einer Untersuchung des Österreichischen Gemeindebundes aus dem Jahre 1973 betrachteten 40 Prozent der befragten Gemeinden, in denen sich Appartementhäuser oder Bungalows etabliert hatten, das vermeintliche Geschäft als nachteilig für die Gemeinde. In jener »Antigruppe« befanden sich immerhin drei Fünftel der gesamten Zweitwohnungskapazität der erfaßten Gebiete. Kein Wunder: Die Fensterläden der Zweitwohnungen bleiben nicht selten elf Monate im Jahr geschlossen, die Gemeinden allerdings werden mit den Infrastrukturkosten belastet.
Immerhin gibt es bereits Gemeinden, die den Trend nicht mitmachen wollen: der Ort Sulden verzichtete auf die Erschließung des Cevedale mit einer Seilbahn, obwohl die »Neue Heimat« aus Hamburg das notwendige Kapital bereitstellen wollte.
Seit einigen Jahren macht man sich allerdings in der Bundesrepublik Gedanken, wie sich geeignete »Standorte« für Zweitwohnungen ermitteln lassen. *»Die Versuche zur Steuerung des Zweitwohnungsbaus«*, schreibt Walter Danz, *»in den landschaftlich attraktiven Gebieten – insbesondere im Alpen- und Voralpenraum – haben im In- und Ausland zu einer Fülle von staatlichen Verwaltungsvorschriften geführt. Während es in Österreich und der Schweiz bislang vorrangig*

um die Abwehr von ausländischen Interessenten ging, stehen die deutschen Bundesländer vor dem juristisch schwierigen Problem einer raumordnungskonformen Steuerung der Binnennachfrage. Als besonders betroffenes Land hat Bayern im Landesentwicklungsplan (LEP) von 1976 hierzu konkrete Aussagen formuliert. So sollen eigengenutzte Freizeitwohngelegenheiten, die nicht touristisch genutzt werden, außerhalb überlasteter Erholungsgebiete oder besonders schützenswerter Gebiete errichtet werden.« Die Landschaft wird nach diesem bayerischen Alpenplan in drei Zonen unterteilt: eine für die Erschließung, eine zweite, in der Erschließung unter bestimmten Umständen möglich ist und eine sogenannte »Ruhezone«.

Was sich in Raumordnungs- und Landesentwicklungspläne fassen läßt, ist noch lange nicht in die Tat umgesetzt. Der Ökologe Fred Kurt: *»Die Alpen sind in Gefahr, weil sie von einer Kultur- und Erholungslandschaft zur Prestigelandschaft geworden sind. Bürgermeister wollten den Fremdenverkehr ankurbeln und förderten den Bau von Appartementhäusern in ihren Alpengemeinden. Erst, als es zu spät war, stellten sie fest, daß die Erweiterung der Kläranlage und der Straßenbau – beides Konsequenzen des wachsenden Tourismus – mehr Geld verschlangen, als der Fremdenverkehr einbrachte. Als die Bürgermeister der Überfremdung Einhalt gebieten wollten, konnten die Einheimischen die Bodenpreise nicht mehr bezahlen.«*

*

Als Hirten in der Jungsteinzeit in die Alpen kamen, den Baumbestand mit Brandrodung und durch Waldweide lichteten, merkten sie gleichzeitig, daß der Wald ein guter, natürlicher Schutz gegen Schlamm- und Schneelawinen ist. Das Anlegen sogenannter »Bannwälder« war daher eine der ersten naturschützerischen Leistungen des Menschen.

Die Bergbauern haben zwar, um ihren Wirtschaftsbereich auszudehnen, lange Jahre Wald zu Ackerland gemacht. Sie haben aber versucht, die Natur im Gleichgewicht zu halten: Boden, der an den unteren Ackerrand gespült worden war, schleppten sie eigenhändig wieder nach oben. Zur Stabilisierung des Ackerbodens verteilten sie den Mist an den steilen Hängen. Als aber seit der Mitte dieses Jahrhunderts die klassische Almwirtschaft nachgelassen hatte, war es auch mit der Pflege der Alm vorbei. Heute liegen alleine in der Schweiz bereits mehr als 80.000 Hektar Almflächen brach, bis zum Jahre 2000 rechnet man gar mit 260.000 Hektar, das entspräche der Größe des Kantons Tessin.

Die Auswirkungen, die heute durch den Bau von Straßen, Siedlungen, Skipisten oder Kraftwerksanlagen entstehen, sind nicht wieder gut zu machen – und man macht noch nicht einmal den Versuch, im Gegenteil: Auf mehreren Alpengipfeln wurden eigens riesige Plattformen errichtet, um noch mehr Menschen Platz zu bieten.

Nach einer Schätzung des Österreichischen Alpenschutzverbandes soll es derzeit im gesamten Alpenraum etwa 9000 Seilbahnen und Lifte geben, dazu noch einmal 20.000 Pisten. Das Geschäft mit dem Schnee blüht. *»Da ist jedes Maß verlorengegangen«,* warnte Fred Kurt, *»da wird der Berg nur noch als schiefe Ebene genutzt und der Schnee als Unterlage, auf der die Bretter gut gleiten.«*

Die Zeitschrift »natur« zeichnete kürzlich ein Bild, das den Niedergang der Alpenregion erschreckend deutlich machte:

* Die Gletscher der Eiszeit füllten die Alpentäler mit bis zu 2000 Meter mächtigen Eismassen. Bergspitzen und Hänge waren von Schnee bedeckt. In den wenigen schneefreien Refugien konnten sich einige Pflanzen- und Tierarten halten.
* Als vor 10.000 Jahren die Gletscher die Täler freigegeben hatten, entstanden Kältesteppen mit Birken und Nadelbäumen.
* Vor 9000 Jahren reichte der Wald bereits in eine Höhe von 2000 Metern. Höher kletterten nur noch Sträucher und Rasenpflanzen.

* Vor 2 500 Jahren, in der Jungsteinzeit, siedelten die ersten Bauern- und Hirtenvölker in den Alpen und rodeten stellenweise den Wald.
* Vor der Zeitenwende bis Mitte des 19. Jahrhunderts waren die Menschen in den Alpen Selbstversorger. Vielerorts hatten sie den Bergwald bis auf dünne Streifen abgeholzt. Die schmalen Waldgürtel schützten mancherorts nicht mehr vor Lawinen.
* Erst vor 30 Jahren begann die intensive Verstümmelung der Alpen durch Fremdenverkehr und Energiewirtschaft. Was, vom Ende der Eiszeit an, wenigstens ein Jahrtausend zu seiner Entstehung brauchte, scheint nach drei Jahrzehnten seiner Zerstörung nahe.

Ist das Rennen also bereits verloren, die Alpenlandschaft nicht mehr zu retten? *»Wenn nichts Entscheidendes geschieht«*, warnte bereits Mitte der siebziger Jahre Jost Krippendorf, *»läßt sich ohne große prophetische Gaben voraussagen, daß die wichtigsten als Erholungsräume in Frage kommenden Gebiete Europas in drei bis fünf Jahren lebensgefährlich geschädigt und in weiteren fünf bis zehn Jahren total zerstört sein werden.«*

Freiflug für die Technik – Erdinger Moos

Mit drei Start- und Landebahnen auf einer Grundfläche von 23 Quadratkilometern soll mitten im Erdinger Moos ein Großflughafen gebaut werden – das größte Projekt in der bayerischen Baugeschichte. Über 5.700 Betroffene klagten gegen den Planfeststellungsbeschluß. Der Großflughafen, auch München II genannt, soll in seiner letzten Ausbaustufe die sechs- bis siebenfache Kapazität der alten Anlage München-Riem besitzen. Durch den Bau der Flughafenanlage werden irreparable Schäden eintreten:

* Der Grundwasserspiegel muß 4 bis 5 Meter unter Flur abgesenkt werden. Dem gesamten Erdinger Moos drohen dadurch Erdverwehungen und einschneidende Veränderungen in der Flora.
* Durch die Grundwasserabsenkung und die Versiegelung des Bodens durch Gebäude, Straßen und Rollbahnen wird sich das Kleinklima verändern. Eines der letzten Feuchtgebiete wird zerstört.
* Das Erdinger Moos bietet 127 Vogelarten Lebensraum und Nahrungsgründe, darunter 39, die auf der Roten Liste stehen und besonders schutzwürdig sind. Aber Vögel sind Risikofaktoren für den Flugverkehr, sie sollen deshalb dezimiert werden – indem man über den Brutplätzen Gift versprüht.

*

Der Flughafen Riem in München ist zu klein geworden, der Luftverkehr über Bayerns Metropole kräftig angestiegen. Und dann – eine Woche vor Weihnachten im Jahre 1960 ereignete sich ein Flugzeugunglück an der Paulskirche in der Millionenstadt. Der Oberbürgermeister schlägt vor, einen Standort außerhalb der Landeshauptstadt zu suchen. Eine Kommission wird gebildet – die sogenannte »Öchsle-Kommission« –, vergleichende Standortuntersuchungen sollen durchgeführt werden. Drei Standorte werden in die engere Wahl gezogen, darunter der »Hofoldinger Forst«. Das Gebiet im Norden von Erding läßt man fallen, da es aus meteorologischer Sicht zu viele Risiken birgt.

18. Oktober 1966: Das Raumordnungsverfahren für Hofolding wird eingeleitet. Aber »einflußreiche Persönlichkeiten«, allen voran der damalige Landtagspräsident Hanauer, konnten das Projekt stoppen. Und Hanauer war es auch, der den Standort Erding-Nord trotz aller wissenschaftlicher Zweifel wieder kräftig ins Spiel brachte: *»Im Erdinger Moos muß kein Baum und kein Strauch für den Flughafen gefällt werden.«* Er legte zudem ein »Gegengutachten« vor, das den Entscheidungsträgern die Entscheidung für das Erdinger Moos erleichtern sollte – und er hatte Erfolg, wie das so oft der Fall ist, wenn sich »einflußreiche Persönlichkeiten« für eine Sache stark machen.

11. Oktober 1967: Das Raumordnungsverfahren für das Erdinger Moos wird eingeleitet. Es ist gerade ein Jahr vergangen, seit man für Hofolding Gleiches getan hatte. Der

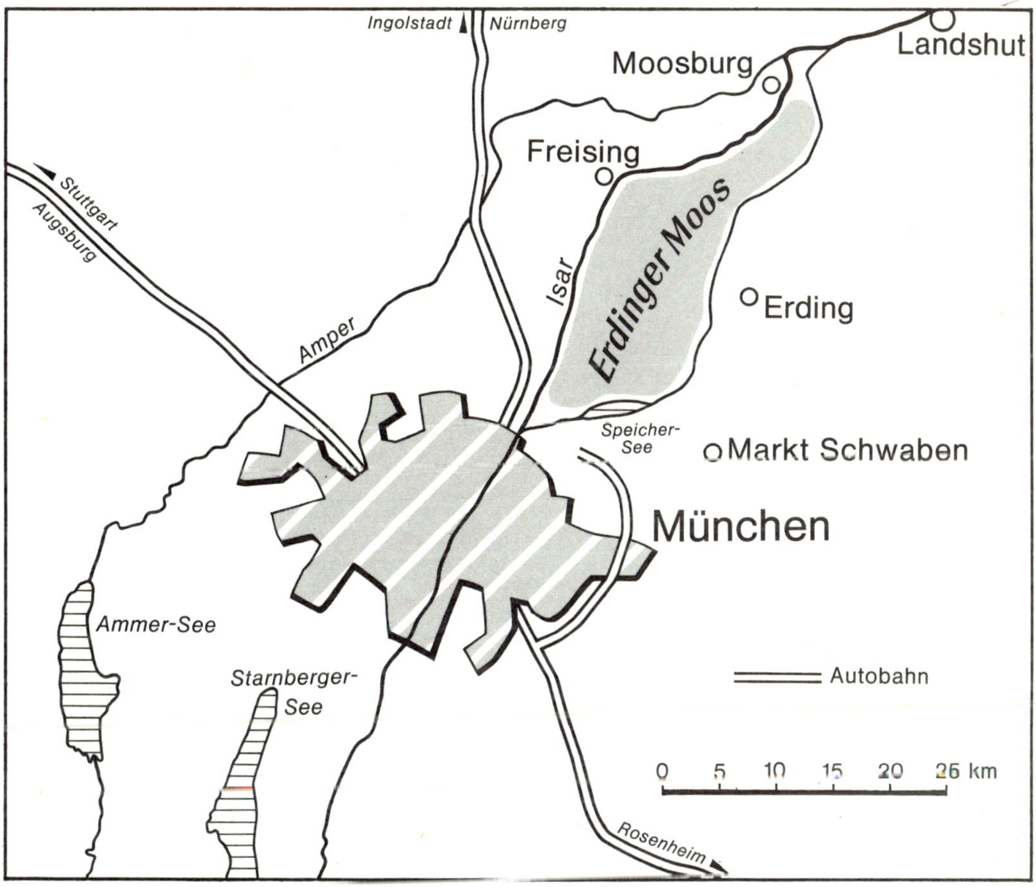

Nordöstlich von München, mitten im Erdinger Moos, soll mit drei Start- und Landebahnen auf einer Grundfläche von 23 Quadratkilometern der Großflughafen München II gebaut werden. (Zeichnung: Dreher)

Staatssekretär im Bayerischen Wirtschaftsministerium, Franz Sackmann, erklärt gegenüber dem »Münchner Merkur«, Erding sei der geeignetste Standort für den Großflughafen München II. Der Bayerische Ministerrat zieht nach und leitet ein luftrechtliches Genehmigungsverfahren ein.

Bürgerprotest wird laut. Als in Achering der bekannte Maibaum, diesmal pechschwarz und mit Totenkopf und Särgen an der Spitze, auf denen die Namen der Minister des Bayerischen Kabinetts gepinselt sind, als dieser Maibaum aufgestellt wird, ist der Reim zu lesen: *»Die Särge hier oben, die hängen noch still / für den, der trotz Nebel / den Flughafen will. / Luftgetrocknet in Ewigkeit / für Fehler, die kein Gott verzeiht.«*

Dies war der Anfang einer lang anhaltenden Protestwelle.

Das Erdinger Moos ist mit 25.000 Hektar das größte Quell- und Grundwassermoor Südbayerns. Hier liegt altes Siedlungsland ringsum, das bis in das 18. Jahrhundert hinein zur Streugewinnung und als Weide- und Jagdgebiet genutzt werden konnte. Dieser wirtschaftlich nur bescheidene Ertrag führte zu einer, durch kurfürstliche Mandate angeordneten »Kultivierung«. Aber auch das brachte nur bescheidene Erfolge. Kolonien wurden gegründet – so 1825 Hallbergmoos –, die Siedler aber stattete man mit völlig unzureichendem Grundbesitz aus, nämlich mit nur 2 bis 3 Hektar, was auch nicht dazu beitrug, wirtschaftlichen Aufschwung zu bringen. Als schließlich Mitte des letzten Jahrhunderts Brauereien aus München, Freising und Erding, die sich auf Torfbrand umgestellt hatten, Stützpunkte für die Torfgewinnung und Weidewirtschaft einrichteten, begann bereits der Wandel im Erdinger Moos. Man ging sogar daran, das Moos zu entwässern, legte einen Speichersee und Kanäle an. Der Grundwasserspiegel sank beträchtlich. Große Landteile wurden dadurch zwar kulturfähig, konnten also besser landwirtschaftlich bearbeitet werden, mit dem Moos- oder Moorcharakter aber war es endgültig vorbei. 1951 war das Erdinger Moos auf ganze 470 Hektar unkultivierte Moorfläche zusammengeschrumpft. Ausgedehnte Weiden beherrschten nun das Landschaftsbild.

*

Landschaft Erdinger Moos, das mit 25.000 Hektar größte Quell- und Grundwassermoor Südbayerns. (Photo: Winfried Kretschmer)

Nebel im Erdinger Moos: Gerade der Nebel könnte einem künftigen Großflughafen München II schwer zu schaffen machen. Denn nichts offenbart deutlicher menschliches Unvermögen gegenüber einer simplen Wettererscheinung als ein Flughafen im Nebel. (Photo: Winfried Kretschmer)

»Ich bin Käthe Winkelmann, Altbürgermeister der Gemeinde Neufahrn. Ich bin '56 zum ersten Mal in den Gemeinderat gewählt worden, '60 dann in den Kreistag, und nach der Erkrankung unseres ersten Bürgermeisters habe ich 1964 für dieses Amt kandidiert und hab' gegen einen Gegenkandidaten die Wahl gewonnen und hab' dann bis 1977, also dreizehn Jahre, dreizehn entscheidende Jahre, die Gemeinde Neufahrn geführt, die damals bei meiner Wahl 3400 Einwohner hatte und bei meiner Übergabe fast 12.000 Einwohner. In dieser Bevölkerungsentwicklung liegt schon die ganze Entwicklung der Gemeinde Neufahrn bedingt, die von einer Landgemeinde sich zu einer Industrie- und Wohngemeinde gemausert hat. Allerdings mit sehr, sehr schwerwiegenden Problemen, deren größtes der Plan des Großflughafens München II ist, der uns unmittelbar bedroht. '66 wurden zum ersten Mal Stimmen laut, daß ein Plan existiere, obwohl Hofolding seinerzeit schon im Raumordnungsverfahren war, daß ein Plan existiere, Erding solle miteinbezogen werden in das Verfahren. Man hob also das Verfahren Hofolding gar nicht auf, sondern erweiterte es nur, weil dort sehr, sehr heftige Widerstände zu verzeichnen waren. Und die ›Süddeutsche Zeitung‹ hat einmal in einem Bericht geschrieben, daß die Verantwortlichen über das Moos geflogen seien und nur einen einzigen Baum stehen sahen und dann entschieden haben: Hier ist der ideale Standort, hier muß der Großflughafen München II gebaut werden. Dies ist keine Fama. Und von dieser Planung haben sich die Verantwortlichen bisher trotz aller schwerwiegenden Gegenargumente nicht abbringen lasen.«

Bauarbeiten im Erdinger Moos: Trotz der Verhandlungen zwischen dem Bund und dem Freistaat Bayern um die künftige Größe des Flughafens wurde die Entwässerung des Geländes fortgesetzt. (Photo: dpa)

Tonbandprotokoll der Aussage einer engagierten Bürgerin und Politikerin, die von Anfang an dabei war. Trotz allem: Am 5. August 1979 erließ die Regierung von Oberbayern den Planfeststellungsbeschluß zum Bau des Großflughafens München II im Erdinger Moos.

*

Was da alles zur Entscheidungsfindung in verschiedenen Gutachten herbeigebracht wird, klingt durchweg geographisch – auch die einzelnen Punkte, die für einen Flughafen Erdinger Moos sprechen sollen:

* Der Raum Erding-Freising sei ein *»agrarindustrielles Mischgebiet«*, man habe demnach mit einer *»Freisetzung von landwirtschaftlichen Arbeitskräften«* zu rechnen. Der Ausbau der Verkehrs- und Versorgungsstruktur im gesamten Flughafenbereich aber schaffe rund 9000 neue, nichtlandwirtschaftliche Arbeitsplätze. Mit einer Aufwertung, einer Steigerung der Attraktivität des Raumes könne man rechnen – und dies passe genau zu den staatlichen Bemühungen einer gesunden Raumordnungs- und regionalen Wirtschaftspolitik.
* Einwendungen und Bedenken gegen die Planung seien durchaus verständlich, *»denn die Bereitstellung von zweitausend Hektar Land aus Privatbesitz wird für die Betroffenen Schwierigkeiten und gegebenenfalls auch Härten bringen«*, aber bei einer großzügigen Entschädigung müsse es möglich sein, *«unzumutbare Härten für*

die betroffenen Grundeigentümer und die Gemeinden zu vermeiden«.

* Landwirte, deren Äcker nun zur Piste würden, sollten mit Ersatzhöfen bedacht werden. Und überhaupt seien eine Gefährdung des Grundwassers oder gar irreparable Grundwasserschäden nicht zu befürchten. Dies lasse sich aufgrund vorliegender Ergebnisse einer einjährigen Beobachtung durch das Bayerische Geologische Landesamt eindeutig feststellen: *»Großflächige, dauernde Grundwasserabsenkungen sind nicht zu befürchten.«*
* Das Stadtgebiet von München werde durch die vorgesehenen An- und Abflugrouten *»nur in Einzelfällen am Rande berührt«.*

Aber so richtig ideal war für Gutachter und Planer keiner der beiden umstrittenen Standorte, weder Hofolding noch Erding: in Hofolding habe man zwar bessere Sichtverhältnisse, aber aufgrund der höheren Lage auch mehr Schnee zu erwarten. Schnee gebe es im Erdinger Moos zwar weniger – aber dafür mehr Nebel.

»Nichts offenbart deutlicher menschliches Unvermögen gegenüber einer simplen Wettererscheinung als ein Flughafen im Nebel: Draußen herrscht gespenstische Betriebsruhe auf Vorfeld und Rollbahnen. Drinnen macht sich unter verärgertem Publikum eine Stimmung breit, die zwischen Apathie und nervöser Gereiztheit schwankt. Das Ergebnis sind verpaßte Anschlüsse, geplatzte Verabredungen und unfreiwillige Odysseen. Den Fluggesellschaften entstehen durch jene Ausfälle, Umleitungen und Verspätungen hohe Kosten. Verantwortlich für all dies ist die ›höhere Gewalt‹ – und die ist nicht haftbar. Gerade weil sich Begriffe wie Blindlandung, automatische Landung oder Computerlandung im Bewußtsein festgesetzt haben, fragen sich Flugreisende, warum es dennoch bei bestimmten Wetterlagen im Herbst und Winter solche Szenen geben muß und warum einige Flughäfen augenscheinlich stärker betroffen sind als andere.« – Willi Vogler, Mitarbeiter der Fluggesellschaft British Airways, hat die Situation treffend beschrieben, eine Situation, die jeder, der des öfteren auf das Flugzeug angewiesen ist, schon einmal erlebt hat. Das Wetter ist noch immer die große Unbekannte. Die Luftfahrt ist wie keine andere Verkehrsart vom Wetter abhängig. Daran ändern auch die enormen technischen Fortschritte nichts, die während der letzten Jahrzehnte erzielt wurden.

Die Forderung von Meteorologen geht deshalb dahin, auf allen wichtigen Verkehrsflughäfen die Wetterdatenerfassung zu automatisieren. Der Flugsicherungskontrolleur und der Pilot müssen fortlaufend und verzögerungsfrei über das am Boden herrschende Wetter informiert sein. Zwar wird die Einführung eines rechnergesteuerten Systems für den meteorologischen Beobachtungsdienst in Verbindung mit anderen bord- und bodenseitigen Navigationshilfen das Schlechtwetterproblem der Luftfahrt nicht beseitigen, stellt aber dennoch einen wertvollen Beitrag zur Steigerung der Sicherheit und Zuverlässigkeit dar.

Man hat des öfteren versucht, Nebel durch chemische, mechanische oder thermische Verfahren »wegzuschaffen«. Das ist in einzelnen Fällen recht gut gelungen – insgesamt aber ist von dieser Seite keine »Nebellösung« zu erhoffen. Allein vollautomatische Landesysteme könnten einmal dazu beitragen, den Luftverkehr unabhängig zu machen. Heute ist es ja bereits möglich, Flugzeuge »hands off«, also vollkommen automatisch landen zu lassen. Für eine insgesamt wetterunabhängige Fliegerei werden aber noch einige Innovationen nötig sein – sowohl am Boden als auch an Bord der Jets.

*

Nach diesem Exkurs in die Technik – die Problematik wird gerade bei einem möglichen Flughafen im Erdinger Moos immer wieder auf den Tisch kommen – zurück zu den natürlichen und geographischen Gegebenheiten.

Das Erdinger Moos ist nicht nur das größte Quell- und Grundwassermoor Südbayerns, es ist auch eines der letzten Feuchtgebiete, Lebensraum, Nahrungs- und Brutstätte bedrohter und seltener Vogelarten. Aber da Vögel für den Flugverkehr alles andere als angenehm sind – sie können zum Beispiel Triebwerke zerstören – haben sich »maßgebende Stellen« schon beizeiten Gedanken gemacht, so wie hier im »Airport-Forum« 4/76:

»Verscheuchungsmaßnahmen bedürfen stets der Zustimmung der Naturschutzbehörde. Heute muß man immer damit rechnen, daß die eine oder andere Umwelt- oder Tierschutzgruppe sich jeder Maßnahme widersetzt. Das gewählte Programm sollte man deshalb so geheim wie möglich halten. Heimische Vögel können mit Hilfe von Fallen oder durch Vergiftung reduziert werden. In diesem Zusammenhang wäre das Besprühen großer Schlafplätze mit Detergentien zu erwähnen, die das Öl der Federn auflöst und so Abkühlung und Tod verursachen.«

Technisch ist vieles, manche sagen, alles möglich: eben auch die »Urbarmachung« der Natur und Landschaft für die Technik – für den Freiflug der Technik.

Hinter all diesen Bestrebungen der einen oder anderen Seite steht immer wieder die Frage: Was ist der Preis, den wir für ein Projekt zahlen müssen? Die Ökonomen haben es da nicht schwer: Was ein Flughafen in der Planung und Herstellung kostet, was er schließlich als Gewinn einmal abwerfen soll, ist in Mark und Pfennig mehr oder weniger exakt zu berechnen. Von jenen Ökonomen hört man dann immer wieder: Nun sagen Sie mir doch mal, welchen Schaden wir davontragen, wenn 2 oder 3 Vogelarten verschwinden, wenn das Grundwasser 2 oder 3 Meter absinkt, und dadurch der eine oder andere Baum eingeht. Entsteht uns, der Menschheit, der Volkswirtschaft oder sonst wem überhaupt ein Schaden, ist gar die Existenz der Spezies Mensch gefährdet?

Eine Bilanz nach ökonomischer Denkart ist kurzfristig kaum zu erstellen. Man muß schon ein gewisses Maß an ökologischem Verständnis mitbringen, um für die gesamte Problematik überhaupt sensibel und aufnahmefähig sein zu können. Frederic Vester, Biochemiker, promovierter und habilitierter Naturwissenschaftler, hat einmal versucht, den volkswirtschaftlichen Wert von Ökosystemen zu fassen. Man müsse gerade bei einem Projekt wie dem Flughafen im Erdinger Moos, so stellte Vester klar, davon ausgehen, daß die Schäden weitgehend irreversibel seien. Und deshalb müsse man auch völlig andere volkswirtschaftliche Maßstäbe anlegen als etwa bei einer Kiesgrube oder einem Steinbruch, selbst bei einer Gewässerverschmutzung, die wieder saniert werden könnten, wenn auch mit großen Anstrengungen. *»Hier jedoch wird in jedem Fall intaktes, funktionsfähiges Naturland vernichtet. Nicht sein Materialwert, sondern seine Funktion ist daher in ihrem Vorher/Nachher-Wert abzuwägen. Etwa so, wie dies ganz ähnlich in vergleichbaren volkswirtschaftlichen Untersuchungen verschiedener Gebiete in den Vereinigtn Staaten unternommen und z. B. von Westmann in der Zeitschrift* Science (9/77) *veröffentlicht wurde. Danach bringt z. B. die Zweckentfremdung eines intakten Ökosystems pro Quadratkilometer einen direkten volkswirtschaftlichen Verlust von rund 50 Millionen DM. So viel nämlich müßte allein für die zuvor unentgeltliche Grundwasserreinigung, Wasserrückhaltung, Bodenstabilisierung aufgewendet werden, um die Gesamtfunktion, die ja auch für die angrenzenden Gebiete bis hin zur Schädlingskontrolle einen hohen Wert haben, zu ersetzen. Ich betone diesen Punkt deshalb, weil im Falle Erdinger Moos offenbar weder die direkten noch die indirekten wirtschaftlichen Belastungen durch den ökologischen Eingriff einbezogen wurden, noch der langfristige Profit, der diesen Verlust offenbar aufwiegen soll.«*

*

März 1981. Die »Süddeutsche Zeitung« veröffentlicht ein Photo, das vielleicht erst auf

Durch den leeren Rahmen des ehemaligen Ortsschildes im verlassenen Dorf Franzheim fällt der Blick auf die Bauarbeiten für den geplanten Großflughafen: die Entwässerung des Geländes wird vorangetrieben. Als dieses Bild im März 1981 entstand, wurden im »Flughafen-Prozess« vor dem Verwaltungsgericht in München die Plädoyers im Namen von 5700 Klägern gehalten. (Photo: dpa)

den zweiten Blick erschüttert: da ist von einem Ortsschild, das einmal das Dorf Franzheim ankündigte, nur noch das Gestänge geblieben. *»Durch das Gestänge«*, so das Blatt, *»fällt der Blick auf einen Bagger, der zum Bau des Großflughafens München II angerückt ist, dem Franzheim weichen muß.«* Bagger rücken nicht nur unweit von München an. Eine ähnliche Situation hatte sich auch südlich von Frankfurt ergeben, wo die Erweiterung des Rhein-Main-Flughafens anstand. Auch hier ist die Natur in höchstem Maße gefährdet. Der Mönchbruch zum Beispiel, eine etwa 5000 Hektar große Waldfläche, in die viele ausgedehnte Wiesenzüge eingelagert sind, ein Waldgebiet, das jahrhundertelang unter dem besonderen Schutz der jeweiligen Landesherren stand und daher vor Rodungen verschont blieb – dieses Waldgebiet würde von Nord nach Süd von einer möglichen Startbahn West durchschnitten.

›Es handelt sich dabei‹, so Forstoberrat Henner Gonnermann vom benachbarten Forstamt Groß-Gerau, *»um die größte geschlossene Waldfläche, die das Rhein-Main-Gebiet noch aufzuweisen hat, dem Großraum Frankfurt im Südwesten vorgelagert. Zugleich zeichnet sich dieses Waldgebiet durch besondere landschaftliche Schönheit und ökologische Wertigkeit aus. Schon längere Zeit besteht die Absicht, dieses Gebiet in seinem Kernbereich unter Naturschutz zu stellen.«*

Dies wäre mehr als gerechtfertigt: Hier trifft man noch auf feuchte Wälder mit einem mehrere hundert Jahre alten Baumbestand. Hier liegen noch Streu- und Riedwiesen, die

in Hessen selten geworden sind. Hier lebt ein besonders großer Anteil höchstgefährdeter Tiere und Pflanzen – aufgeführt in der Roten Liste. Und hier tummeln sich gar noch Insekten, die inzwischen Rarität geworden sind. Hinzu kommen noch global negative Auswirkungen auf Klima und Wasserhaushalt – man nimmt an, daß langfristig Treibstoff- und Ölreste, Gummiabrieb, chemische Wasch- und Lösungsmittel vom Flughafen, Auftausalze und besondere Alkohole zum schnellen Freimachen der Piste von Eis und Schnee das Grundwasser über Gebühr belasten werden.
Mit welch harten Bandagen um den Ausbau des Rhein-Main-Flughafens gekämpft wird, wird aus folgendem Detail deutlich: Da setzte Karl Schneider, zuständiger hessischer Umweltminister, in die Welt – und natürlich in die Medien -, seit Kriegsende seien im Bereich der (Flughafenausbau-) Gemeinde Mörfelden-Walldorf 1287 Hektar Wald gerodet worden, ein gutes Drittel für Bau- und Industriegelände. Tatsache ist: In der Gemeinde entstand seit 1945 ein Waldverlust, der nicht einmal ein Zehntel von dem ausmacht, was Karl Schneider gerne gehabt hätte: nämlich ganze 90 Hektar. Und von diesem Areal wurde gar noch die Hälfte für Sport- und Erholungsflächen bereitgehalten und dementsprechend begrünt. Bernhard Brehl, Bürgermeister von Mörfelden-Walldorf, vermutet denn auch kein Versehen hinter den Erklärungen des Wiesbadener Ministers, sondern den Zweck, *»unsere Haltung und Argumentation hinsichtlich der Waldverluste zum Bau der Startbahn 18 West in der Öffentlichkeit unglaubwürdig erscheinen zu lassen und zu diskreditieren«*. Unglaubwürdig wurde die Landesregierung schließlich jenen 95, oft langgedienten SPD-Mitgliedern: sie traten geschlossen aus der Partei aus. Überhaupt lief die Flughafen-Auseinandersetzung nicht ohne politische Pikanterie ab: Vertreter von FDP, SPD, CDU und DKP traten gemeinsam in den Hungerstreik – »Volksfront« in Mörfelden-Walldorf.

Alles in allem ist sogar der wirtschaftliche Nutzen einer dritten Startbahn zweifelhaft. Dies geht interessanterweise aus einer Studie hervor, die im Auftrage der Deutschen Lufthansa erstellt und der »Frankfurter Rundschau« zugespielt worden war (Lufthansa: *»Es handelt sich um eine gezielte Indiskretion.«)*. Eine bis dahin propagierte 25-Prozent-Steigerung durch die Inbetriebnahme der Startbahn West wurde auf 8,7 Prozent zurückgeschraubt, insgesamt sei ein *»wenig attraktiver und geringfügiger Kapazitätszuwachs«* zu erwarten.

*

Das Kapazitätsproblem stellt sich auch für München II im Erdinger Moos. Benötigen wir denn in Zukunft immer mehr und immer größere Flughäfen? Die Angst geht gar schon um bei der IATA, der Internationalen Vereinigung von Luftfahrtgesellschaften, ob denn in Zukunft die Ölindustrie den Treibstoffbedarf überhaupt noch decken könne.
Die Luftfahrt benötigte im Jahre 1978 rund 3,5 Millionen Tonnen Steinkohleeinheiten (SKE) – eine Million mehr als der Schienenverkehr, der überdies noch dreißigmal mehr Personen befördert. Und bei gleicher Verkehrsleistung produziert die Fliegerei zehnmal mehr Abgase, hat einen dreieinhalbfach höheren Flächenbedarf als Eisenbahn und sonstige Schienenfahrzeuge.
Ein »Osterei« schließlich legte der Bayerische Verwaltungsgerichtshof den Flughafenleuten quasi mitten ins Moos: Drei Tage vor dem Auferstehungsfest des Jahres 1981 hatten die Richter entschieden, die im November 1980 begonnenen Bauarbeiten für das Milliardending einstellen zu lassen. Das Urteil wurde mit erheblichen Verfahrensfehlern begründet. Siegfried Hännl dazu in der »Süddeutschen Zeitung«: *»Die Osterpause auf der Baustelle für den Großflughafen München II im Erdinger Moos wird länger dauern, als sich die Airport-Planer das vorgestellt haben: Nachdem der Bayerische Verwaltungsgerichtshof am Donnerstag entschie-*

Ohne Zwischenfälle begann Ende des Jahres 1980 der Bau des Großflughafens Erdinger Moos in Attaching bei Freising. Bei schneidender Kälte wurden Baumaschinen aufs Gelände gebracht. Protestaktionen gab es nicht. (Photo: dpa)

den hat, daß die Bauarbeiten gestoppt werden müssen, brauchen die Bautrupps nach den Feiertagen nicht mehr anzurücken, und niemand vermag zur Stunde zu sagen, wann die Gerichtsverfahren abgeschlossen und die Arbeiten für das Milliardenprojekt wieder möglich sein werden. Eine Prognose aber kann man sicherlich wagen: Daß es nichts damit wird, 1985/86 die ersten Maschinen im Erdinger Moos starten und landen zu lassen.«

Der Flugplatz im Erdinger Moos wird möglicherweise trotz aller Proteste gebaut werden. 3,2 Milliarden DM wurden einmal als Investitionssumme von seinen Erbauern genannt, über 7 Milliarden von seinen Gegnern. Vielleicht werden es noch mehr werden, da sich die ganze Sache nun verzögert, trotz eines möglichen Verzichts auf eine ursprünglich geplante dritte Start- und Landebahn.

Der Patient Bodensee zeigt leichte Besserung

Seit gut 30 Jahren ist der Bodensee krank. Fäulnisfähige, sauerstoffzehrende Schmutz- und Giftstoffe gelangen über Flüsse und Abwässer in den See. Krankheitserreger wurden von Chemikern festgestellt – Strandbäder mußten die Tore schließen. Das Hauptproblem, die Eutrophierung, also die steigende Überdüngung des Sees, hat zu folgenschweren Strukturveränderungen und Schäden geführt. Die Hauptschuld für jene Überdüngung tragen die Waschmittel – oder genauer: der Phosphat-Anteil in den allermeisten Waschmitteln, die als ungeklärte Abwässer in den Bodensee geschleust wurden. Der verstärkte Bau von Kläranlagen hatte die Negativentwicklung 1975 erst einmal gestoppt.

Dem Bodensee geht es seitdem ein wenig besser. Der Patient wird mit Sicherheit jedoch nicht mehr kerngesund werden.

*

Daß das Waschmittel A weiß macht wie kein anderes, das Waschmittel B zudem sauber, der Weichspüler weich, die Sechziggradwäsche so wird als wäre sie gekocht . . . das kennen wir inzwischen. Viele tausend Jahre benutzte der Mensch zur Körperpflege und Reinigung seiner Kleider fast ausschließlich sogenannte »Einkomponentensysteme« – auf gut deutsch: Seife. Mit Beginn des 20. Jahrhunderts änderte sich die Situation grundlegend. Der Fortschritt der technischen Entwicklungen brachte die Waschmaschine beinahe in jeden Haushalt. Die Seife hatte ausgedient – synthetische Stoffe waren für den Waschvorgang in der Maschine notwendig geworden. Vieles aber, was der technische Fortschritt »frei Haus« beschert hat, bereitet heute, gerade auf dem Umweltsektor, größte Sorge. Besonders die Phosphorverbindungen in den Waschmitteln machen den Gewässerschützern arg zu schaffen – was schließlich den Gesetzgeber auf den Plan rief: Am 1. September 1975 ist das Gesetz über die »Umweltverträglichkeit von Wasch- und Reinigungsmitteln« – das Waschmittelgesetz – in Kraft getreten, das eine schrittweise Begrenzung des Phosphats um 50 Prozent innerhalb der nächsten Jahre anstrebte. Dabei haben die Waschmittel nicht einmal alleine den »Schwarzen Peter«: Phosphorverbindungen werden auch in Dünge- und Futtermitteln in der Landwirtschaft verwendet – hier können sie nach gängiger Meinung nicht ersetzt werden. Anders bei den Waschmitteln. Eine wenigstens teilweise Eliminierung des Polyphosphats ist technisch und wirtschaftlich möglich. Dafür setzen sich vor allem die Düsseldorfer Henkel-Werke ein, die hier die große geschäftliche Chance wittern. Der Marktriese bei den Phosphat-Waschmitteln, die Hoechst AG in

Nährstoffreiches Wasser führt zu einer immer stärkeren Verkrautung der Flachwasserzone des Bodensees, wie hier westlich von Friedrichshafen. (Photo: Sießegger)

Frankfurt, ist da natürlich ganz anderer Meinung. Dr. Joachim Kandler vom Hoechster Werk Knapsack:
»Eine durch Rechtsverordnung erzwungene Einführung von Phosphatsubstituten in Waschmitteln ist auch ökologisch nicht sinnvoll.«
Für die Hoechster Firma ist der Bau von Kläranlagen mit einer dritten, chemischen Reinigungsstufe der einzige Weg, die Eutrophierung unserer Gewässer zu stoppen. Daß die Situation nicht ohne Zündstoff ist und nicht ohne Nervosität abgeht, zeigen die Worte, die der Hoechster Wissenschaftler Wolfgang Hilger auf einer Pressekonferenz von sich gab: *»Wir wehren uns gegen eine politische Diskriminierung der Waschmittelphosphate, die zum Teil für Versäumnisse der Abwasserbehandlung vergangener Jahre herhalten sollen. Wir erheben auch unsere Stimme gegen Gesetze, die als Schritt in die richtige Richtung apostrophiert werden, ohne daß damit eine echte Problemlösung erreicht wird. Gleichmacherei wird heute oft als Gerechtigkeit empfunden. Wir verneinen dies im Falle einer allgemeinen Phosphatbegrenzung ebenso, wie wir dies bei den Immissionsstandards, losgelöst vom jeweiligen Standort, auch kritisieren.«*
Zur »Phosphorbilanz« hat das Bundesinnenministerium folgende Zahlen veröffentlicht: Im Untersuchungsjahr 1974/75 sind gut 600.000 Tonnen Phosphor aus Rohphosphaten, Eisenerzen und Brennstoffen sowie darüber hinaus fast 190.000 Tonnen über Mineraldünger, Futter- und Nahrungsmittel importiert worden – insgesamt also knapp 800.000 Tonnen in einem Jahr. (Was über die Flüsse in das *»Staatsgebiet eingetragen wird«*, sei einmal außer Acht gelassen.) Davon verbleiben etwa zwei Drittel im Boden und Deponien, der Rest verläßt die Bundesrepublik entweder über Flüsse oder wird in Form von Mineraldünger oder Futtermittel exportiert.
Knapp 150.000 Tonnen gelangen jährlich in »das Teilsystem Mensch und Haushalt«: 47 Prozent sind den Spül-, Reinigungs- und Haushaltsprodukten und 53 Prozent den Nahrungsmitteln zuzuordnen. Knapp zwei Drittel davon, also etwa rund 100.000 Tonnen kommen mit dem Abwasser wieder in die Kanalisation. Wenn man nun davon ausgeht, daß es eine »normale Kläranlage« auf eine 24prozentige Phosphoreliminierung bringt, dann gelangen jährlich noch etwa 75.000 Tonnen in die Vorfluter, in Flüsse, Bäche und Seen.
Man weiß heute auch, daß der Anteil dieser Phosphatmengen in den Oberflächengewässern aus jenem System »Mensch und Haushalt« geringer ist als der Anteil aus Landwirtschaft oder Industrie.

*

Bis in die zwanziger Jahre unseres Jahrhunderts war der Bodensee so nährstoffarm, daß die Fischereiwirtschaft nicht so recht weiter wußte. Da schlug ein Professor vor, den Obersee mit den Abwässern der Anliegergemeinden zu »düngen«, um so die Phyto- und Zooplanktonproduktion und damit den Fischbestand zu erhöhen. Der Vorschlag jenes Professors wurde nicht ganz ernst genommen – er sollte sich aber auf fast makabre Weise viele Jahre später bestätigen. Als nämlich das Abwasser mehr und mehr wurde, wurde auch der See nährstoffreicher, die Fischer konnten sich zunächst freuen. Die Eutrophierung aber erreichte schließlich ein solches Ausmaß, daß die Laichgebiete in Gefahr gerieten.

Oben:
Problematik Sportschiffahrt: Zerstörung der Schilfgebiete durch wilden Zugang an das Wasser und zu den Booten. (Photo: Sießegger)

Unten:
Das Ufer des Bodensees wird immer mehr zerstört – wie hier ein Schilfgebiet bei Lindau . (Photo: Sießegger)

Zwischen 1910 und 1965 stiegen zwar die Gesamtfischerträge des Bodensees, aber, um nur ein Beispiel zu nennen, an die Stelle der Blaufelchen traten die weniger wertvollen Barsche und Weißfische – ein finanzieller Verlust für die Fischereiwirtschaft. Die »Abwasserdüngung«, die Eutrophierung, hatte zugeschlagen, nicht zuletzt durch synthetische Waschmittel.

*

Seit 1960 ging es »bergauf«: Die Phosphatkurve im Bodensee ging steil nach oben – in erster Linie aufgrund des Wirtschaftswachstums, man hatte mehr Geld und immer weniger Zeit, kaufte Waschmaschinen, der Waschmittelumsatz stieg kräftig und somit die Phosphat-Zufuhr in den Bodensee. Sicherlich war auch die Landwirtschaft ein nicht zu unterschätzender Faktor, aber in erster Linie ausschlaggebend waren die Waschmittel.

Daß sich im »See etwas tut«, konnte auch bald der Laie erkennen: Plankton und Biomasse nahmen zu, der Fischbestand hingegen ab. Steigerung der Produktivität, Steigerung der Biomasse – das war in den nächsten Jahren das Schlagwort. Dazu Dr. Gustav Wagner vom Institut für Seenforschung und Fischereiwesen in Langenargen am Bodensee: *»Zur pflanzlichen Produktion sind bestimmte Stoffe, bestimmte Elemente notwendig. Und jeweils das Element, das im Laufe der Produktion zuerst verbraucht wird, begrenzt das Wachstum. Im Bodensee, wie in den meisten mitteleuropäischen Seen, sind die Phosphorverbindungen der begrenzende Faktor. Oder anders ausgedrückt: Pflanzliche Produktion konnte nur solange stattfinden wie Phosphat zur Verfügung gestanden hat. Als es dann zu einem erhöhten Phosphateintrag in den See kam, steigerte sich natürlich die Produktion. Bis heute noch sind die Phosphorverbindungen der wichtigste begrenzende Faktor.«*

Fazit: Um die Produktionsziffern im Bodensee zu senken, muß die Einfuhr von Phosphat gestoppt werden. Dies konnte erst einmal nur durch den Bau von Kläranlagen geschehen, die über die sogenannte »Phosphorfällung« verfügen. Da der Bodensee nicht nur ein deutsches Gewässer ist, sondern auch auf dem Staatsgebiet der Schweiz und Österreichs liegt, hat man sich in einer Internationalen Gewässerschutzkommission darauf geeinigt, Kläranlagen rund um den See zu erstellen, die diesen Anforderungen genügen sollen. Mehr als einhundert sind es heute, und auf diese Weise werden rund drei Viertel der Abwässer gereinigt. Vor 10 Jahren noch wurden jährlich 2000 Tonnen Phosphorverbindungen in den Bodensee gekippt – 60 Prozent davon kamen über Waschmittel hinein, 20 Prozent über menschliche Fäkalien, der Rest zu etwa gleichen Teilen über Niederschläge und Düngung. Heute ist der Eintrag erheblich zurückgegangen.

Etwa ab 1970 wurde der Phosphatanstieg dann erst einmal gebremst. Wirtschaftliche Rezession und eine gewisse Marktsättigung auf dem Waschmaschinensektor waren dafür ausschlaggebend.

Inzwischen sind Bestrebungen im Gange, das Phosphat in den Waschmitteln zu ersetzen. Größter Widersacher ist, wie gesagt, die Hoechst AG in Frankfurt, die die Substanz in höchsten Tönen preist: *»Phosphate helfen, den Kalk zu binden, machen das Waser weich, brechen den Schmutz auf und halten ihn während des Waschprozesses in der Schwebe. Schließlich reduzieren sie noch die Keimzahl im gereinigten Gewebe. Die Wirksamkeit der Phosphate ist für jedermann erkennbar. Man erinnere sich nur an die Verkrustungen der Heizstäbe in den ersten Waschmaschinen und die Vergrauung der Gewebe, wie sie in den früheren Jahren noch auftraten.«* Die Vergrauung der Gewebe hat man nun zwar im Griff, die negativen Auswirkungen auf das ökologische Gleichgewicht aber noch lange nicht. Deshalb ging ein Konkurrent der Hoechster, nämlich die Düsseldorfer Firma Henkel, daran, einen Phosphatersatzstoff zu entwickeln: Natrium-

»Uferverbauung« am Bodensee, in dieser Form, neben Betonmauern, besonders beliebt. In Zukunft sollen Auffüllungen zur Landgewinnung und Anlagen zum Hochwasserschutz nur noch genehmigt werden, wenn »zwingende Gründe« vorliegen.(Photo: Sießegger)

aluminiumsilikat – kurz: SASIL. Der Ersatzstoff wurde von Henkel auf ausgewählten Marktbezirken in der Bundesrepublik, in Holland, der Schweiz und den Vereinigten Staaten – dort heißt er »Zeolith A« – getestet. *»SASIL kann«*, meint Peter Berth von Henkel Düsseldorf, *»einen erheblichen Teil der Phosphate in Waschmitteln ersetzen. Die toxikologische und ökologische Unbedenklichkeit wurde in einem mit Bundesmitteln geforderten Projekt untersucht. Anhaltspunkte, die gegen einen großtechnischen Einsatz sprechen, wurden nicht gefunden. Das bedeutet, daß SASIL-haltige Waschmittel weder bei bestimmungsgemäßem Gebrauch, d.h. beim Waschen, noch bei mißbräuchlicher Anwendung – wenn zum Beispiel ein Kleinkind Waschmittel verschluckt –, die Gesundheit von Menschen gefährden. SASIL zeigte bei diesen Versuchen auch keinen Einfluß auf den Betrieb von Abwasserkläranlagen und besitzt keine Giftigkeit gegenüber Wasserorganismen wie Algen, Wasserflöhen, Muscheln und Fischen.«* SASIL – Waschmittel der Zukunft? Gustav Wagner, der Praktiker vom Bodensee, jedenfalls liegt auf der gleichen Linie: *»Ich muß der Marschrichtung von Berth zustimmen!«*

*

Der Bodensee hat rundum einiges zu bieten, was aus ökologischer Sicht zu Kostbarkeiten zählen kann.

Da ist zunächst einmal das Wollmatinger Ried, Naturschutzgebiet in der Nähe von Konstanz. Hier ist in der Fauna einiges vertreten, was Seltenheit hat: Kuhreiher und Löffelente, der Große Brachvogel und die

Häßliche Verbauung des Bodensee-Ufers mit Hilfe von Straßendecken-Schutt. Künftig allerdings will man die Zone flachen Wassers, die vom Ufer weg etwa 10 Meter in Richtung Seenmitte liegt, »renaturalisieren«, an das natürliche Erscheinungsbild wieder heranführen. (Photo: Sießegger)

Kolbenente, Flußseeschwalbe, Nachtigall, Bart- und Beutelmeise. Aber nicht nur die Tier-, auch die Pflanzenwelt weist Exquisites auf: Das Wanzen-Knabenkraut *(Orchis coriophora)*, ein mediterranes Gewächs, von dem trotz strenger Bewachung und sorgfältiger Pflege im Berichtsjahr 1975 nur noch sieben blühende Exemplare gezählt werden konnten. Überhaupt werden rund um den Bodensee gesetzeswidrige Eingriffe in den Naturhaushalt peinlichst genau registriert. So führte die »Arbeitsgemeinschaft Naturschutz Bodensee« im Jahresbericht 1975 allein für das Wollmatinger Ried die folgenden »Übertretungen und Beschädigungen« auf:

* Bei der landwirtschaftlichen Nutzung der Fettwiesen kam es erneut zu Übergriffen auf Grenzbereiche der botanisch wertvollen Zone. Nur durch eine bereits in Vorbereitung befindliche Abgrenzung mit einem niedrigen Zaun läßt sich verhindern, daß die Standorte von *Gladiolus paluster* und *Orchis morio* gefährdet werden.
* Im Riedteil »Dreifußwiesen« wurden von Unbekannten die Blütenstände der Schwarzen Akelei *(Aquilegia atrata)* abgerissen.
* Das Verbot der Jagd auf Wasservögel im Naturschutzgebiet erwies sich als unwirksam, weil sich die schweizerischen Wasserjäger dieser baden-württembergischen Verordnung nicht unterwerfen, sondern auf die uneingeschränkte Gültigkeit der Vogeljagdordnung von 1954 hinweisen.

*

Naturschutzgebiet Halbinsel Mettnau: Vogelschützer und Schüler der Realschule in Radolfzell schütteten vor dem Südufer der Mettnau eine knapp 40 Quadratmeter große Kiesinsel auf. Ein Jahr nach der Errichtung des künstlichen Landes brütete dort ein Flußseeschwalbenpaar. Siegfried Schuster berichtete: *»Am 1. Juni saß erstmals ein Vogel auf dem Nest. Er wurde vom Partner mit kleinen Fischen versorgt. Am 7. Juni wurde das Gelege kontrolliert – es enthielt zwei Eier, war also offenbar ein Nachgelege.«*
Darüber hinaus gilt der Mettnauteich als das beste Entenbrutgebiet am Bodensee. Kolbenenten, Tafelenten, Reiherenten und Schnatterenten sind hier in einer Zahl anzutreffen wie sonst nirgendwo.

*

Naturschutzgebiet Mindelsee: 1975 wurde der See in die Liste der international bedeutsamen Feuchtgebiete aufgenommen. Ausschlaggebend dafür waren damals die großen Entenscharen, die seit Anfang der sechziger Jahre regelmäßig auf dem Mindelsee rasten, vor allem Tafel- und Reiherenten. Darüber hinaus gibt es hier eine Reihe von Vogelarten, die auf der Roten Liste stehen: vom Haubentaucher und dem Schwarzmilan bis hin zur Schleiereule und dem Teichrohrsänger.
Aber auch hier hat man Sorgen. Gerhard Thielcke berichtet:

* *»Die landwirtschaftliche Nutzung wirkt sich für den Naturhaushalt außerordentlich schädlich aus. Durch die Verpachtung der Fettwiesen im Westried an einen Heugroßhändler werden die Wiesen innerhalb weniger Tage gemäht. Dadurch ist ein Ausweichen für viele Tierarten nicht möglich. Die Fettwiesen im Westried sind, was Tiere betrifft, heute nahezu tote Flächen. Im Spätherbst 1975 wurden fast alle Brachflächen von dem Heugroßhändler ohne Genehmigung gemäht. Durch das damit verbundene Aufreißen des Bodens wird sich die Bebuschung auf diesen Flächen beschleunigen.*
* *Der größte Teil der Gänsehalde wurde überwiegend mit Fichten aufgeforstet. Was sich die Untere Naturschutzbehörde dabei gedacht hat, ist unerklärlich.*
* *Die Vorstellungen des Naturschutzes, den Mindelsee zu einem Vollschutzgebiet auch für Fische zu machen, stießen auf Unverständnis bei einigen Behörden.«*

*

Die Ufer des Bodensees sind nicht nur bedeutsame Gebiete für Tiere und Pflanzen. Der See selbst ist Trinkwasserlieferant für mehr als 3 Millionen Menschen. Mehr als eine Million Erholungssuchende kommen jährlich ans »Schwäbische Meer«, wie der See auch genannt wird. Etwa 5 Millionen Übernachtungen zählt man pro Jahr in den vielen Herbergen und Hotels. Das milde Klima des Bodenseeraumes hat dazu beigetragen, daß schon seit der Jungsteinzeit eine Besiedlung kontinuierlich nachzuweisen ist. Zuerst waren jene berühmten Pfahlbauern da, die ihre Pfahlbauten am Rande des Sees errichteten. Erst durch den Anstieg des Wasserspiegels »ertranken« die Behausungen in späterer Zeit. Kelten kamen und nach ihnen Römer, die Städte wie Arbon, Bregenz und Konstanz entstehen ließen. Im Mittelalter war das Gebiet der Kernraum schwäbischer Hochadelsherrschaft und ein Tummelplatz mächtiger Handelsgesellschaften. Überhaupt war es erst die Zersplitterung in 3 und zeitweise 4 »Anrainerstaaten« nach dem Dreißigjährigen Krieg, die das Gebiet in eine Randlage drängten. Vorher nämlich hatte es höchste Bedeutung als Zugangsraum und Verbindungsglied zwischen Oberschwaben und den Alpenpässen.

*

Der Bodensee ist eine riesige, mit Wasser gefüllte Badewanne. In dieser »Badewanne« funktioniert ein Ökosystem, das zu betrachten sich lohnt. Das System nämlich funktioniert auf der Wechselwirkung zwischen dem

Spezialboote reinigen den Bodensee von Seegras, Treibholz und Müll. Das Bild entstand in der Nähe von Lindau – gleich tonnenweise wird der Abfall ans Ufer gebracht. Immerhin ist das »Schwäbische Meer« Trinkwasserlieferant für Millionen Menschen, so etwa auch für den Großraum Stuttgart. (Photo: dpa)

Lebensraum, dem Biotop, einerseits und der Besiedlung, der Biozönose, andererseits. Nährstoffe, Wasser und Sauerstoff gelangen in den See durch Zuflüsse – wichtigster Vertreter ist der Rhein – und aus der Atmosphäre. Grüne Pflanzen treten als Energielieferanten auf: In Ufernähe sind es höhere Pflanzen, auf dem freien Wasser eine Unmenge von Algen. Sie speichern einen Teil des einfallenden Sonnenlichts als chemische Energie, indem sie organische Substanz aus anorganischen Nährstoffen aufbauen. Diese Energieproduktion ist es, die das gesamte Ökosystem am Leben hält. Nun gibt es Tiere, die diese Pflanzen – und auch die Energie – fressen, und diese Tiere werden wieder von anderen Tieren als Nahrung benutzt – bis hin zum Menschen. Diese Weitergabe von organischer Substanz und Energie wird als »Nahrungskette« bezeichnet.

Diese Produktion aber findet im Bodensee nur in den oberen zehn Metern statt, nämlich dort, wo das Sonnenlicht noch aufgenommen werden kann. Alles, was sich tiefer befindet, lebt vom Abfall, den Exkrementen der »Oberschicht« oder abgestorbenen Organismen. Diese organische Substanz, die noch energiehaltig ist und deshalb auch als Nahrung dienen kann, nennt der Fachmann »Detritus«, der aus der trophogenen, der produzierenden Schicht in die tropholytische, die zehrende Schicht abfällt und dort gefressen oder zersetzt und wieder mineralisiert wird.

Die beiden Teilseen des »Schwäbischen Meeres«, der Obersee und Untersee, sind

nun in ihrem ökologischen Verhalten total verschieden: der tiefere Obersee ist in seinem oberen Teil nährstoff- und produktionsarm, in der Tiefe dagegen sauerstoffreich. Seen solchen Typs charakterisiert man als »oligotroph«. »Eutroph« dagegen ist der Untersee: oben produktiv und in der Tiefe sauerstoffarm. Der Untersee ist wesentlich flacher, so daß organisches Material bis zum Boden gelangen kann, das dann wiederum den Sauerstoff aufzehrt.
Solch komplizierten Systeme lassen sich nun leicht aus der Angel heben, wenn man den Nährstoffzufluß, etwa durch Phosphate aus Waschmitteln, drastisch in die Höhe treibt. Die Primärproduktion im Bodensee ist durch den übermäßigen Eintrag von Waschmittelphosphaten um das 25- bis 100fache gestiegen, das natürliche System zusammengebrochen, der See an seiner eigenen Eutrophierung gestorben.

*

»Das Schwäbische Meer kann sich selbst sauberhalten«, schrieb die »Frankfurter Rundschau« Mitte des Jahres 1981. *»Bisher«,* so das Blatt, *»beschränkten sich die Bemühungen um eine Reinerhaltung des Bodensees im wesentlichen darauf, die Einleitung von schmutzigen Abwässern und anderen Schadstoffen zu verhindern und abzustellen. Mit einem umfangreichen Schutzprogramm für die ufernahen Gewässerteile hat nun eine neue Phase im Kampf für ein sauberes Schwäbisches Meer begonnen.«*
Geschützt oder »renaturalisiert«, an das natürliche Erscheindungsbild wieder herangebracht werden soll vor allem die Zone flachen Wassers, die vom Ufer weg etwa 10 Meter in Richtung Seenmitte liegt. Hier nämlich ist ein besonders artenreiches Tier- und Pflanzenleben zu beobachten, hier ist die Selbstreinigungskraft des Sees am größten. Gebaut werden soll hier nicht mehr und auch nicht gebaggert, keine Ufermauern mehr errichtet werden. Auffüllungen zur Landgewinnung und Anlagen zum Hochwasserschutz werden nur noch genehmigt, wenn zwingende Gründe vorliegen. Steile Uferböschungen will man abflachen.
Es scheint, als habe man am Bodensee erkannt, daß der Natur noch zu helfen ist. Allerdings: Einen Bodensee wie vor 50 oder 100 Jahren wird es mit Sicherheit nicht mehr geben.

Die letzten 99 Kilometer: Rhein-Main-Donau-Kanal

»Pacta sunt servanda«, sagt die bayerische Staatsregierung – Verträge sind zu erfüllen. Im Falle des Rhein-Main-Donau-Kanals – offiziell: Main-Donau-Wasserstraße – ist dies in erster Linie ein Staatsvertrag, der am 13. Juni 1921 zwischen dem Deutschen Reich und Bayern geschlossen wurde und eine Verbindung von Main und Donau vorsieht. Dahinter steht der Gedanke, von der Nordsee über Rhein, Main und Donau bis hin zum Schwarzen Meer Güter per Schiff transportieren zu können.

»Als die Rhein-Main-Donau AG (RMD) vor 50 Jahren damit begann, eine Wasserstraße vom Main bei Aschaffenburg bis zur deutsch-österreichischen Grenze unterhalb Passau zu bauen und in diesem Zusammenhang Wasserkraftwerke zu errichten, war den verantwortlichen Männern bewußt, daß sie damit auch große Verpflichtungen gegenüber Natur und Umwelt auf sich nahmen. Die Planung und die Ausführung wurde deshalb von Anfang an unter dem Gesichtspunkt einer optimalen Anpassung in die Landschaft durchgeführt.« Rhein-Main-Donau AG über Rhein-Main-Donau AG.

An der wirtschaftlichen Notwendigkeit des Kanals wird inzwischen gar gezweifelt. Vor allem aber der Eingriff in die Kultur- und Naturlandschaft der betroffenen Region wird irreparabel sein. Eine von der Bundesregierung eingesetzte Projektgruppe zur Erarbeitung der Grundlagen für ein »Aktionsprogramm Ökologie« hat sich Anfang des Jahres 1982 *»mit Nachdruck«* gegen den Kanal ausgesprochen. Das Altmühltal sei eine der großartigsten und letzten noch weitgehend naturbelassenen Flußlandschaften Mitteleuropas. Seine Verbauung mit einer bis zu 55 Meter breiten und 4 Meter tiefen, über weite Strecken asphaltierten Kanalrinne, dazu Großschleusenwerke, Stau- und Uferdämme, Begleitstraßen und Industrieansiedlungen bedeute den ökologischen Tod dieser gewachsenen Wiesenlandschaften zwischen Weißjurafelsen: *»Insgesamt steht eine Landschaft zur Zerstörung an, die als Rast- und Überwinterungsgebiet für Wat- und Schwimmvögel internationale Bedeutung hat, die größte mitteleuropäische Blaukehlchenpopulation beherbergt, als größtes Wiesenvogelbrutgebiet im Binnenland nationale Bedeutung hat und mit 159 Brutvogelarten, von denen 46 vom Aussterben bedroht sind, außergewöhnlich reichhaltig ist.«*

Darüber hinaus könnten nicht einmal ökonomische Gründe für den Bau des Kanals geltend gemacht werden: *»Die Wirtschaftlichkeit des Rhein-Main-Donau-Kanals ist selbst nach Ansicht des Bayerischen Rechnungshofes und des Bundesverkehrsministers*

Immer weiter frißt sich der Rhein-Main-Donau-Kanal von Südosten her in das Altmühltal hinein. Bis 1988 soll nach Plänen der Rhein-Main-Donau AG auch der Anschluß zwischen der Donau und der Altmühl (im Vordergrund) am Altstadtkern von Kehlheim vorbeigezogen sein. (Photo: dpa)

nicht gegeben.« Bundesverkehrsminister Volker Hauff nannte den Kanal *»das so ziemlich dümmste Projekt seit dem Turmbau zu Babel«*.

Andere Kritiker führen ins Feld, daß sich nur etwa die Hälfte der Investitionssumme künftig wieder in Mark und Pfennig einspielen lasse, sollte der Kanal einmal »funktionieren«. Ist das ökologisch umstrittene Projekt demnach auch eine wirtschaftliche Fehlinvestition?

*

Die Rhein-Main-Donau AG ist trotz aller Kritik überzeugt, daß sie bislang *»landschaftsgerecht«* gebaut hat, zumindest versucht sie dies in einer Dokumentation zu belegen:

* *»Die Staustufe Rothenfels, die in dem landschaftlich besonders schönen Mainabschnitt Aschaffenburg-Würzburg liegt, wurde in den Jahren 1934 bis 1937 gebaut. Die RMD-Ingenieure bemühten sich, diese Anlage harmonisch und ohne Härten in die Landschaft einzupassen und den Charakter des gewachsenen Flußlaufes zu erhalten. Deshalb wurde die Schleuse, die in eine Flußkrümmung zu liegen kam, in leicht gekrümmter Form ausgeführt«.*
* *»Im Bereich des heutigen Stauraums Marktbreit oberhalb der Segnitzer Straßenbrücke war der Main die meiste Zeit des Jahres ein schmales seichtes Gerinne mit einem Altwasser, das von Verlandung bedroht war und in absehbarer Zeit ganz verschwunden wäre. Heute zeigt sich hier eine ganzjährig gleichbleibende Flußlandschaft; durch den beim Ausbau erhaltenen Leitdamm wurde ein großes, leicht durchströmtes Altwasser für die Fischerei geschaffen. Das Bild gibt eine ungefähre Vorstellung von dem häßlichen Korsett aus Buhnen und Leitwerken, in das der Fluß vor dem Aufstau eingezwängt war.«*
* *»Die vordem tiefe Lage des Mains in Schweinfurt bedingte ein hohes steiniges Ufer, dessen unschöner Anblick durch den Bahndamm noch zusätzlich verstärkt wurde. Entlang des gestauten Mains befinden sich heute an beiden Ufern neue Grünanlagen; am rechten Ufer wurde eine Fußgängerzone geschaffen, der Bahndamm ist hinter der Baumkulisse verschwunden.«*
* *»Vor dem Wasserstraßenbau führte der Main auch bei Haßfurth im Sommer in der Regel wenig Wasser. Auch hier traten dann Kiesbänke und ungepflegte Ufersäume zutage. Heute ist der gestaute Main wasserreich und von Gebüschgruppen eingesäumt.«*

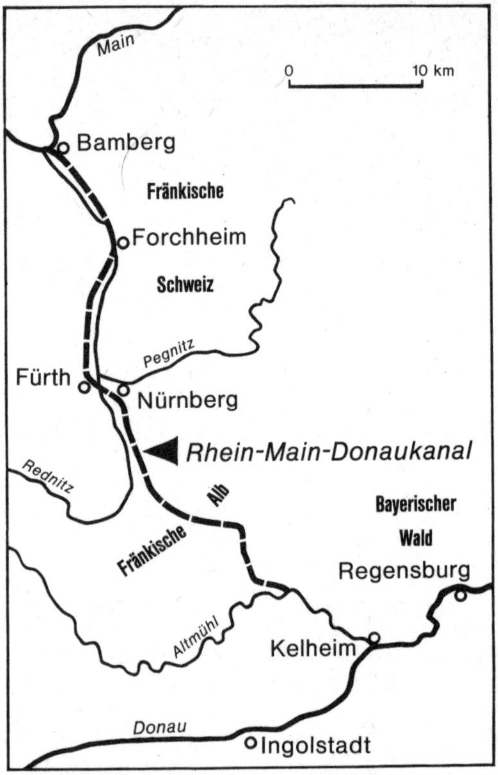

Bis auf ein Reststück, die letzten 99 Kilometer zwischen Nürnberg und Regensburg, ist der Kanal bereits fertig. Insgesamt sind es rund 3500 Kilometer, die nach dem Willen der Planer der Schifffahrt zwischen Nordsee und Schwarzem Meer einmal zur Verfügung stehen sollen. (Zeichnung: Dreher)

Die fertiggestellte Schleuse Nürnberg-Süd – Teilstück des Rhein-Main-Donau-Kanals. Von Nürnberg aus wird der Kanal bis zur Scheitelhaltung bei der Schleuse Bachhausen eine Höhendifferenz von rund 94 Metern überwinden. Neun zwölf Meter breite Schleusen müssen zwischen Nürnberg und dem Donaupegel in Kehlheim errichtet werden. 62 neue Kreuzungsbauwerke, etwa Brücken, werden die Kanal-Trasse überqueren. (Photo: dpa)

* *»Das Beispiel des Ortsrandes Eltmann im Stauraum der Mainstufe Limbach zeigt, in welchem Maße früher die trockenen Uferstreifen des Flusses zu Schutt- und Müllablagerungen benutzt wurden. Der Flußausbau hat auch hier andere Verhältnisse geschaffen und damit die Gefahren für die Verunreinigung des Mainwassers verringert.«*
* *»Eine weitere Aufnahme vom Ortsrand Eltmann im Stauraum der Mainstufe Limbach läßt erkennen, daß sich hier bei Niedrigwasser in den Buhnenfeldern häßliche Altwassertümpel bildeten, die auch in hygienischer Hinsicht eine Gefahr für die Umwelt darstellten. Mit dem gestauten Fluß ist ein für allemal Abhilfe geschaffen worden. Darüber hinaus hat die neugeschaffene landschaftsgerechte Bepflanzung den Reiz des Flusses erheblich gesteigert.«*
* *»Der rechte Regnitzarm im Bamberger Stadtgebiet wurde früher nur zur Hochwasserabführung benutzt. In der übrigen Zeit des Jahres hatte er nur eine ganz geringe Wasserführung; im Flußbett, das der Verwahrlosung überlassen war, fand sich der Unrat der Jahrhunderte.«*

Durch die wasserbaulichen Maßnahmen der Rhein-Main-Donau AG wird, so könnte man meinen, »ein für allemal Abhilfe geschaffen«: das hohe, steinige Ufer verschwindet, ebenso Kiesbänke und unge-

Blick auf die neuregulierte Altmühl bei Kehlheim. Nicht nur Naturschützer und Ökologen sprechen sich gegen die Fertigstellung des Kanals aus – auch aus dem Bonner Verkehrsministerium kommt ein eindeutiges »Nein«. (Photo: dpa)

pflegte Ufersäume, trockene Uferstreifen und häßliche Altwassertümpel. Verständnis und Gespür für ökologische Fragen kommt kaum auf, dafür umso mehr der Hang zu technologischer Sauberkeit.

»Aus der Kulturlandschaft«, so warnte auch das Umweltmagazin »natur«, *»wird eine Techniklandschaft.«* »natur« antwortete damit auf einen Interview-Ausspruch des bayerischen Wirtschaftsministers Anton Jaumann: *»Kulturlandschaft wird nicht zerstört, Naturlandschaft wird zerstört. Es wird aber auch alles getan, um diese Veränderung, ich will nicht von Zerstörung sprechen, wieder ins Gleichgewicht zu bringen.«*

*

Der Plan vom Kanal ist schon einige hundert Jahre alt. Bereits Karl der Große hatte ihn gefaßt, als er im Jahre 793 rund 5000 Arbeiter abstellte, einen Graben zwischen der Rezat und der Altmühl auszuheben. Für damalige Verhältnisse waren derartige Bauvorhaben wohl zu gewaltig. Dauerregen schwemmte den Aushub immer wieder fort.

»Beim Ort Graben nahe bei Treuchtlingen«, so formulierte der Bund Naturschutz bissig. *»kann man ansehen, was von der ›Großen Idee‹ geblieben ist. Eine Rinne mit Schilf. Bißchen Erde links und rechts.«*

Die Idee Karls des Großen griffen später noch einmal die handelstüchtigen Nürnberger und auch Napoleon auf. Doch erst unter König Ludwig I. von Bayern wurden die Pläne in die Tat umgesetzt. Im Zeitraum von zehn Jahren, zwischen 1836 und 1845 ließ er eine 16,5 Meter breite Rinne, 180 Kilometer lang und mit 100 Schleusen ausgestattet, er-

Die Idylle ist dahin: Schnurgerade Wasser- und Autostraßen prägen das Bild. Hier bei Essing, an der engsten Talstelle, wird die erdrückende Wucht des Bauwerks besonders deutlich: Kanaltrog, Altwasser und Straßen füllen den Talraum völlig aus. (Photo: dpa)

bauen. Nach Ansicht des »Bund Naturschutz« fiel der Bau *»in eine Zeit grenzenlosen Mutes für technische Großprojekte. Aber auch in eine Zeit unbegrenzten Fortschritts. So unbegrenzt, daß der neue Kanal, Ludwig-Donau-Main-Kanal geheißen, bei seiner Einweihung schon wieder hoffnungslos veraltet war. Im eben erst begonnenen Wettlauf des Menschen mit seinen eigenen Maschinen hatten die Maschinen schon einen ungeheueren Vorsprung. Denn während noch stolpernde Pferde die kleinen 120 Tonnen-Schiffe mühsam durch den Kanal und seine 100 Schleusen treidelten, fuhr die deutsche Eisenbahn schon auf einem Schienennetz von 6 000 Kilometern zuverlässig und rentabel.«*

Der Kanal war zwar wirtschaftlich tot, die Idee aber lebte weiter. Am 30. Dezember 1921 schließlich wurde die Rhein-Main-Donau AG (RMD) gegründet und mittels Staatsverträgen beauftragt, *»die Wasserkräfte des Mainabschnitts Aschaffenburg-Bamberg, der bayerischen Donau, der Altmühl, der Regnitz und des unteren Lech auszubauen und bis zum Jahre 2050 zur Energieversorgung zu nutzen. Hieraus erklärt sich die Doppelfunktion der RMD als Bauträger der Main-Donau-Wasserstraße und als Wasserkraft-Unternehmen.«*

Die 677 Kilometer zwischen Aschaffenburg und Passau sind schon größtenteils durch die Schiffahrt und für die Elektrizitätsgewinnung genutzt:

* 1957 war der Donauausbau zwischen Vilshofen und der deutsch-österreichischen Grenze auf 47 Kilometern fertiggestellt worden.

Das Altmühltal bei Essing. Von einer immer wieder zitierten »weitgehenden Naturbelassenheit« ist nichts geblieben – und soll nach Willen der Kanalbauer noch weniger bleiben. Denn wenn der Kanal nicht Industrie und Betriebe, also Frachtkunden, anzieht, hat er seinen Zweck verfehlt. (Photo: dpa)

* Bereits 1962 waren knapp 300 Kilometer zwischen Aschaffenburg und Bamberg ausgebaut.
* 1969 wurde die »Niederwasser-Regulierung« auf 130 Kilometern zwischen Regensburg und Vilshofen vollendet, Staustufen machten das Befahren durch größere Schiffe möglich. *»Diese Regulierung«*, so Horst Bieber, *»ist nicht identisch mit der Kanalisierung, die zum Teil begonnen ist und wesentlich stärker in die Umwelt eingreifen wird.«*
* 1972 wurde ein Kanal, 72 Kilometer lang, zwischen Bamberg und Nürnberg in Betrieb genommen.
* 1978 schließlich wurde die Donau auf 32 Kilometern zwischen Kehlheim und Regensburg ausgebaut.

Übrig bleiben noch jene 99 Kilometer zwischen Nürnberg und Kehlheim, wo die Altmühl in die Donau mündet. In diesem Bereich wurde zwar bereits 1971 mit dem Ausbau begonnen – aber die Arbeiten sind bis heute nicht beendet. Der Kanal müßte hier eine besonders hohe natürliche Barriere überwinden: die Main-Donau-Wasserscheide im Fränkischen Jura. Insgesamt ergibt sich für die Schiffahrt von der Main-Mündung bis zu jenem Scheitelpunkt auf knapp 500 Kilometern eine Steigung von 325 Metern, vom Scheitelpunkt hinunter bis Passau ein Gefälle von 126 Metern.

Von den letzten 99 Kilometern ist vor allem das südliche Drittel, das Altmühltal, heftigst umstritten. *»An einigen Stellen des mittleren und südlichen Drittels«*, schrieb Horst Bieber in der »Zeit«, *»wird der Kanal plus zwei Straßen links und rechts schmale Täler vollständig ausfüllen. Der Kanalbruch bei Nürnberg-Katzwang im März 1979 – wobei ein zwölfjähriges Mädchen ertrank – hat Konsequenzen gehabt: Hanglagen des Kanalbetts wurden zugunsten einer Talsohlen-Lage aufgegeben, Dämme verstärkt, Schutzzonen ausgeweitet. Von Landschaft – ursprünglicher gar – bleibt da wenig und soll nach dem Willen der Kanalbauer noch weniger bleiben. Denn wenn der fertige Kanal nicht Industrie und Betriebe, also Frachtkunden, anzieht, hat er seinen Zweck verfehlt, dann könnte das eintreten, was in der Debatte einmal eine emotional-politische Rolle gespielt hat: Die Bundesrepublik und Österreich bauen mit hohem Aufwand für die Staatshandelsländer des Ostens eine schnelle Wasserstraße zu den ›schnellen‹ Nordsee-Häfen.«*

*

Nicht nur Naturschützer und Ökologen sprechen sich gegen die Fertigstellung des Kanals aus. Auch aus Bonn kommt ein eindeutiges »Nein«. Bundesverkehrsminister Volker Hauff führt seit einiger Zeit seine Gründe ins Feld: Der Kanal bringe für den Verkehr nur einen sehr geringen Nutzen, decke die Wegekosten nur zu etwa 7 %, binde Mittel in Milliardenhöhe über das Jahr 2000 hinaus, führe zu gravierenden Eingriffen in Natur und Landschaft, erhöhe die Verluste der Bundesbahn, benachteilige die deutschen Seehäfen und die deutsche Binnenschiffahrt und widerspreche letztendlich auch den energiepolitischen Zielen der Bundesregierung. Bayerns Verkehrsminister Anton Jaumann konterte: *»Ich kann keinen Frevel darin sehen, wenn Feuchtgebiete, die ohnehin nicht zu erhalten wären, zu gutem Ackerland werden. Aber schließlich bin ich der Sohn eines Bauern. Die Menschen jedenfalls in den vom Bau der Wasserstraße berührten Gebieten gründen Aktionsgemeinschaften nicht gegen, sondern für den Bau. Sollten sie nicht das erste Recht haben, ob sie weiter unberührte Natur für andere vorhalten oder Chance und Hoffnung wirtschaftlicher Entwicklung haben wollen?«*

Und weiter: *»Der Kanal wird gebaut. Zukunft muß für die Bundesrepublik und für Europa etwas anderes bedeuten als Stagnation und stetiger Abwärtstrend. Das ist nicht euphorische Träumerei, sondern für uns politischer Wille und politisches Programm.«*

Daß es genügend Stimmen gegen den Bau gibt, hat Anton Jaumann verschwiegen. Als sich das Bundeskabinett entschloß, zunächst mit dem Freistaat Bayern einmal in Verhandlungen über den Weiterbau des Kanals zu treten, haben mehr als 100.000 Menschen diesen Plan mit ihrer Unterschrift unterstützt. Der »Bund Naturschutz« hofft gar, bis Ende des Jahres 1982 mehr als eine Million Unterschriften gegen den Weiterbau den zuständigen politischen Stellen in Bonn überreichen zu können.

*

»Noch ungewisser als die Zukunft des Altmühltales«, so der Forstwissenschaftler Hubert Weiger, *»ist das Schicksal der oberen Donau und damit auch der weltberühmten Weltenburger Enge, wo ebenfalls bereits Planungen zur Schiffbarmachung 1985 bestehen.«* Zwar wurde die Donau in den vergangenen Jahrzehnten und Jahrhunderten immer wieder reguliert, ihr Lauf verlegt oder begradigt, doch der Eingriff in den Natur- und Wasserhaushalt hielt sich bislang noch in Grenzen. Zwischen dem Fluß und den Dämmen, die gegen das Hochwasser errichtet worden waren, liegen heute feuchte Niederungen, als Wiesen oder Weideflächen genutzt, außerhalb der Dämme fruchtbares Ackerland. Trotz einer fortdauernden Umwandlung der Donaulandschaft – der Umwandlung der flußnahen Auenwälder in Wiesen und der außerhalb der Dämme gelegenen Wiesen in Ackerland – ist jenes Donaugebiet nach wie vor einer der bedeutendsten Naturräume Bayerns.

Hier entzündet sich wieder ein heftiger Streit zwischen Gegnern und Befürwortern eines Ausbaus. Da die Donau in diesem Abschnitt bei erhöhtem Gefälle eine starke Tiefenerosion aufweist, scheinen die geplanten Staustufen auf den ersten Blick Abhilfe zu schaffen. Anton Jaumann: *»Der Bau von Staustufen an der unteren Donau ist unvermeidlich, um der weiteren Erosion der Flußsohle entgegenzuwirken, die die Wasserstände im Fluß und die Grundwasserstände in der Talaue absinken läßt.«* Durch die Erosion der Flußsohle, hervorgerufen durch Eingriffe in das Flußregime seit der Jahrhundertwende, wird mehr Geschiebesand abtransportiert, als die Donau selbst nachliefert. Die Eintiefung liegt bei 2 Zentimetern pro Jahr, was ausreicht, die ufernahen Feuchtgebiete auf Dauer trockenzulegen. Das gleiche Phänomen kennt man im Gebiet des Oberrheins – allerdings begegnet man dort der Gefahr auf andere Weise: Dort nämlich wird »Geschiebe«, also Sand, Kies und Schotter, in den Fluß gekippt, um die Erosion zu mindern. Genau dies fordern auch Ökologen für die Donau. *»Die Zerstörungen von international bedeutsamen Feuchtgebieten durch die Donaukanalisierung«,* warnte kürzlich der »Bund Naturschutz«, *»stellt nämlich keine ökologische Alternative zur Bedrohung der Feuchtgebiete durch die Donaueintiefung dar. Nach den vorliegenden Planungen werden ca. 90 Prozent der Feuchtgebiete des Donautals der Kanalisierung zum Opfer fallen. In Zahlen: Zwischen Regensburg und Straubing gehen ca. 1800 Hektar Feuchtgebiete verloren, im Abschnitt Regensburg-Geisling überleben den Kanalbau maximal vier von derzeit 114 Altwässern.«*

Damit würden Lebensräume für viele Arten, die auf der Roten Liste stehen, endgültig vernichtet. Nach einer Untersuchung aus dem Jahre 1975 leben hier noch drei der zehn bayerischen Rohrweiherpaare, 38 der 60 Uferschnepfenpaare, alle 12 bayerischen Rotschenkelpaare, 24 der 30 Löffelentenpaare und 153 der 900 bayerischen Brachvogelarten.

Darüber hinaus, so fürchten Experten, würde die geplante Staustufe Deggendorf ein nahegelegenes Niedermoorgebiet trockenlegen: Die für die Bauten notwendigen Spundwände verhinderten dann einen Wasseraustausch zwischen Donau und Umland. Überhaupt wären gerade diese Spundwände beim Ausbau der Donauwasserstraße verhängnisvoll: die Wiesen, außerhalb des Hochwasserdammes gelegen und ein zusammenhängendes Feuchtgebiet mit großer Schutzbedeutung, würden vom Fluß endgültig abgekoppelt, das Grundwasser demzufolge beträchtlich fallen. *»Nach der jetzigen Tendenz in der Landwirtschaft«,* so Hubert Weiger, *»wird dies zu einer völligen Verdrängung des Grünlandes zugunsten des Ackerlandes führen.«*

Sollte das Donautal also weitgehend oder vollständig hochwasserfrei werden, dann, so die »Aktionsgemeinschaft gegen den Rhein-Main-Donau-Kanal«, *»ist zu befürchten, daß nach dem unteren Altmühltal nun auch die untere Donau das Opfer einer sich bereits verselbständigten Wasserstraßenbürokratie wird. Und dies, obwohl die wirtschaftliche Unvernunft gerade des Rhein-Main-Donau-Kanals durch das Gutachten des Vereins für rationelle Verkehrswirtschaft vor kurzem erneut bewiesen wurde.«*

*

»Aufschwung ohne Kanal« nannte Hans-Otto Wiebus, seit seiner Jugend Kenner des Altmühltals, kürzlich einen Beitrag in der Zeitschrift »natur«: *»Was der Kanal einbrächte, hilft der strukturschwachen Region zwischen Passau und Nürnberg langfristig wenig. Was die Region dringend braucht, ist mit weniger Geld leichter zu erreichen.«* Nach seiner Meinung wären andere Projekte weit sinnvoller, gerade *»für das von hoher Arbeitslosigkeit gebeutelte Gebiet zwischen Nürnberg und Passau«:*

* Nürnberg: Rund 600 Millionen DM würde der längst fällige S-Bahn-Bau kosten, der zwar bis 1990 abgeschlossen sein soll, wegen Geldmangels aber immer wieder ver-

Erdarbeiten für den Kanal – wie hier bei Essing im Altmühltal. Obgleich nach Abschluß der Arbeiten wieder begrünt und angepflanzt werden soll, ist die »gewachsene, natürliche Flußlandschaft« zerstört. Die Aufnahme entstand im November 1978. (Photo: dpa)

zögert wird. Ein weiteres Projekt: Am östlichen Stadtrand Nürnbergs gefährden 2 metallverarbeitende Betriebe durch hohe Schadstoffemissionen 300 Hektar Wald. 15 bis 20 Millionen DM würden die notwendigen Filteranlagen kosten.

* Kehlheim: Die Stadt benötigt ein leistungsfähiges Nahverkehrssystem, da ein Viertel aller Arbeitnehmer täglich pendelt. Ein gut funktionierender Nahverkehr könnte dann wieder mehr Arbeitsplätze nach sich ziehen.
* Regensburg: Eine Milliarde DM wären für die Altstadtsanierung notwendig: Die Innenstadt bliebe als Wohnstandort erhalten und die Stadt attraktiv für den Fremdenverkehr. Weiterhin könnten durch den Bau eines Klinikums langfristig rund 4000 Arbeitsplätze unterschiedlicher Qualifikationsstufen geschaffen werden.
* Passau: Die Altstadtsanierung müßte in Angriff genommen werden, um den Wohnwert und die Attraktivität für Besucher zu steigern. Der dringend erforderliche Ausbau der Kanalisation läßt immer noch auf sich warten.

Die Vorschläge von Wiebus, die sich auf den ersten Blick mit dem Rhein-Main-Donau-Kanal nicht ganz in Einklang bringen lassen, erscheinen vor dem Hintergrund der Ergebnisse einer Studie der Essener »Planco Consulting GmbH«, in Auftrag gegeben vom Bundesverkehrsminister, in einem anderen Licht. So fanden die Essener Wissenschaftler heraus, daß bei einer jährlichen Auftragssumme von rund 160 Millionen DM nur 2210 Beschäftigte durch den Kanal Arbeit fänden, eine Bauzeit von 12 Jahren vorausgesetzt; daß indirekte Auswirkungen auf den Arbeitsmarkt, etwa durch das Aufblühen einer Zulieferindustrie, nicht zu erwarten seien; daß nur ein gutes Drittel der Arbeitskräfte, die beim Kanalbau benötigt werden, aus der umliegenden Region stammten – nicht einmal 800 Arbeitsplätze würden es sein.

Demgegenüber wird der Ausbau der Kanalstrecke zwischen Nürnberg und Straubing nach Angaben der Rhein-Main-Donau AG 2,769 Milliarden DM kosten – der »Bund Naturschutz« spricht gar von 4,75 Milliarden. Gerade die Arbeitsplatzfrage aber ist für den bayerischen Bauherrn ein wichtiges Argument für die Fertigstellung des Kanals: Nach seiner Meinung würden zwischen 4000 und 12.000 Menschen arbeitslos, sollte es tatsächlich zu einem Baustopp kommen. Nach den Recherchen der »Aktionsgemeinschaft gegen den Rhein-Main-Donau-Kanal« sind derzeit allerdings maximal 700 Arbeitnehmer direkt am Bau beschäftigt, nimmt man die direkten Zulieferbetriebe hinzu, höchstens 2000.

Der Streit und Meinungswirrwarr zwischen Bund und dem Freistaat Bayern, zwischen dem Bauherrn und Naturschützern, zwischen Aktionsgemeinschaften für und solchen gegen den Main-Donau-Kanal wird mit Sicherheit noch eine ganze Weile andauern. Und mit Sicherheit kann auch gesagt werden, daß am Ende nicht eine Entscheidung stehen wird, die aus der Einsicht in ökologische Notwendigkeiten gereift ist – es wird ohne Zweifel eine politische Entscheidung sein.

Literaturauswahl

Watt

Stellbrink, B.: *Wechselwirkungen zwischen Reliefierungs- und Landnutzungsprozessen: Die deutsche und niederländische Nordseeküste.* Unveröff. Man. Hamburg 1980.
BMI: »Umweltprobleme der Nordsee«. *Umweltbrief* Nr. 22 (Kurzfassung) November 1980.
Annutsch, R.: »Wasserstandsvorhersage und Sturmflutwarnung«. *Seewart* 38 (1977) Heft 5.
Gudehus, H.: *Zur Sturmflutplage in Hamburg: Entgegnungen und neue Erkenntnisse.* Hamburg 1977.
Plog, K.: »Die Zerstörung von Naturgebieten wird offen zugegeben. Ein Mammutprogramm ist in Schleswig-Holstein angelaufen: die Eindeichung der Nordstrander Bucht. *Frankf. Rundsch.* 26. August 1981.
Baumann, P.: »Wie ein neuer Lebensraum entsteht. Salzwiesen: Ein Laboratorium der Natur«. *Westermann Monatshefte* 12/1980.
Oelke, H.: *Memorandum zur Lage des Naturschutzes im Elbe-Weser-Mündungsgebiet.* Göttingen o.J.
Ges. f. Natur- und Umweltschutz Cuxhaven: *Dokumentation gegen das Hamburger Neuwerkprojekt.* o.J.
Schutzgemeinschaft Deutsche Nordseeküste: *Das Watt. Lebensraum zwischen Festland und Meer.* Aurich 1980.
Beirat für Naturschutz und Landschaftspflege: *Stellungnahme zur ökologischen Situation des Wattenmeeres.* Bonn 1979.
Eisbein, Ch. u.a. (Hg.): *Das Watt.* Heft 1. Emden 1973.
Aktionsgemeinschaft Nordseewatten: *Watt in Gefahr. Eindeichungen an der Nordsee.* Kiel o.J.
Hertel, D. F.: »Am Rotstift und an den Grünen scheitert der Hafen«. *Die Welt* 28. April 1981.
Klugmann, U.: Nordsee. HB Verlags- u. Vertr.-Ges. Hamburg 1980.
Rat von Sachverständigen für Umweltfragen: *Umweltprobleme der Nordsee.* Sondergutachten Juni 1980. Verlag W. Kohlhammer Stuttgart und Mainz.

Rhein

Brunnengräber, R.: »Vorsicht bei Trinkwassergewinnung. Heidelberger Wissenschaftler warnt vor Verwendung von Uferfiltraten aus dem Rhein«. *Mannheimer Morgen* 12. Februar 1980.
Keller, R.: *Hydrologischer Atlas der Bundesrepublik Deutschland.* Bonn 1979.
Rat von Sachverständigen: *Umweltprobleme des Rheins.* 3. Sondergutachten März 1976. Verlag Kohlhammer Stuttgart und Mainz 1976.
Rheinaktion: *Rheinprobleme offen dargelegt.* Neuthard 1980.
Klausewitz, W.: »Die Einwirkung des Mainwassers auf die Fische des Mittelrheins«. *Natur und Museum* Juli 1981, Heft 7.
Rettet den Rhein: Presseerklärung der Aktionsgemeinschaft. Karlsdorf o.J.

Arge Rhein: *Die Verunreinigung des Rheins und seiner wichtigsten Nebenflüsse in der Bundesrepublik Deutschland.* 1972.

Ölpest

Giere, O.: »Ölpest – schwarzer Tod unserer Meere?« *Umschau* 79 (1979) Heft 16.
Eckardt, N.: »Wenn das Öl kommt«. *natur* 1981 Nr. 6.
Hafen Hamburg: »Das Fahrwasser der Unterelbe – vielbefahrener und sicherer Schiffahrtsweg zum Hafen Hamburg«. *Presse-dienst* vom 29. Juli 1981.
BMFT: »Neue Methoden und Geräte zur Ölbekämpfung«. *BMFT-Mitteilungen* Nr. 9, 1981.
Steinert, H.: »Eine »Ölabwehr-Flotte« für 100 Millionen Mark. Die Bundesrepublik plant Schutzmaßnahmen gegen große Tankerunfälle vor der Küste«. *Frankf. Rundschau* 25. Juli 1981.
Wolgast, T. V.: »Von einer Katastrophe gerade noch verschont«. *FAZ* 27. Juli 1981.
Reuter: »Kein Kraut gegen Ölpest gewachsen«. *Gießener Anzeiger* 14. August 1981.
Deutscher Forschungsdienst: *Rettungsaktion für die Nordsee.* Nr. 15, 1980.
Seehase, G.: »Gestank drang durch die Ritzen. Das Tanker-Unglück im Hamburger Hafen«. *Die Zeit* 31. Juli 1981.
Blüthmann, H. u. Christ, P.: »Der nächste Unfall kommt bestimmt. Gegen Tankerunglücke wird noch zu wenig getan.« *Die Zeit* 31. Juli 1981.
Kohnke, P.: »Ein Versuchsprojekt für die weltweite Überwachung der Ölverschmutzung der Meere«. *Der Seewart* 39 (1978) Heft 6.
Stern: »Wenn so'n Ding hochgeht, gnade uns Gott«. *Stern* Nr. 31/1981.
Spiegel: »Die Tankerwände sind dünn wie Eierschalen«. Der Schiffsunfall im Hamburger Hafen deckt mangelhafte Vorsorge gegen eine Ölkatastrophe auf.*Der Spiegel* Nr. 32, 1981.

Salzstock

Spoo, E.: »Gemeinsam pflegen sie die wendische Kultur«. *Frankf. Rundschau* 8. Mai 1980.
Grimmel, E.: »Geowissenschaftliche Probleme der Endlagerung radioaktiver Abfälle«. *Geogr. Rundsch.* (1981) Heft 8.
Herrmann, A. G.: »Geowissenschaftliche Probleme bei der Endlagerung radioaktiver Substanzen in Salzdiapiren Norddeutschlands«. *Geol. Rundschau* 68 (1979) Heft 3.
Bannas, G.: »Liebe Jusos – hoffentlich bleibt ihr bis zur Räumung in Gorleben. Besuch in einer fremden Welt«. *FAZ* 2. Juni 1980.
Die Tageszeitung: Dokumentation Gorleben. Frankfurt 1980.
» FR: Bundesregierung hält an Gorleben fest. »Keine begründeten Zweifel« an Eignung als Endlager für Atommüll«. *Frankf. Rundschau* 6. Juni 1981.
Herrmann, A. G.: »Geochemische Prozesse in marinen Salzablagerungen: Bedeutung und Konsequenzen für die Endlagerung radioaktiver Substanzen in Salzdiapiren«. *Z.dt.geol.Ges.* 131 (1980).
Grimmel, E.: »Der Salzstock Gorleben-Rambow ist für die Endlagerung radioaktiver Abfälle nicht geeignet«. *Umschau* 79 (1979) Heft 6.
Venzlaff, H.: »Der Bürger soll mit Erleichterung an die Tieflagerung denken«. *Umschau* 79 (1979) Heft 6.
Semmel, A.: »Bedenken gegen Gorleben aus geomorphologischer Sicht?«. *Umschau* 79 (1979) Heft 6.
Herrmann, A.: »Verantwortung, für die es keine Parallele gibt«. *Umschau* 79 (1979) Heft 6.
Jaritz, W.: »Einige Fragen sind erst nach den Bohrungen zu beantworten.« *Umschau* 79 (1979) Heft 6.

Berlin

Sukopp, H. u.a.: *Beiträge zur Stadtökologie von Berlin* (West). Schriftenr. d. Fachber.

Landschaftsentwicklung der TU Berlin. Berlin 1980.
Beer, W. u. Spielhagen, W.: *Bürgerinitiativen: Modell Berlin.* Zitty-Verlag Berlin 1978.
Lemke, F.: *Ökologische Planung Spreetal/Berlin.* TUB-Dokumentation aktuell Nr. 4. Berlin 1979.
Freie Universität: »Punkt, Punkt, Nummer, Strich... fertig ist Berlins Gesicht – Computeratlas zeigt die Stadt«. *FU-INFO* Nr. 4, 1981.
»Smog. Deutscher Dunst«. *Der Spiegel* Nr. 16, 1981.
Lahmann, E. u.a.: »Stickstoff-Immissionen in Berlin«. *WaBoLu-Berichte* Nr. 4, 1979.
Haushalter, P.: *Berliner Smog-Kurier* Nr. 1. 1979.

Lüneburger Heide

Hoffmann, E. A.: *Entscheidung für die Heide.* INFO Verlag Celle 1981.
Grimmel, E. und Glitz, D.: *Naturschutzgebiet Lüneburger Heide.* Unveröff. Manuskr. 1977.
Jurczek, P.: »Ökologische Auswirkungen militärischer Aktivitäten in Friedenszeiten«. *antimilitarismus information* Heft 2, 1977.
Umweltforum: »Länderbilanz Niedersachsen«. *Umweltforum* Juni 1980.
Busche, E.: »Wenn abends die Heide nicht mehr blüht... Wie das Militär sich an die Zerstörung einer Landschaft macht«. *zivilcourage* Nr. 5, 1980.

Ruhrgebiet

Dege, W.: *Das Ruhrgebiet.* Geocolleg. Verlag Hirt Kiel 1976.
Landesregierung NRW: Farthmann: *Die Luft im Revier wurde sauberer – starker Rückgang der Schwefeldioxid- und Schwermetall-Belastungen.* Düsseldorf 19. August 1981.
Schweres, M.: »Es stinkt in der Montanstadt. Wirkungszusammenhänge von Umweltschutz-, Wirtschafts-, Sozial- und Strukturpolitik«. *Arbeitnehmer* Nr. 11, 1978.
Hübner, H., Krau, I. u. Walz, M.: »Lohnabhängigkeit und Wohnabhängigkeit. Industrielle Standortsicherung als Dilemma der Duisburger Stadtplanung«. *Bauwelt* Nr. 30, 1978.
Korbmann, R.: »Fabriken in der Unterwelt«. *Umschau* 80 (1980) H.8.

Hessisches Ried

Dehlinger, G. A.: *Das hessische Ried. Seine Entwässerung und Verbesserung.* Darmstadt 1928.
Böhm, H.: »Im Ried überwiegt das Mißtrauen. Skepsis bei der Aktionsgemeinschaft gegen Pläne zur Sanierung des Wasserhaushalts«. *FAZ* 16. Februar 1979.
Brunnengräber, R.: »Wachsen eines Tages Kakteen im Ried«. *Lorscher Zeitung* 13.7.1978.
Brunnengräber, R.: »Den Ausverkauf einer Landschaft stoppen«. *Darmstädter Tagblatt* 3. und 4. August 1977.
Brunnengräber, R.: »Wasserprobleme im Ried. Tagblatt-Gespräch mit Landwirtschaftsminister Görlach«. *Darmstädter Tagblatt* 23., 24. u. 25. August 1977.
Hanisch, J.: »Das hessische Ried. Die Notwendigkeit ökologischer Planung – oder die regionale Begrenztheit natürlicher Ressourcen«. *Öko-Mitt.* Nr. 8, 1980.
Koob, F.: *Die Weschnitz und ihre Probleme in den vergangenen Jahrhunderten.* Heppenheim 1956.
Fester, E. u.a.: *Die natürlichen Grundlagen der Trinkwasserversorgung und Möglichkeiten ihrer Gefährdung im Rhein-Main-Gebiet.* Unveröff. Manuskr. Frankfurt 1973.
Faigle, W.: »Wassernot im Feuchtgebiet. Kann der Raubbau im Hessischen Ried aufgehalten werden?« *Die Zeit* 14. November 1980.

Landwirtschaft

Strack, G.:. »Weniger Pflanzenschutz bringt mehr ein«. *Frankf. Rundschau* 21. August 1981.
Hoffmann, M. u.a.: *Chlorierte Kohlenwasserstoffe als Schädlingsbekämpfungsmittel. Modellfall Lindan.* IFEU Heidelberg 1979.
Umweltforum: »Agrochemie. Gift auf den Tisch«. *Umweltforum* Oktober 1980.
Brunnengräber, R.: »HCH-Rückstände im Hessischen Ried – nur ein Giftmilchmärchen?« *Umschau* 79 (1979) Heft 11.
Joschko, A. u. Kliebhan, B.: »Die unheimliche Ehe. Chemie und Landwirtschaft.« Manuskript zum Film. Erstsendung: 19. Oktober 1978, *Hess. Rundfunk.*
Brunnengräber, R.: »Noch kein Ende des Themas Lindan«. *Frankf. Rundsch.* 28. Juli 1979.
Ulmann, E.: *Lindane. Monograph of an Insecticide.* Verlag Schillinger Freiburg i. Br. 1972.

Wald

Lehnhardt, F. u.a.: »Wasserqualität von Bächen bewaldeter und landwirtschaftlicher Gebiete«. *Forstwiss. Centralblatt* 99 (1980) Heft 2.
Brechtel, H. M.: *Die Sozialfunktionen des Waldes.* Hann. Münden 1980.
Fröhlich, H.-J.: »Wald und Wasser«. *Allg. Forstzeitschrift* Nr. 49, 1974.
Weisgerber, H.: Züchtung von Waldbäumen – Ergebnisse und Ziele. *Waldforum* '68. Berichte aus der hessischen Forstwirtschaft. Wiesbaden 1968.
Deutscher Bundestag: *Umweltgutachten 1978.* Drucksache 8/1938. Verlag Heger Bonn 1978.

Frankfurt

Roth, J.: *z.B. Frankfurt: Die Zerstörung einer Stadt.* Bertelsmann München 1975.
Tamms, F. u. Wortmann, W.: *Städtebau, Umweltgestaltung: Erfahrungen und Gedanken.* Habel Verlag Darmstadt 1973.
Kohl, H.-H.: »Küppers: Der gute Mensch von Frankfurt«. *Frankf. Rundschau* 13. August 1981.
Mitscherlich, A.: *Thesen zur Stadt der Zukunft.* Suhrkamp Frankfurt 1971.
Stahl, K. u. Curdes, G.: *Umweltplanung in der Industriegesellschaft.* Rowohlt Reinbek 1970.
Hofmeister, B.: *Stadtgeographie.* Westermann Verlag Braunschweig 1972.

Alpen

Danz, W.: *Ökonomie und Ökologie in der Raumordnung.* Schriftenreihe des Alpeninstituts Heft 8 1980.
Ganser, K.: »Wege aus der ökonomischen und ökologischen Sackgasse«. *natur* Nr. 12/1981, S. 23.
Umweltforum: »Umweltbilanz Bayern«. *Umweltforum* August 1980.
Bayerische Staatsregierung: *Umweltpolitik in Bayern.* Bayerisches Staatsministerium für Landesentwicklung und Umweltfragen München 1978.
Sening, C.: *Bedrohte Erholungslandschaft. Überlegungen zu ihrem rechtlichen Schutz.* Verlag Beck München 1977.
Krippendorf, J.: *Die Landschaftsfresser. Tourismus und Erholungslandschaft – Verderben oder Segen?* Hallwag Verlag Bern und Stuttgart 1975.
Kurt, F. u. Priewe, J.: »Ein Gebirge wird vermarktet«. *natur* Nr. 12/1981, S. 14.

Erdinger Moos

Lammert, H.: »Jetzt auch Zweifel bei der Lufthansa in Frankfurt. Kaum Kapazitätszuwachs durch die dritte Startbahn«. Interne Studie: Flughafen München II als Entlastung. *Frankf. Rundschau* 1. Oktober 1980.
dpa: »Passagieraufkommen und Düsenlärm.

Befürworter und Gegner von Flughafenerweiterungen in der Bundesrepublik«. *Frankf. Neue Presse* 24. Oktober 1980.
Leutner, F. u. Becker, W.: »Für eine gesunde Umwelt – gegen den Großflughafen München II«. *Öko-Mitt.* Nr. 9, 1980.
Riehl-Heyse, H.: »Mutmaßungen über die Wirbelschleppen«. *Südd. Zeitung* 2./3. Mai 1981.
Schmalz, P.: »Münchens neuer Airport droht abzuschmieren«. *Die Welt* 2. Mai 1981.
Mettke-Vay, J.: »Nach dem Gespräch in der Staatskanzlei. Wird die dritte Startbahn umsonst »geopfert«? Reaktionen auf Bereitschaft, den Flughafen im Erdinger Moos zu verkleinern«. *Südd. Zeitung* 4. Juni 1981.
Schneider, C.: »Flughafenprojekt München II: Vorgeschichte und Konsequenzen eines Richterspruchs. Die Kollision vor dem Start im Moos«. *Südd. Zeitung* 27. April 1981.

Bodensee

Pflaum, G.: »Das »Schwäbische Meer« kann sich selbst sauberhalten«. *Frankf. Rundschau* 2. Juni 1981.
Arbeitsgemeinschaft Naturschutz Bodensee: 1. Jahresbericht 1975. Radolfzell 1975.
Wagner, G. u. Wohland, H.: »Simulationsmodelle der Seeneutrophierung, dargestellt am Beispiel des Bodensee-Obersees«. *Arch. Hydrobiol.* 77 (1976) Heft 4.
Müller-Christiansen, K.: »Die Waschmittel nicht an allem schuld? Gefahr der Gewässerüberdüngung auch durch Landwirtschaft und Fäkalieneinleitung«. *Frankf. Rundschau* 14. August 1978.
Jakobi, G. u. Schwuger, M. J.: *Die Bedeutung von Komplexbildnern und Ionenaustauschern für den Waschprozeß. Henkel Waschmittelindustrie.* Verlag Hüthig Heidelberg 1976.
Umwelt: »Wege und Verbleib des Phosphors in der Bundesrepublik Deutschland«. *Umwelt* Nr. 61, 1978.
Europäische Studienges. f. Polyphosphate: *Phosphate und Wasser.* Rodenkirchen 1974.
Drexler, A.-M.: *Umweltpolitik am Bodensee Baden Württemberg.* Dr. Neinhaus Verlag Konstanz 1980.

Rhein-Main-Donau-Kanal

RMD AG: *Kulturlandschaft und Wasserbau.* München 1978.
Wiebus, H.-O.: »Aufschwung ohne Kanal«. *natur* Nr. 5/1982, S. 97.
Haber, W.: »Naturschutz zwischen Ideologie und Wissenschaft«. *bild der wissenschaft* Nr. 5/1982, S. 60.
Pressemitt. d. Aktionsgemeinsch. gegen den Rhein-Main-Donau-Kanal v. 17.2.1982.
Bieber, H.: »Karl der Große, Goethe und Tandler. Der Rhein-Main-Donau-Kanal: eine Idee, die offenbar nicht totzukriegen ist«. *Zeit* Nr.52 v. 18.12.1981.
Weiger, H.: »SOS für die untere Donau«. *Nationalpark* Nr. 8/1978.
Hauff, V.: »Der Kanal aus Bonner Sicht: »Nicht zu spät zum Überdenken«. *Südd. Zeitung* Nr. 40 v. 18.2.1982.
Jaumann, A.:. »Der Wasserweg aus bayerischer Sicht: »Dieser Kanal wird gebaut«. *Südd. Zeitung* Nr. 40 v. 18.2.1982.
PLANCO Consulting GmbH: *Nutzen-Kosten-Untersuchung – Main-Donau-Kanal Nürnberg – Kehlheim.* Essen-Hamburg Dezember 1981.
Bund Naturschutz: *Der Kanal – ein Wahn mit Vorgeschichte.* o.J.
Heydemann, B. u.a.: »Resolution gegen den Bau des Rhein-Main-Donau-Kanals zwischen Nürnberg und Straubing«. *Umwelt* Nr. 87 vom 26.1.1982.

Register